KB105322

베트남 파병 장병을 환송하는 가족들(67년 8월 13일).

월남을 방문한 朴대통령이 티우 대
통령(우측)과 키 부통령(좌측)의
환영을 받고 있다.

1966년 10월 월남을 방문한 朴대통령이 맹호부대를 찾아 장병들을 위문하고 있다.

월남에 파병된 비둘기 부대에서 위문공연을 하고 있는 패티김, 길옥윤 부부
(1967년 5월 1일).

1967년 4월 17일, 대전시 인구가 약 30만 명이던 시절, 朴正熙 후보의 유세장인 대전
공설운동장에는 10만 명 가량의 인파가 모였다.

朴대통령 내외의 5·3 대통령 선거 투표. 개표는 초반부터 朴후보가 앞서나가 570만 표 對 450만 표로 再選에 성공했다.(67년 5월 3일).

5·3 대통령 선거 속보판이 설치된 서울 광화문 동아일보사 앞 도로에 시민들이 몰려들었다(67년 5월 3일).

『유세하지 않은 지역도 표가 많이 나오는데!』 공화당 당사에서 김종필 당의장과
나란히 앉아 제6대 대통령 선거 개표 상황을 지켜보는 박정희 후보.

1967년 7월 1일 제6대 대통령 취임식에서 선서를 하고 있는 박정희 대통령. 뒤에 박지만 군이 보인다.

9

1966년 10월 존슨 대통령 부부가 訪韓했다. 청와대에서 선물 교환을 하는 兩國 頂上 부부.
오른쪽 끝에 선 버드 女史는 남편 존슨 대통령의 바람끼를 적당히 견제할 줄 아는 인물이었다.

朴대통령 내외 대만 공항 도착. 장개석 총통과 악수하는 대통령 내외(66년 2월 18일).

밀려드는 환영 인파에 미소와 악수로 답례하는 존슨 대통령. 펄럭이는 국기가 한국인
들의 마음을 보여주는 듯하다.

1967년 3월 2일 來韓한 뤼브케 독일 대통령은 두 차례에 걸쳐 朴대통령과 정상회담을 가졌다.
2차 정상회담을 위해 청와대 회의실로 들어가는 두 頂上.

1967년 2월의 서울시 전경(항공사진).

일선장병을 위문하기 위해 전방마을을 찾은 영화배우들. 좌로부터 김진규, 신영균, 허장강, 신성일씨가
보인다(1967년 2월).

朴正熙 **8**

철부지 학생과 反動政客

부끄럼 타는 한 소박한 超人의 생애

'인간이란 실로 더러운 강물일 뿐이다. 인간이 스스로 더럽히지 않고
이 강물을 삼켜 버리려면 모름지기 바다가 되지 않으면 안 된다.'

박정희를 쓰면서 나는 두 단어를 생각했다. 素朴(소박)과 自主(자주).
소박은 그의 인간됨이고 자주는 그의 정치사상이다. 박정희는 소박했기
때문에 自主魂(자주혼)을 지켜 갈 수 있었다. 1963년 박정희는《국가와
혁명과 나》의 마지막 쪽에서 유언 같은 다짐을 했다.

〈소박하고 근면하고 정직하고 성실한 서민 사회가 바탕이 된, 자주독
립된 한국의 창건, 그것이 본인의 소망의 전부다. 본인은 한마디로 말해
서 서민 속에서 나고, 자라고, 일하고, 그리하여 그 서민의 인정 속에서
생이 끝나기를 염원한다〉

1979년 11월 3일 國葬(국장). 崔圭夏 대통령 권한대행이 故박정희의
靈前(영전)에 건국훈장을 바칠 때 국립교향악단은 교향시 〈차라투스트
라는 이렇게 말했다〉를 연주했다. 독일의 리하르트 슈트라우스가 작곡
한 이 장엄한 교향시는 니체가 쓴 同名(동명)의 책 서문을 표현한 것이
다. 니체는 이 서문에서 '인간이란 실로 더러운 강물일 뿐이다'고 썼다.

그는 '그러한 인간이 스스로를 더럽히지 않고 이 강물을 삼켜 버리려면 모름지기 바다가 되지 않으면 안 된다'고 덧붙였다. 박정희는 지옥의 문턱을 넘나든 질풍노도의 세월로도, 장기집권으로도 오염되지 않았던 혼을 자신이 죽을 때까지 유지했다. 가슴을 관통한 총탄으로 등판에서는 피가 샘솟듯 하고 있을 때도 그는 옆자리에서 시중들던 두 여인에게 "난 괜찮으니 너희들은 피해"란 말을 하려고 했다. 병원에서 그의 屍身을 만진 의사는 "시계는 허름한 세이코이고 넥타이 핀은 도금이 벗겨지고 혁대는 해져 있어 꿈에도 대통령이라고는 생각하지 못했다"고 한다.

소박한 정신의 소유자는 잡념과 위선의 포로가 되지 않으니 사물을 있는 그대로, 실용적으로, 정직하게 본다. 그는 주자학, 민주주의, 시장경제 같은 외래의 先進思潮(선진사조)도 국가의 이익과 민중의 복지를 기준으로 하여 비판적으로 소화하려고 했다. 박정희 주체성의 핵심은 사실에 근거하여 현실을 직시하고 是非(시비)를 국가 이익에 기준하여 가리려는 자세였다. 이것이 바로 實事求是(실사구시)의 정치철학이다. 필자가 박정희를 우리 민족사의 실용—자주 노선을 잇는 인물로 파악하려는 것도 이 때문이다.

金庾信(김유신)의 對唐(대당) 결전의지, 세종대왕의 한글 창제, 광해군의 國益 위주의 외교정책, 실학자들의 實事求是, 李承晩(이승만)의 反共(반공) 건국노선을 잇는 박정희의 조국 근대화 철학은 그의 소박한 인간됨에 뿌리를 두고 있다.

박정희는 파란만장의 시대를 헤쳐 가면서 榮辱(영욕)과 淸濁(청탁)을 함께 들이마셨던 사람이다. 더러운 강물 같은 한 시대를 삼켜 바다와 같은 다른 시대를 빚어낸 사람이다. 그러면서도 자신의 정신을 맑게 유지했던 超人(초인)이었다. 그는 알렉산더 대왕과 같은 호쾌한 영웅도 아니고 나폴레옹과 같은 電光石火(전광석화)의 천재도 아니었다. 부끄럼 타는 영웅이고 눈물이 많은 超人, 그리고 한 소박한 서민이었다. 그는 한국인의 애환을 느낄 줄 알고 그들의 숨결을 읽을 줄 안 土種(토종) 한국인이었다. 민족의 恨(한)을 자신의 에너지로 승화시켜 근대화로써 그 한을 푼 혁명가였다.

自主人(자주인) 박정희는 실용–자주의 정치 철학을 '한국적 민주주의'라는 그릇에 담으려고 했다. '한국적 민주주의' 란, 당시 나이가 30세도 안 되는 어린 한국의 민주주의를 한국의 역사 발전 단계에 맞추려는 시도였다. 국민의 기본권 가운데 정치적인 자유를 제한하는 대신 물질적 자유의 확보를 위해서 國力을 집중적으로 투입한다는 限時的(한시적) 전략이기도 했다.

박정희는 인권 탄압자가 아니라 우리나라 역사상 가장 획기적으로 인권신장에 기여한 사람이다. 인권개념 가운데 적어도 50%는 빈곤으로부터의 해방일 것이고, 박정희는 이 ' 먹고 사는' 문제를 해결함으로써 다음 단계인 정신적 인권 신장으로 갈 수 있는 길을 열었다. '먹고 사는' 문제를 해결하는 것이 정치의 主題라고 생각했고 이를 성취했다는 점이 그를 역사적 인물로 만든 것이다. 위대한 정치가는 상식을 실천하는 이다.

당대의 대다수 지식인들이 하느님처럼 모시려고 했던 서구식 민주주의를 감히 한국식으로 변형시키려고 했던 점에 박정희의 위대성과 이단성이 있다. 주자학을 받아들여 朱子敎(주자교)로 교조화했던 한국 지식인의 사대성은 미국식 민주주의를 民主敎(민주교)로 만들었고 이를 주체적으로 수정하려는 박정희를 이단으로 몰아붙였다. 물론 미국은 美製

(미제) 이념을 위해서 충성을 다짐하는 기특한 지식인들에게 강력한 지원을 아끼지 않았다. 그러면서도 미국은 냉철하게 박정희에 대해선 외경심 어린 평가를, 민주화 세력에 대해선 경멸적인 평가를 내리고 있었음을, 그의 死後 글라이스틴 대사의 보고 電文에서 확인할 수 있다.

박정희는 1급 사상가였다. 그는 말을 쉽고 적게 하고 행동을 크게 하는 사상가였다. 그는 한국의 자칭 지식인들이 갖지 못한 것들을 두루 갖춘 이였다. 자주적 정신, 실용적 사고방식, 시스템 운영의 鬼才, 정확한 언어감각 등. 1392년 조선조 개국 이후 약 600년간 이 땅의 지식인들은 사대주의를 추종하면서 자주국방 의지를 잃었고, 그러다 보니 전쟁의 의미를 직시하고 군대의 중요성을 계산할 수 있는 능력을 거세당하고 말았다. 제대로 된 나라의 지도층은 文武兼全(문무겸전)일 수밖에 없는데 우리의 지도층은 문약한 반쪽 지식인들이었다. 그런 2, 3류 지식인들이 취할 길은 위선적 명분론과 무조건적인 평화론뿐이었다. 그들은 자신들과는 차원을 달리하는 선각자가 나타나면 이단이라 몰았고 적어도 그런 모함의 기술에서는 1류였다.

박정희는 日帝의 군사 교육과 한국전쟁의 체험을 통해서 전쟁과 군대의 본질을 체험한 바탕에서 600년 만에 처음으로 우리 사회에 尙武정신과 자주정신과 실용정치의 불씨를 되살렸던 것이다. 全斗煥 대통령이 퇴임한 1988년에 군사정권 시대는 끝났고 그 뒤에 우리 사회는 다시 尙武·자주·실용정신의 불씨를 꺼버리고 조선조의 파당성·문약성·명분론으로 회귀하려는 움직임을 보이고 있다. 이 복고풍이 견제되지 않으면 우리는 자유통일과 일류국가의 꿈을 접어야 할 것이다. 한국은 이승만, 박정희, 전두환, 노태우 네 대통령의 영도 하에서 국민들의 평균 수준보다는 훨씬 앞서서 一流 국가의 문턱까지 갔으나 3代에 걸친 소위 文民 대통령의 등장으로 성장의 動力과 국가의 기강이 약화되어 제자리 걸음을 하고 있다.

1997년 IMF 관리 체제를 가져온 外換위기는 1988년부터 시작된 민주화 과정의 비싼 代價였다. 1988년에 순채권국 상태, 무역 흑자 세계 제4위, 경제 성장률 세계 제1위의 튼튼한 대한민국을 물려준 歷代 군사정권에 대해서 오늘날 국가 위기의 책임을 묻는다는 것은 세종대왕에게 한글 전용의 폐해 책임을 묻는 것만큼이나 사리에 맞지 않다.

1987년 이후 한국의 민주화는 지역 이익, 개인 이익, 당파 이익을 민주, 자유, 평등, 인권이란 명분으로 위장하여 이것들을 끝없이 추구함으로써 國益과 효율성, 그리고 국가엘리트층을 해체하고 파괴해 간 과정이기도 했다. 박정희의 근대화는 國益 우선의 부국강병책이었다. 한국의 민주화는 사회의 좌경화·저질화를 허용함으로써 박정희의 꿈이었던 강건·실질·소박한 국가건설은 어려워졌다. 한국의 민주화는 조선조적 守舊性을 되살리고 사이비 좌익에 농락됨으로써 국가위기를 불렀다. 싱가포르의 李光耀는 한국의 민주화 속도가 너무 빨라 法治의 기반을 다지지 못했다고 비판했다.

박정희는 자신의 '한국적 민주주의'를 '한국식 민주주의', 더 나아가서 '한국형 민주주의'로 국산화하는 데는 실패했다. 서구 민주주의를 우리 것으로 토착화시켜 우리의 역사적·문화적 생리에 맞는 한국형 제도로 발전시켜 가는 것은 이제 미래 세대의 임무가 되었다. 서구에서 유래한 민주주의와 시장 경제를 우리 것으로 소화하여 한국형 민주주의와 한국식 시장경제로 재창조할 수 있는가, 아니면 民主의 껍데기만 받아

들여 우상 숭배의 대상으로 삼으면서 선동가의 놀음판을 만들 것인가, 이것이 박정희가 오늘날의 우리에게 던지는 질문일 것이다.

조선일보와 月刊朝鮮에서 9년간 이어졌던 이 傳記 연재는 月刊朝鮮 전 기자 李東昱 씨의 주야 불문의 충실한 취재 지원이 없었더라면 불가능했을 것이다. 아울러 많은 자료를 보내 주시고 提報를 해주신 여러분들께 감사드린다. 이 책은 박정희와 함께 위대한 시대를 만든 분들의 공동작품이다. 필자에게 한 가지 소망이 있다면, 박정희가 소년기에 나폴레옹 傳記를 읽고서 군인의 길을 갈 결심을 했던 것처럼 누군가가 이 박정희 傳記를 읽고서 지도자의 길을 가기로 결심하는 것이다. 그리하여 그가 21세기형 박정희가 되어 이 나라를 '소박하고 근면한, 자주독립·통일된 선진국'으로 밀어 올리는 날을 기대해 보는 것이다.

2007년 3월
趙甲濟

⑧ 철부지 학생과 反動政客

제25장 성장 속의 그늘

제26장 "언론자유를 보장하는 독재정권?"

제24장

맹호는 간다

朴正熙

鄭求瑛과의 갈등

1965년 5월 말 미국 방문을 마칠 무렵 박정희는 金聖恩 국방장관을 불러 귀엣말을 했다.

"김 장관은 공항에 도착하자 마자 정구영(당시 공화당 의장) 씨를 만나 내가 그러더라고 하면서 '미국에 갔더니 존슨 대통령이 1개 전투사단을 파병해 달라는 간곡한 요청이 있어 수락했다'고 말하시오. 그리고 앞으로 국회심의를 거쳐야 하는데 잘 좀 처리해주면 좋겠다고 부탁하고 오시오."

金 장관은 귀국 직후 서대문에 있던 鄭 의장 집으로 직행, 대통령의 말을 가감없이 전달했다. 그런데 鄭 의장은 시큰둥하게 듣고 있더니 "월남 가면 앞으로 전사자도 많이 나올 텐데, 그럴 경우 유가족들이 전사자 시체가 들어 있는 관을 둘러메고 태평로 국회의사당 앞으로 몰려 나와 데모라도 벌이면 큰 일 아닌가"라며 걱정을 했다.

"의장님, 현재 우리나라는 파병하지 않을 수 없는 입장입니다. 만약 미국 대통령이 요청하는 파병을 거절한다면 우리나라에 주둔하고 있는 미군 2개 사단을 다 뽑아 가든지 1개 사단이라도 뽑아 가 월남전선에 투입할 겁니다. 파병을 하지 않는다면 한미동맹 관계도 금이 가기 쉽고 한국의 방위력도 그만큼 약화될 게 뻔합니다. 미군이 빠져 나가면 북괴가 무슨 짓을 할지도 모릅니다. 우리가 월남파병을 하는 것은 월남의 안보 때문이 아니라 한국의 안보 때문입니다. 안보를 담당한 국방장관의 입장에서는 불가피합니다. 의장께서 단안을 내려주시면 좋겠습니다."

鄭求瑛은 아무 대꾸도 없었다. 김 장관은 그 길로 청와대로 들어가 박 대통령에게 "정 의장께서는 별무반응이시고, 유가족들이 데모라도 벌이면 큰일이라고 걱정하십디다"라고 보고했다.

박정희는 별컥 화를 내면서 "뭐? 데모를 하면 큰일 아니냐고? 그게 그렇게 두렵다면, 그게 무서워서 파병 못 한다면 정권을 내 놔야지!"라고 소리쳤다.

1965년 7월 12일 정부는 조인된 한일협정 비준 동의안을 국회에 제출했다. 같은 날 정부는 '전투사단 및 필요한 지원부대의 월남파병에 관한 동의요청안'을 국회에 제출했다.

박정희 대통령은 국정의 큰 방향을 결정지을 두 현안을 동시에 처리함으로써 국론분열에 의한 정치 및 경제불안을 최단기간 내에 마무리한다는 전략을 세웠다. 문제는 절대다수 의석을 갖고 있으면서도 내부 갈등으로 해서 야당에 끌려 다니는 공화당이 박 대통령의 의지를 관철시켜 줄 것인가였다.

김종필 전 당의장 및 鄭求瑛 현 의장을 따르는 주류와 金成坤 의원을 필두로 하는 비주류의 싸움에서 박 대통령은 서서히 비주류로 기우는 경향을 보이고 있었고, 이후락 비서실장이 反(반)김종필-정구영 노선을 드러내고 있을 때였다.

1964년 6·3 사태 직후 두 번째 외유를 떠난 김종필 당의장을 이은 정구영은 변호사협회장 출신의 깐깐한 원칙주의자였다. 박정희도 年老한 정구영에게는 항상 "선생님"이라고 부르면서 어려워했다. 정 의장은 정부와 대통령의 권력남용을 견제하는 역할을 많이 하려고 했고 이 과정에서 대통령과 잦은 갈등을 일으켰다.

정구영은 공화당 정치자금이 대통령 비서실장에 의하여 조성되고 배급되는 데 대하여 불만이 많았다. 그는 이후락 비서실장으로 하여금 정치자금에서 손을 떼게 하고 실장직에서도 물러나게 하려고 박 대통령과 담판을 벌였으나 실패했다.

정구영은 생전에 이런 증언을 남겼다(이영석 편 《정구영 회고록》에서 인용).

"한일회담이 마무리 단계로 가니 청구권 자금이다, 차관이다, 교포재산 반입이다 해서 외국 자본이 도입되고 수출-증산-건설이란 이름으로 융자가 나가게 되니까 특혜라는 게 문제가 되고 그 그늘에서 정치자금이 복잡하고 미묘한 분쟁거리가 되는 거야. 그래서 경제기획원 장관을 지낸 金裕澤(김유택) 당무위원한테 특혜문제에 대해서 조사를 시켰어. 내가 조사를 지시했다는 말이 청와대에 들어간 모양이야. 그땐 거의 매일 대통령을 만날 때인데 하루는 박 대통령이 특혜 이야기를 불쑥 꺼내."

정구영은 두 사람 사이의 대화가 이렇게 이어졌다고 기억했다.

박정희: "당에서 너무 특혜 문제에 간여하지 말아주십시오."

정구영: "당의 정책위원회는 그러면 뭣하는 것입니까."

박정희: "어느 기업에 융자를 얼마나 주고 어느 기업에 대해서 지불보증은 어떻게 하고 그런 것을 당이 검토하고 결정하려 들면 곤란하지 않습니까."

정구영: "그 말씀은 옳습니다. 당은 구체적인 행정문제에는 간여하지 않습니다. 다만 경제정책이나 그 운용이 공화당의 정강정책에 위배되는 것이 있느냐 없느냐, 이 나라의 경제정책을 다루어 나가는 데 필요한 것이냐 아니냐 하는 원칙문제만을 파고들지 구체적인 행정사무는 파고들

지 않습니다. 당정책위원회가 경제정책의 중요부문을 심의하지 말라는 말씀은 알아들을 수 없습니다."

박정희: "그런 말은 아니고 이것저것 가리지 않고 특혜라고 하니 하는 말입니다. 특혜가 있다 해도 그 조사를 당이 하는 것은 아니지 않습니까."

정구영: "부정부패 일소는 당의 기본공약인데…. 그렇지만 당으로서도 이 문제는 신중히 다루겠습니다."

정구영은 "대통령과는 특혜건으로 워낙 논쟁을 많이 해서 '정 의장이 청와대로 들어오면 재떨이가 왔다갔다 한다' 는 말도 있었다"고 했다.

"대통령이 연신 담배를 피우고 일어서서 왔다갔다 하니까 재떨이가 대통령 따라 왔다갔다 했다는 얘기이지. 그렇다고 당에서 눈 감고 있을 수도 없고 그런 모순 속에서 고민을 많이 했었지."

우리 憲政史(헌정사)엔 집권여당이 그들의 총재가 임명한 각료를 상대로 해임안을 국회에 낸 적이 딱 한 번 있었다. 1965년 3월 공화당이 박 대통령을 상대로 한 일이다. 야당은 국회에서 阪本(판본) 和信(화신) 그룹 등에 대한 은행권의 융자가 이후락 실장의 지시에 따른 것인지 박 대통령의 지시에 따른 것인지 밝히라고 徐奉均(서봉균) 재무차관을 불러 따졌다. 공화당 의원들도 은근히 야당에 동조하는 움직임을 보였다.

박 대통령은 공화당 간부들을 청와대로 불러 "이번 대출은 시중은행이 알아서 한 일이니 더 이상 거론하지 말라"고 지시했다. 張基榮 부총리 겸 경제기획원 장관도 "거액융자도 어차피 갚아야 하는 것이다. 1년쯤 지나면 '참 유치한 얘기를 떠들었구나' 하고 말하게 될 것이다"라고 했다.

공화당은 야당과 이 문제의 해결을 놓고 절충하는 과정에서 특혜융자 관계자들을 문책하고 대출금을 조속히 회수한다는 약속을 해버렸다. 박 대통령이 공화당의 그런 건의를 묵살하려고 하자 申泂植(신형식·뒤에 건설부 장관 역임) 의원 등 33명의 공화당 의원들이 서명하여 장기영 장관 해임건의안을 국회에 냈다. 박 대통령은 신형식 의원을 불러 철회를 설득하려고 했는데 申 의원이 종적을 감추어버렸다. 朴 대통령은 鄭求瑛을 불러 하소연하듯이 말했다.

"정 선생님, 아니 여당의원이 장관 해임안을 내고 이것이 통과되면 내 위신은 뭐가 됩니까."

"너무 사태를 크게 보지마십시오. 국회와 국회의원은 독자성을 갖는 것도 좋습니다. '공화당이 국민의 대변자라는 본분에 충실하려고 한다', 그리 생각하면 됩니다. 선진 민주국가에서는 흔히 있는 일입니다."

비준안 국회 통과

박정희 대통령은 정구영 의장에게 왜 이 시점에서 張基榮 부총리를 해임할 수 없는지를 설명했다. 박 대통령은 軍政 말기 쌀이 부족할 때 한국일보 사장이던 張基榮을 일본으로 보내 미쓰이 그룹을 통해서 쌀을 延拂(연불)조건으로 비밀리에 수입해온 일을 이야기하면서 "한일회담이 마무리되어 가는 이때에 장 부총리같이 추진력이 있는 사람이 꼭 필요하다"고 역설했다.

鄭 의장은 "부총리 해임안은 국회에서 부결되도록 해보겠습니다만 의원들의 의사도 존중하셔서 적당한 시기에 교체해 주십시오"라고 말했다.

박 대통령은 대답이 없었다. 1965년 3월 25일 표결에서 여당의원들이 제출한 부총리 해임건의안은 가 54, 부 16, 기권 65표로 부결되었다.

1965년 7월 29일 박 대통령은 존슨 미국 대통령에게 친서를 보냈다. 7월 25일자 존슨의 친서에 대한 답장인 이 편지에서 그는 '월남 사태에 대한 각하의 확고한 결의에 대해서 지지를 보낸다. 한국 정부도 이미 사단규모의 전투병력을 월남에 증파할 계획을 추진 중에 있으며 늦어도 내월 중에는 국회의 승인을 얻게 될 것이'고 했다.

8월 4일 민중당은 중앙상무위원회를 열고 한일회담 비준에 반대하기 위해 소속 의원 전원이 오는 8일까지 탈당계를 소속 지구당에 제출하도록 결의했다. 정당법은 국회의원이 탈당하면 의원직을 상실하도록 규정하고 있었다.

金在淳(김재순) 공화당 원내 대변인은 '헌정질서를 외면하려는 자학적인 비극'이라고 논평했다. 국회비준특위의 閔寬植(민관식) 위원장은 야당의 극한적인 결의를 전해듣고는 산회를 선포했다. 특위 소속 김대중 의원은 한일 국교정상화의 불가피성을 이해하는 입장이었다. 그는 "당론 통일이 안 되어 비준 저지의 길은 막연하고… 의원직을 그만두고 말고가 문제가 아니라 정말 못살겠다"면서 책상에 엎드려 소리내어 울었다.

박 대통령은 공화당의 내부가 모처럼 단결하여 밀고 나가고 있는 사이 여유 있는 시간을 보내고 있었다. 8월 6일 그는 전북지방을 순시한 뒤 일찍 청와대로 돌아와 가족들과 함께 프로 레슬링 시합을 구경했다고 한다.

7일 국회 국방위원회는 전투부대의 월남파병안에 대해서 찬성 12명, 반대 2명으로 통과시켰다. 야당인 민중당의 김준연·조윤형 의원은 찬성, 공화당의 朴鍾泰(박종태) 의원이 반대표를 던졌다.

8일 深夜(심야)까지 간 국회 한일조약비준특위 회의를 마치고 청와대를 찾아간 공화당 의원들에게 박 대통령은 "왜 그렇게 우물쭈물하고 있는가. 시간을 끌어주면 야당이 그냥 통과시켜 준답디까"라고 질책했다.

11일 공화당은 야당 의원들을 체력으로 밀어붙인 다음 비준안을 특위에서 통과시켰다. 다음날 민중당은 55장의 의원직 사퇴서를 李孝祥(이효상) 국회의장에게 제출했다. 그들은 수리되지 않더라도 국회에 출석하지 않겠다고 선언했다. 尹潽善 고문 계열의 강경파에 朴順天(박순천) 대표 등 온건파가 끌려가고 있었다.

의원직 사퇴서를 내지 않은 강문봉·崔熙松(최희송) 의원은 제명되었다. 8월 13일과 14일 이효상 의장은 국회에서 민중당을 탈당한 윤보선·金度演(김도연)·徐珉濠(서민호)·鄭一亨(정일형)·鄭成太(정성태)·金在光(김재광)·尹濟述(윤제술) 등 일곱 의원의 의원직 상실을 선포했다.

야당의 극한투쟁은 대학생들의 비준 반대 시위를 촉발시켰다. 12일부터 서울을 중심으로 한 전국 도시로 학생 시위가 확산되기 시작했다. 국회는 13일 공화당 의원만으로 1개 전투사단의 월남파병안을 가 101, 부 1, 기권 2표로 통과시켰다. 14일엔 한일협정비준안을 가 110, 기권 1표로 통과시켰다.

비준안 통과 하루 전 丁一權(정일권) 총리는 정구영 공화당 의장과 만났다. 정 의장이 비준안을 통과시킨 다음 물러나겠다고 하니 정 총리도 동조하더란 것이다(정구영 회고록에서 인용).

"저도 그만두었으면 합니다. 말이 국무총리지 내가 무슨 국무총리입니까. 이런 로봇 총리를 할 생각이 없습니다."

丁 총리는 중요 정책 결정에 내각이 제대로 참여하지 못하고 내각의 바람벽 역할도 제대로 못 하는 데 대하여 불만이 많았다. 특히 이후락 비서실장과 金炯旭(김형욱) 정보부장을 비롯한 대통령 측근들의 밀실정치에 분노하고 있었다.

16일 정일권 총리와 정구영 공화당 의장은 내각과 당 간부들의 일괄 사표를 대통령에게 제출했다. 박 대통령은 정 의장에게 얼굴을 붉히면서 "아니, 선생님은 중요한 일을 처리하시고 난 뒤에는 반드시 이런 문제를 꺼내니 어째 이러십니까. 가져가십시오. 사표는 못 받습니다"라고 난감해 했다.

두 개의 짐을 한꺼번에 벗어던진 박 대통령은 격화되는 학생 시위를 비웃듯이 16일 진해로 여름휴가를 떠났다. 이후락 실장은 이날 아침 대통령의 명을 받아 내각의 사표를 정일권 총리에게 돌려주고 난 다음 정구영의 집을 찾아왔다.

"각하께서 진해로 떠나시기 전에 이걸 선생님에게 갖다드리라고 해서 가져왔습니다. 국무총리도 반려받으셨으니 선생님도 받으십시오."

"가져온 것을 거부하는 것은 예의가 아니라 받긴 받겠소만 다시 제출하겠소. 대통령께도 그렇게 말씀드려 주게."

蔡命新 소장

국회에서 월남파병 동의안이 통과된 3일 뒤인 1965년 8월 16일 오후 김성은 국방장관은 파월 전투부대 창설 명령을 내리고 육군본부 작전참모부장 蔡命新(채명신) 소장을 초대 사단장으로 결정, 박정희 대통령에게 상신했다.

황해도 곡산 출신인 채명신은 曺晩植(조만식) 선생과 함께 독립운동을 하다 투옥되어 獄死(옥사)한 蔡殷國(채은국) 지사의 장남이다. 그는 6·25 당시 중령으로 '白骨兵團(백골병단)'이란 유격대를 이끌고 적진에 침투해 1,000여 명의 적 사살 전과를 올렸고, 인민군 對南(대남) 유격대 총사령관 吉元八(길원팔)과 참모들을 포로로 사로잡았으며 김일성의 작전명령서를 압수하는 등 비정규전에서 탁월한 능력을 발휘했다. 육군본부 내 동료들도 채 소장의 발탁에 "모택동의 유격전술과 쿠바, 월남, 중남미 공산주의자들의 게릴라 전술을 고루 익힌 그를 적소에 기용했다"고 평했다.

이미 며칠 전 金容培(김용배) 육군참모총장으로부터 채명신 장군을 파월 전투부대 사단장으로 추천받은 김성은 국방장관은 박 대통령에게 "파월 한국군 사령관으로서 한국군을 대표하는 사람이 필요한데 채명신 소장이 어떻습니까"라고 떠 보았다. 김성은 전 장관은 "조선경비사관학교 5기생인 채명신은 2기 출신인 박정희의 사관학교 후배인 동시에 5·16 혁명주체였던 점도 참조했는데, 박 대통령이 아주 좋아하면서 흔쾌히 수락했다"고 회고했다.

채명신 소장은 8월 23일 동부전선 수도사단(일명 맹호부대)에서 주월한국군 사령관 겸 사단장 취임식에 참석했다. 채 장군은 이날 수도사단 제1기갑연대와 제1연대를 맹호부대의 주축으로 삼고 부대 편성식을 지휘했다. 주월 한국군 부사령관 겸 부사단장은 李南周(이남주) 준장, 군수지원 사령관 李範俊(이범준) 준장, 참모장 崔永龜(최영구) 대령, 제1기갑연대장 申鉉洙(신현수) 대령, 제1연대장 金斑雲(김정운) 대령, 포병

사령관 金昌福(김창복) 대령, 군수지원 사령부 참모장 張瑾(장근) 대령, 병원장 李圭東(이규동) 대령.

　박정희는 기분이 좋지 않을 때는 기자들을 만나도 외면해 버리지만 큰 계획이 순조롭게 해결되어 기분이 상쾌한 날이면 어린아이처럼 웃으며 사소한 이야기까지도 곧잘 털어놓곤 했다.

　특히 박 대통령은 정례 기자회견 때보다는 해수욕장 등 휴양지에서 기자들에게 흉금을 털어놓고 소신과 고충을 이야기하면서 기자들의 질문에 성의껏 답변해 주곤 했다.

　1965년 8월 17일, 박 대통령은 가족과 함께 여름휴가를 즐기기 위해 진해 저도 해수욕장으로 내려갔다. 진해에 도착 즉시 육영수 여사는 해군 공관으로 수행기자들을 초청해 과일 파티를 열어주었다. 한 기자가 말했다.

　"각하께서 원래 허식을 싫어하는 분이란 걸 알지만 기왕 카메라맨이 사진을 찍을 때는 좀 포즈를 취하도록 충고해 주십시오."

　수줍음이 많았던 박 대통령은 어쩌다가 사진기자들이 기회를 포착해 카메라를 들면 어느 새 고개를 돌려 버리거나 엉뚱한 짓을 해버렸다. 그래서 항상 무뚝뚝한 표정만 紙面(지면)에 실어야 했다. 육영수는 기자의 말에 미간을 찌푸리면서 "저도 몇 번이나 그렇게 일러 주었지만, 그 분은 도대체 듣지를 않으세요. 좀 쑥스러운 모양이에요"라고 했다.

　猪島(저도)는 진해에서 해군 함정으로 약 한 시간 거리에 있는 작은 섬이다. 이날 박정희는 먼저 해군 보트로 건너갔고 그보다 20분쯤 뒤 기자들이 탄 배가 뒤를 따랐다. 깊은 바닥의 모래와 자갈도 훤히 들여다보일 만큼 물이 맑았다. 모래사장 안쪽으로는 우거진 숲과 오솔길이 있었다.

북쪽 모래밭에는 파도에 밀려갈 듯 하얀 천막이 곱게 펼쳐져 있고, 그 아래로 박 대통령이 이후락 비서실장 및 육·해·공군 장성들과 함께 앉아 맥주를 마시며 한담을 나누고 있었다. 무아지경에 빠진 기자들도 취재를 잊은 채 모래사장에 누워 일광욕을 즐기거나 해수욕을 하고 있었다. 한편에서는 박종규 경호실장과 권투시합 흉내를 내던 여덟 살된 지만 군이 기자들에게 장난을 걸어왔다. 〈부산일보〉金鍾信(김종신) 기자는 "임마, 대통령 아들! 이리와!" 하며 불러내어 팔씨름을 했다.

기자들은 서늘한 그늘 밑에서 대통령을 수행한 장관들과 장기와 바둑을 즐기기도 하고 한편에서는 연신 폭소가 터져 나왔다. 수영을 하던 이후락 실장이 물을 뚝뚝 흘리며 걸어 나오더니 김종신 기자 옆으로 지나가면서 "각하께서 지금 한가하니 가 봐"라고 귀띔해 주었다.

일행에서 슬그머니 빠져 나온 金 기자는 수영복 차림 그대로 朴 대통령이 머물던 텐트로 들어갔다. 대통령은 텐트 아래서 낮잠을 즐기는 중이었다.

"각하, 오랫만입니다."

박정희는 슬그머니 실눈을 뜨더니 "난 또 누구라고! 그리 앉으시오"라며 반갑게 맞아 주었다. 수영복만 걸친 채 마주 앉은 김 기자는 미국의 인종차별 문제를 화제로 올렸다. 박 대통령은 김종신 기자의 머리를 가리키며 농을 걸었다.

"김 기자도 머리카락이 곱슬해서 미국에 가면 깜둥이 취급받기 쉽겠어."

"각하는 뭐 半(반)곱슬머리 아닙니까?"

박정희는 "예끼, 이 사람"하며 껄껄 웃었다.

바닷가에서

박정희 대통령의 기분이 아주 좋다는 것을 파악한 〈부산일보〉 김종신 기자는 시비조의 소재를 꺼냈다.

"각하는 신문기자와 감정이라도 있습니까? 혁명 초기에는 각하를 잘 몰랐고 사상적으로도 의심하는 사람도 있었지만 지금은 모든 것을 이해하고 각하를 도우려 하는데 기자들을 백안시하시는 것은 솔직히 말씀드려 잘 못하시는 것 같습니다. 설사 기자들이 각하를 이해 못 한다손 치더라도 너그럽게 대해 주셔야 하지 않겠습니까? 정말이지 오늘은 좀 따져야겠습니다."

박정희는 빙그레 웃더니 "오늘은 내가 김 기자에게 톡톡히 당하는군"이라며 요리사를 불러 맥주를 청했다.

"내 한 턱 낼 테니까 오늘은 그만 해 둬. 나하고 따져 봤자 심판 볼 사람이 없으니까 소용없어."

김종신은 "지 박사가 있지 않습니까?"라며 박 대통령 곁에서 웃음을 터뜨리던 주치의 지홍창 박사를 가리켰다. 박정희는 "지 박사는 내 편인데?"하며 다시 웃었다. 池 박사는 "나는 사쿠라가 아닙니다. 엄정 중립입니다"라고 했다.

잠시 후 박 대통령은 정색하며 김종신 기자에게 말문을 열었다.

"내가 왜 기자를 미워하겠어? 이제 4, 5년 동안 같은 지붕 밑에 살다 보니 한 식구같이 정이 들었는데."

"정이 그렇게 들었으면 대통령을 뵈려고 비행장까지 10리, 20리 길을 뿌연 흙먼지 마시면서 달려간 기자들에게 손 한번 안 흔들어 주시깁니까?"

박 대통령은 껄껄 웃더니 "그래, 그렇다면 확실히 그건 내 잘못이군. 내가 미처 거기까지는 생각 못 했던 모양이야. 자, 술이나 한 잔 들어"하며 맥주잔이 넘치도록 술을 따랐다. 어느새 기자들이 네다섯 명 몰려와 대통령과 김종신 기자의 이야기를 듣고 있었다. 김 기자는 주위를 둘러보면서 "대통령이 없을 때 불평하지 말고 하고 싶은 이야기가 있으면 이런 기회에 무조건 털어놔"하고 선동했지만 기자들은 "말해 보았자 마찬가지"라면서 엉거주춤하게 있었다. 박정희는 이 순간을 놓치지 않고 슬쩍 비꼬며 반격했다.

"기자들은 아마 자기가 쓰고 싶은 걸 마음대로 쓰지 못하는 모양이지? 청와대에 나오는 어떤 기자는 신문사에서 무조건 청와대를 족치는 기사를 쓰라는 통에 사흘이나 나오지를 못하고 고민했다는 소문을 들었어."

박정희는 "실례를 들어가며 사실대로 기사를 써야지 신문을 팔기 위해서 콩을 팥이라고 써서는 안 된다"고 일침을 주었다.

"신문이 부정부패를 들추어내는 것은 국가를 위해 잘하는 일이지만 없는 것을 만들어내는 데 질색이야. 그러나 4년 동안 정부를 맡아 오면서 신문하고 정이 들어 버렸소."

박 대통령과 대구사범 동창 관계인 황용주 씨가 〈世代誌(세대지)〉 필화사건'으로 몹시 고생하고 있다는 말을 들은 박 대통령은 "법을 집행하는 사람들이 도대체 공평하지 못한 데가 있다"며 사법부에 대한 자신의 견해를 피력했다.

박정희는 김준연 의원의 예를 들면서 "없는 사실을 꾸며 일본에서 정치자금을 받았느니 하는 터무니없는 유언비어를 퍼뜨리는 것은 따끔하게 다스리지 못하고, 대통령과 친하다는 사람은 가혹하게 꼬투리를 잡는다"고 했다.

대담이 끝나갈 무렵 한 기자가 "각하, 자주 좀 만나게 해 주십시오"라고 하자 박 대통령은 "그럼 하루 한 번씩 만나서 서로 얼굴만 쳐다보기로 하지"라며 좌중을 폭소로 몰고 갔다.

이날 오후 박정희는 김성은 장관, 해군참모총장과 노를 젓는 낚싯배를 타고 바다로 나가 낚시를 했다. 박 대통령은 이날도 낚싯줄을 바다 밑바닥에 가라앉힌 뒤 줄이 감긴 자새를 까딱거리다 어느새 한 마리씩 낚아 올리곤 했다. 곁에서 지켜보던 김 장관은 대통령의 낚시 감각이 대단한 데 놀랐다고 한다. 軍港(군항) 인근 해역이라 어부들이 출입하지 못한 맑은 바다는 '물 반 고기 반'이었다. 박 대통령 일행은 광어, 붉은돔, 흑돔, 농어 등을 잡아 올려 즉석에서 회를 떠 소주와 함께 먹었다.

저도에서 다시 배를 타고 나온 그날 저녁 이후락 실장과 기자들은 鎭海(진해)에서 저녁식사를 함께 했다. 한동안 정구영 의장 등 공화당 일부에서 이후락 비서실장 해임을 건의했던 사건 때문에 착잡했던지 이후락은 탁상을 쾅 쾅 치며 쌓였던 울화통을 터뜨렸다.

"이봐요, 내가 뭘 잘못했냐 말이야. 심심하면 물러나라니 내가 대통령 비서지 국회의원 비서란 말이야? 대통령께서 그만두라면 언제든지 그만둘 용의가 있어. 하지만 자기네들이 뭔데 날 그만두라는 거야. 계집을 팔더라도 국회의원을 한 번 해 봐야겠어."

진해 별장에서 일박한 박 대통령은 제주도로 떠나기 직전인 8월 18일 아침에 그곳에 주둔하고 있는 부대장들과 기념촬영을 했다. 같은 시간에 육영수 여사는 부대장 부인들과 환담하고 있었는데, 이곳에 들이닥

친 기자들을 육 여사가 먼저 알아차리고 반갑게 맞았다.

촬영을 마친 박 대통령이 까맣게 그을린 얼굴로 기자들에게 다가오자 육 여사는 "여러분을 가장 좋아하는 분이 저기 오시네요"라며 안내했다.

박 대통령은 진해 해군기지 내 공항으로 향하던 중 기자들과의 이야기가 시국담으로 변해가자 거의 못 들은 체하며 비행기에 올랐고, 뒤따르던 김성은 국방부 장관은 기자들에게 "제주에 가서 봅시다"라며 손을 흔들었다.

위수령 준비

1965년 8월 19일 아침 서귀포 관광호텔에서 박정희 대통령은 8개월 만에 기자회견을 가졌다. 박 대통령은 "오랜만에 만나니 여러분들이 할 이야기가 많을 텐데 어디 이야기해 보시오"라면서 말문을 열었다. 기자가 "정치인들의 버릇을 고치겠다고 했는데 구체적인 계획은 무엇입니까"라고 묻자 박정희는 웃으면서 "점차 고쳐지겠지"라며 그런 계획은 없다는 듯한 표정을 지어 보였다.

기자들의 질문 주제는 시국수습과 개각문제 등을 거쳐 학생 데모로 옮겨갔다. 박정희는 격앙된 어조로 "내용도 모르고 명분도 없는 학생 데모의 버릇을 고쳐야 나라 일이 잘될 것"이라고 했다.

1965년 8월 20일 오전 11시경 개학을 맞은 서울 경희대학교의 1,000여 학생들이 한일협정 비준 성토대회를 갖고 시위에 나섰다. 학생들은 학교 앞 골목길을 800m가량 나가다가 200여 명의 기동경찰과 충돌했다. 최루탄이 발사되고 연이어 학생들로부터 돌멩이가 날아오르기 시작했다.

비슷한 시각, 경기대와 서울법대에서도 시위가 벌어지고 있었다.

서귀포에서 휴가를 보내던 박정희 대통령 일행은 다시 진해로 옮겨와 8월 22일 휴가의 마지막 날을 보냈다. 이날 오후에 三南(삼남) 지방을 시찰하던 김종필 의원과 具泰會(구태회)·崔奭林(최석림) 의원 등이 진해에 머물던 박 대통령을 찾아 왔다.

이날 저녁 박 대통령과 김종필 의원은 약 한 시간에 걸쳐 비준 파동 이후의 시국 수습 대책과 예산안 심의 및 對野(대야) 협상문제에 대해 의견을 나누었다. 두 사람은 대좌가 끝난 뒤 구·최 두 의원을 합석시켜 정구영 당의장 사퇴 고수에 대한 事後(사후)문제와 공화당 결속에 대한 의견을 나누었다.

8월 24일 아침, 一黨(일당) 국회에서 비준안을 통과시킨 데 대한 책임을 지겠다며 사의를 표명했던 정구영 의장은 북아현동 자택을 찾은 기자가 "박 대통령이 사표를 되돌려 주면 어떻게 하겠는가"라고 묻자 "절대로 정치적 쇼는 안 합니다. 정치적 쇼를 하는 걸 보면 눈을 부릅뜨고 얼굴에 침을 뱉어주고 싶습니다"라고 했다.

"어떤 일이 있더라도 이번에는 박 대통령께서 꼭 사표를 받아 주실 줄 믿습니다. 작년에 사표를 냈을 때 잘못 쇼를 했기 때문에 오늘에까지 이르렀어요"라며 후회하는 빛마저 보인 그는 "위원장직에 계속 눌러 앉아 있으므로 해서 당의 자연적 생성발전을 막고 있기 때문에 공화당의 장래를 위해서라도 꼭 물러나야 하겠다"고 말했다.

1965년 8월 23일 오전 11시 40분 박정희 대통령 일행은 전용기편으로 7박 8일간의 휴가를 마치고 歸京(귀경)했다.

이날 오전 서울대학교 법대생들은 '무기한 동맹휴학'을, 서울대학교

문리대생과 고려대 학생들은 학기말 시험 거부를 결의했다. 서울대 11개 단과대 학생대표들도 모임을 갖고 대학교 전체가 학기말 시험을 거부하기로 결의했다. 이날 하루만 전국에서 1만여 대학생들의 데모가 있었다.

서울에서는 학생 252명이 경찰에 연행되는 가운데 학생 13명이 중경상을 입고 후송되었고 경찰도 28명이 부상당했다고 서울 시경은 발표했다.

이날 오전 내무·법무·문교·공보 등 4부 장관은 공동담화문을 통해 '요즘 사태는 민주주의에 역행하는 처사라고 단정하고 이를 엄하게 다스리겠다'고 밝혔다. 오후에는 朴英秀(박영수) 치안국장이 "요즘 학생 데모가 反美(반미)-반국가적 경향이 있다"고 지적했다.

8월 25일 아침, 박 대통령은 김성은 국방부 장관과 김용배 육군 참모총장에게 衛戍令(위수령) 준비를 시켰다. 김성은 장관은 다음날인 26일 아침에 또 다시 데모가 시작되면 즉시 위수령을 발동, 서울 지구 위수사령관에 수도경비사령관을 임명하여 수도경비사 자체병력 3개 대대와 서울 근교의 모 사단을 진주시켜 데모를 저지키로 했다.

오전 10시경, 서울은 고등학생들까지 가세하여 시위가 과격해졌다. 무장군인들이 본격적으로 진입작전에 투입되기 시작했다.

이날 오전에는 서울대·고려대·한양대 1만여 학생과 성동공고 고교생 1,000여 명이 "매국 정권하의 미국은 싫다"(고대), "일당국회 해산하라"(건대·한양대), "성토는 끝났으니 실력행사뿐이다"(서울대)라는 함성을 지르며 거리로 쏟아져 나왔다.

이날 오후 1시 30분경에는 트럭 22대와 지프차 4대에 분승한 약 500명의 무장군인들이 방독면을 착용한 채 고려대학교 교정에 들어가 약 30분 동안 도서관, 강의실, 고대신문사, 방송실 등의 유리와 실험기구

일체를 권총 자루로 부수고 최루탄을 발사하면서 교내에 있던 학생 34명을 연행했다.

이날 오후에는 고려대학교 李鍾雨(이종우) 부총장과 玄勝鍾(현승종) 학생처장, 呂石基(여석기) 교무처장이 김 국방부 장관과 윤 문교부 장관을 찾아가 항의했다.

김 국방부 장관은 "이유 여하를 불문하고 유감스럽게 생각한다. 군인들이 고려대 앞을 지날 때 학생들이 투석했기 때문에 일부 군인들이 격분해 교정에 들어가 현행범인 학생들을 잡아 경찰에 넘긴 것이다. 기물을 부순 것에 대해서는 철저히 조사해 처벌하겠다"고 말했다.

학생-교수-정치인 비판

1965년 8월 25일 저녁 박정희 대통령은 중앙청 제 1회의실에서 전국 방송망을 통해 특별 담화문을 19분간 읽어 내려갔다. 이 연설은 박 대통령이 집권기간 중에 행한 연설 중 가장 직설적이고 단호한 표현이 많은 연설에 속한다. 그 뒤의 어느 대통령도 이 연설처럼 학생, 교수, 야당 정치인들을 가차없이 공격(또는 경멸)하는 표현을 쓴 적이 없다. 이 연설은 대통령의 당시 감정을 그대로 드러냈다는 점에서 드문 자료이기도 하다.

대통령은 먼저 "일부 몰지각한 정치인의 낡고 썩은 버릇"과 "일부 철부지 학생들"에게 직격탄을 퍼부었다. 박 대통령은 反정부 운동가들을 항상 '일부'로 표현함으로써 심리적인 주도권을 잡으려는 言術(언술)을 구사했다.

"학생이라고 해서 헌법을 무시하고 부정할 수 있는 권리가 어디에 있으며 학생들이라고 해서 국회 해산을 운운하고 조약의 무효를 주장할 수 있는 특권이 어디에 있습니까. 학생은 이 나라의 전부가 아닙니다. 4 · 19 이후 이 나라 사회에 새로운 병폐가 하나 생겼는데, 그것이 바로 학생들의 데모 만능 풍조인 것입니다. 걸핏하면 무슨 聲討(성토)대회다, 籠城斷食(농성단식)이다, 데모다, 무슨 무슨 투쟁이다 하고 소위 현실 참여라는 명목하에 거리로 뛰쳐나오기를 좋아하는 폐단이 생겼으니, 이 것은 분명히 말해서 망국의 풍조라 아니할 수 없습니다.

학생 제군!

오늘날 학생들이 거리로 뛰어나와서 세상을 시끄럽게 하고, 정치 문 제에 직접 개입하기를 좋아하는 나라치고 잘되어 가는 나라가 어디에 있습니까? 정부 물러가라, 국회 해산하라, 그러면 그 다음에는 학생이 정치하겠다는 말입니까. 이거 언제부터 이런 버릇이 생겼습니까. 학생 이라고 해서 이런 특권은 절대로 賦與(부여)되어 있지 않습니다.

지난 2년간에 걸쳐 만성적인 데모로 시달려온 우리 국민들은 이제 그 데모에 대해 불감증을 느끼고 있는 것이 사실이지만 그러나 외국 사람 이 그것을 보았을 때 그들이 과연 우리를 어떻게 평가할 것이냐를 생각 해 본 일이 있습니까.

나는 학원에서 學究(학구)에 전념하는 대다수 학생들을 보호하기 위 해서 불순한 동기로 또 비록 동기에 있어서는 善意(선의)일망정 그 결과 에 있어서는 사회 공공질서를 파괴하는 데모 행위를 本職(본직)으로 알 고 있는 일부 정치학생의 버릇을 근절시켜야 할 절실한 필요를 痛感(통 감)하고 있습니다.

이 이상의 데모는 우리의 적인 공산주의자 이외의 누구에게도 도움이 되지 않는다는 점에서 이유와 명분을 불문하고 학생이 학원 밖으로 뛰쳐나와 가두를 휩쓸고 다니는 이 망국적 풍조를 단호히 시정할 것입니다.

학생회장 선거에 있어서 금전거래가 공공연히 성행하고, 때로는 테러, 납치 등 일반 사회에서는 볼 수 없는 추잡하고 비루한 행위로 자치단체의 간부가 되어 선량한 학생과 공부하고자 하는 학생들을 괴롭히고 있고, 심지어 이 직위를 사회 진출의 미끼로 삼아 소영웅시하는 실로 타기할 기풍이 학원 내에 만연되고 있다는 사실을 나는 여러 번 듣고 있습니다.

공부하기 싫고, 시험치기 싫어서 한일회담 반대를 핑계 삼아 선량한 학생까지 폭력으로 협박하여 거리로 끌고 나오는 이러한 무법과 폭력이 횡행하고 있으면서도 그들 불순 학생들은 言必稱(언필칭) 학원의 자유를 부르짖고, 학원의 자치를 운운하고 있는 것이 사실 아닙니까. 이러한 부조리가 또 어디 있단 말입니까.

깡패 정치에 항거하여 그것을 무찌른 학생들이 바로 그 깡패의 위치에 대신 들어서서 불법과 파괴를 일삼음으로써 사회의 빈축을 사고 있다는 것은 한심한 일이 아닐 수 없습니다. 한 개인이나 학교의 조그마한 자존심 때문에 他(타)학교가 데모를 했으니까 우리도 안 하면 학교의 명예가 손상된다, 지난번에는 어느 학교가 먼저 했으니까, 이번에는 우리가 먼저 해야 체면이 선다 운운하는 이 따위식 사고방식이 과연 지성인을 자부하는 학생들이 할 행동이라고 봅니까.

그들 일부 학생들 중에는 무능하고, 불순하고, 간교한 敎員(교원)들에게 매수되어 학원 민주화 투쟁에 그릇 이용되는 학생들이 있는 것은 사실입니다. 이러한 학생일수록 일부 불순한 정객들에게 매수되거나 그들의 앞잡이가 되어서 애국을 빙자하여 철모르고 날뛰는 예가 허다한 것입니다.

또 일부 교직자들은 어떻습니까. 학생 데모를 英雄視(영웅시)하고 그들을 선동함으로써 자기가 立身出世(입신출세)할 수 있는 기회가 올 것을 은근히 바라는 기회주의자가 있는가 하면 학생의 주장에 아부하고, 그 감정에 영합하여 값싼 인기를 얻지 않고서는 자기의 무식과 무능을 감출 수 없는 사이비 학자, 신분이 보장됨을 기화로 삼아 책임도 지지 못할 망언으로 국민을 우롱하는 무책임한 학자, 이러한 일부 엉터리 학자가 제거되지 않는 한 학문의 자유와 학원의 민주화를 기대할 수는 없는 것입니다.

또 일부 정치인들은 어떻습니까.

政黨解體(정당해체)를 주장하고 국회 해산을 공공연히 부르짖으면서도 그것이야말로 곧 민주주의를 지키는 길이고, 애국하는 길이요, 救國(구국)하는 길이라는, 누구도 믿을 수 없는 억지와 고집을 부리고 있는 것이 이 나라 일부 정치인들의 實態(실태)가 아니고 무엇입니까.

국가의 進路와 민족의 活路는 아랑곳없이, 공부시켜야 할 학생을 오직 당리당략의 재물로 희생시켜 학생 데모에 힘입어 정권의 橫財(횡재)를 망상하는 反動政客(반동정객)이 민주정치의 이름을 더럽히고 있는 것이 또한 이 나라 사회의 현실입니다. 善導(선도)되어야 할 학생, 제거되어야 할 교직자, 퇴장되어야 할 정치인, 이들의 수는 엄격히 따져 극히 적은 '일부'에 지나지 않습니다. 그러나 전체로서의 국가와 민족의 앞날을 흐리는 것은 언제나 이 극소수의 일부라는 것을 잊어서는 안 될 것입니다."

衛戍令

1965년 8월 25일 저녁 박정희 대통령의 공격적인 특별담화는 이렇게 계속되었다.

"나는 대다수 학생, 대다수 정치인, 그리고 대다수 교직자의 명예를 추락시키고, 크게는 국가 민족의 정상적인 발전을 저해하는 이 일부 암적 존재를 뿌리 뽑는 데 필요한 모든 조치를 강구할 것입니다. 한 정권의 운명을 염려해서가 아니라, 민주 한국의 백년대계를 위해서, 조국의 근대화 작업을 완수하기 위해서, 또 정권의 평화적 교체라는 전통을 수립하기 위해서, 데모로 아무 것도 이룰 수 없다는 교훈을 남기기 위해서, 대소를 막론하고, 모든 데모를, 이 담화를 발표하는 이 시각부터는 철저하게 단호히 단속할 것임을 선언하는 바입니다.

학생 데모로 인해 생산과 건설과 증산에 傾注(경주)해야 할 우리 국력이 얼마나 헛되이 소모되고 있으며, 파괴된 공공기물과 일반 시민의 손실이 그 얼마나 많습니까. 더구나 부상한 경찰의 수는 지난 3·24 사태 이래 3,182명이나 됩니다. 또한 본의 아니면서도 불량 학생들에게 강제로 끌려 나와서 부상한 학생수도 부지기수일 것입니다.

지금 우리가 이처럼 막대한 손실을 스스로 자초할 만한 여유가 없다는 것은 너무나 분명합니다. 그러나 내가 더 가슴 아프게 생각하는 것은 이미 당하고 만 인적·물적 손실보다도 앞으로 10년, 20년 후에 당하게 될 우리의 손실입니다. 10년, 20년 후 이 나라의 주인공이 될 학생들이 내일의 주인공으로서의 실력과 자질을 연마하는 데 소홀히 함으로써 생기게 될 지도자의 빈곤을 나는 무엇보다 안타깝게 생각하는 바입니다. 국가의 장래를 위해서 이보다 더 큰 손실이 없다고 생각되기 때문입니다. 지금 우리 학생들과 같은 세대의 일본 학생들은 밤낮을 가리지 않고 공부를 하고 실력을 닦고 있는데, 우리 학생들은 날마다 데모나 하고 시간을 낭비하면 공부는 언제 하고, 실력은 언제 양성하는 것입니까.

일본을 경계하고 또 다시 침략을 당하지 않기 위해서는 일본 학생보다도 더 많이 우리 학생들은 공부하고 실력을 배양해야 되지 않겠습니까. 교직자와 학부형의 노력에도 불구하고 학생 데모가 근절되지 않는다면 학원을 폐쇄하는 한이 있더라도 이 데모 만능의 폐풍을 기어이 뿌리 뽑아야겠고, 또 교직자가 그 본래의 임무를 다하지 못하는 데 대해서는 응분의 책임을 추궁하여 교육을 그 본연의 자세로 돌려놓아야 하겠다는 것이 나의 소신입니다.

따라서 나는 다시 강조하거니와 첫째, 모든 학생들은 오늘로서 학생 본연의 자세로 돌아가 학업에 충실할 것이며, 또 교직자나 학교 당국은 학원 질서를 유지하는 데 모든 책임을 다해야 할 것입니다. 만일 그 책임을 다하지 못하는 무능한 교직자나 학교 당국에 대하여는 엄격한 책임을 추궁하고 가차없는 행정조치를 취할 것을 경고해두는 바입니다.

한편, 사회의 안녕질서를 유지해야 할 치안 당국은 일체의 불법 데모를 더욱 가차 없이 단속할 것이며 대다수 국민의 안녕을 위하여 소수 난동자의 拔本塞源的(발본색원적)인 철저한 조치를 취할 것을 이 자리에서 엄격히 지시해 두는 바입니다."

이 연설에 대해 민중당 金大中(김대중) 대변인은 "너무나 독선적이고 무책임한 발언이다"고 논평했다.

이 연설은 많은 국민들에게 큰 감명을 주었다. '일부 몰지각한 학생, 교수, 정치인들'을 겨냥한 박정희의 연설에 공감하는 사람들이 많을수록 학생 시위는 일반인의 同參(동참)을 얻지 못하고 고립되기 시작했다.

1965년 8월 26일 아침, 정부는 경찰력만으로는 치안유지가 불가능하다는 윤치영 서울시장의 건의를 받아들여 서울시 일원에 衛戍令(위수령)을 발동했다. 수도경비사령부와 인근 6사단 병력이 시내로 들어와 시위 진압에 합류했다. 崔宇根(최우근) 수도경비사령관이 위수사령관이 되었다. 그는 "(작전권을 가진) 비치 유엔군 사령관과 만나 병력 동원에 협조를 받았다"면서 "계엄령 선포는 현재로선 고려하고 있지 않으나 사태의 추이를 지켜볼 것이다"고 말했다.

이날 무장 군인들은 고려대와 연세대로 들어가 시위자를 연행하고 다른 대학에서도 시위대가 교문 바깥으로 나오지 못하도록 막았다. 시위를 취재하던 상당수의 기자들은 군인들로부터 구타당했다.

박 대통령은 27일에는 시위 사태에 책임을 지워 윤천주 문교부 장관과 申泰煥(신태환) 서울대 총장을 경질하고 후임에 權五柄(권오병) 법무부 차관과 劉基天(유기천) 교수를 임명했다.

29일 서울지검 공안부는 이틀 전 '국군 장병에게 보내는 호소문'을 발표한 예비역 장성 11명 가운데 김홍일(군사정부의 외무장관), 박병권(군정 내각의 국방장관), 김재춘(군정 시절의 정보부장), 박원빈(군정 내각의 무임소 장관)을 구속했다. 이들은 호소문에서 '집권자들이야말로 이적 행위자이며, 국민 단합을 파괴하는 反민족 행위자이며 민주주의에 역행하는 反국가행위자라고 하지 않을 수 없다'고 하여 현 정부의 명예를 훼손한 혐의였다.

박 대통령이 이처럼 자신만만하게 강공책으로 나올 수 있었던 것은 월남파병과 한일 국교정상화 회담을 苦待(고대)해온 미국의 존슨 행정부의 묵시적인 지지가 있었고 한국군의 장교단이 일치단결하여 대통령을 지지하고 있었던 데다가 야당이 강온파로 분열하고 있었기 때문이었다.

國威 선양의 시대 開幕

박정희 대통령은 미국과 군부, 그리고 중산층의 강력한 지지하에 위수령 선포로써 한일협정 비준 반대 시위와 야당의 도전, 언론의 비판을 간단하게 제압할 수 있었다. 당시 정부와 군부는 뚜렷한 국가주의적 이념으로 무장되어 있었다. 신념과 논리로 무장된 물리력을 선전·선동·지식의 문화 기능이 극복할 수는 없는 법이다. 박 대통령은 학생 시위가 잠잠해지자 위수령 선포 한 달 만인 9월 25일에 위수령을 해제했다.

정부는 1965년 9월에 들어서서 파월 전투부대의 편성에 박차를 가했다. 1개 전투사단의 파견에 따른 군수지원부대 등의 편성으로 총 파월 병력은 1만 7,890명이 되었다. 수도사단(맹호부대·사단장 채명신 소장)이 9,850명, 해병 1개 여단(청룡부대·여단장 이봉출 준장)이 4,218명, 보충병 268명, 군수지원사령부가 3,554명. 수도사단은 3개 연대 중 2개 연대만 파월 부대에 포함시켰다.

군수지원사령부(사령관 이범준 준장)는 공병·통신·병참 등 7개 기술 병과의 19개 부대를 경기도 양평군 용문 등지에 집결시키는 방법으로 10일 만에 편성됐다. 1군 사령부는 용문과 강원도 홍천에 파월 장병에 대한 보급 물자를 분배하는 사무소를 두고 장비 교환 및 정비를 실시했다. 파월 부대는 9월 4일부터 홍천(수도사단), 횡성(공병대대), 용문(군

수사), 춘천(수송부대)에서 4주간의 교육 훈련에 들어갔다.

1965년 9월 20일 박정희 대통령은 동해안 기지에서 파월 전투부대의 제 1진으로 선정된 해병 제2여단 결단식에 참석, 諭示(유시)를 통해서 자유월남을 침략한 공산 세력은 "월남의 적인 동시에 우리 한국의 적이며 또한 자유세계 공동의 적이다"고 말했다.

"이웃집에 불이 난 것을 보고도 가만히 앉아 구경만 하다가는 그 불이 내 집에까지 번져 집을 태워버리는 것과 똑같이 지금 월남을 돕지 않는다면 우리나라에도 직접적인 위협이 될 것입니다."

10월 4일 맹호부대 훈련장에서는 사고가 있었다. 훈련병이 수류탄을 던진다는 것이 발밑에 떨어뜨렸다. 중대장 姜在求(강재구) 대위는 수류탄을 몸으로 덮쳐 터진 파편을 대신 받아내면서 부하들을 살리고 散華(산화)했다.

10월 9일 청룡부대는 월남 동북해안 캄란 항에 상륙, 신상철 주월 대사의 환영을 받았다.

10월 12일엔 맹호부대 환송식이 30만 인파가 모인 여의도 광장에서 있었다. 박 대통령은 유시에서 "과거 남의 도움만 받아왔던 우리의 역사는 남에게 도움을 주는 새 시대에로 전환되었다"고 선언했다.

"후세에 너의 조상이 누구냐고 묻거든 나의 조상은 트로이 전선에 참전한 용사였다고 일러주라고 하던 고대 희랍 사람들의 긍지를 맹호부대 장병 여러분들도 가져주기 바랍니다."

한일 국교정상화를 둘러싼 갈등 같은 것은 월남파병에선 나타나지 않았다. '겨레의 정성 모아 맹호 용사 환송하자' 는 표어대로 여야, 남녀노소, 지역의 차이를 넘은 국민적 성원이 東중국해, 南중국해를 건너는 장병들을 따랐다. 박 정권에 비판적이던 신문들도 '떠나는 마음', '보내는 마음', '베트남 통신란(파월 장병들과 가족 친지들 사이의 교신란)' 등의 기획기사를 통해서 모처럼 軍民(군민) 일체의 단결심을 고취했다.

'6·25동란 때 괴뢰군으로부터 받은 쓰라린 상처는 아직 아물지 않았습니다. 북괴를 때려눕히는 심정으로, 민족의 원수를 갚는다는 매서운 마음으로 공산 게릴라들을 두드려 잡으렵니다.' (맹호부대 1연대 이길영 준위)

'2년 6개월 사병생활의 마지막을 월남 베트콩 소탕전에서 장식하고 싶습니다. 자유 우방을 돕고 한국의 국위를 선양하면서 또 외국 구경을 해본다는 것은 흥미로운 일입니다. 아버지, 어머니, 친우들 안심하십시오.' (김덕영 병장)

'날품팔이하는 사람이다. 나이를 먹어 월남에 가지 못하는 게 한이다. 동란 중에 단 하나뿐인 혈육을 잃었다. 멀리 월남까지 공산당을 잡으러 간다니 마음 같아서는 여러분의 무기와 짐을 내 지게로 날라다 주고 싶다.' (심수동·자유노동자)

'5000년 우리 역사상 첫 해외 파병으로서 국위 선양에 가장 좋은 기회라고 생각한다. 본국의 가족은 우리 경찰이 보호, 원호할 것이다. 염려 말고 용전해주기 바란다.' (이순구·서울 중부경찰서장)

'일찍이 6·25 사변 때에 우리 민족이 경험한 바와 같이 그곳에도 후방에 있는 주민들은 말할 수 없는 고초를 겪을 줄로 안다. 이들 피란민, 특히 부녀자·고아들·병자들에 대하여 참된 인류애와 친절로써 한국 국민의 인정과 사랑을 나타낼 수 있기를 바란다.' (한경직·서울 영락교회 목사)

'동기생들, 좀더 시야를 넓혀보자는 것이 이번 자원의 의도였네. 지금 세계의 이목이 집중된 월남은 새로운 역사 창조의 길로 줄달음치고 있네. 나는 그 줄달음 속에 대한민국의 한 해병으로서 참여하여 역사의 밑거름이 되려는 것이네.' (청룡부대 1대대 중화기 중대 양만숙 중사)

10월 10일자 〈조선일보〉는 사이공 發(발) 기사에서 '사이공엔 한국인 여행자가 많다. 신문기자, 정부 관계 공무원도 많지만 실업인들의 수도 만만치 않다. 수출을 얼마나 증가시킬 수 있는가, 우리나라가 얼마나 돈벌이를 할 수 있는가 하는 문제를 엿보기 위한 것이다' 라고 보도하고 있다.

우리 젊은 여공들이 봉제공장, 가발공장, 홀치기공장 등의 수출전선에서 새 역사 창조의 전면에 나타난 데 이어 젊은 남성들도 월남전선으로 뛰어들어감으로써 세계사의 중심 무대에 등장하게 되었다. '국위 선양' 이란 월남파병 이후의 유행어는 한반도를 떠나 세계를 무대로 뛰기 시작한 한국 남성들의 야성을 상징하는 말이 되었다.

작전권 문제

파월 맹호사단장 겸 주월 한국군 사령관 채명신 소장은 李勳燮(이훈섭) 준장을 부사령관으로 발탁했다. 李 준장은 이동외과병원 및 태권도 교관단 파병·비둘기부대 파병 때의 선발대장, 그리고 맹호부대 파병 때는 연락장교단의 일원으로 본대가 도착하기 전에 먼저 월남에 갔다. 그는 미군과 월남군 사이에서 한국군의 지위, 작전관할권 문제 등 여러 가지 행정적인 준비 작업을 진행했던 인물이었다. 채명신 장군은 이 장군에게 "나는 일선을 책임질 테니 李 장군은 사이공을 책임져주시오"라면서 동행을 간곡히 요청했다.

李 준장이 金聖恩 국방장관에게 보직 신고를 하자 金 장관은 이렇게 말했다.

"이 장군에 대한 좋지 않은 보고서가 미군 측에서 올라와 있어요. 월남에서 미국 측과 치열한 논란을 거듭하면서 국익 확보를 위해서 얼마나 노력했는지 알 수 있을 것 같소. 우리 군도 과거와 달리 이제는 미군을 상대로 소신대로 하는 것이니 개의치 말고 가일층 노력해주시오."

맹호부대가 미 해군 수송함을 타고 월남으로 떠난 뒤 채명신 장군을 비롯한 사령부 병력은 1965년 10월 20일 미군 수송기 편으로 김포공항을 떠나 그날 저녁 사이공에 도착했다. 다음날 채명신 사령관은 동해안의 퀴논으로 가서 상륙하는 맹호부대를 맞았다.

주월 한국군 사령부가 맨 처음 당면한 문제는 작전지휘권 문제였다. 주월 미군은 한국에서 그렇듯이 한국군을 주월 미군의 작전지휘권 아래 두고 싶어 했다. 우리 측은 양국군의 협의체제로 하자고 하여 한국군이 상륙할 때까지 작전지휘권 문제는 결론이 나지 않았다.

10월 23일 캄란의 해병여단(청룡부대)으로부터 사이공의 한국군 사령부로 보고가 올라왔다. 미군 야전사령부에서 해병여단의 제2대대에게 임무변경 명령을 내려 부대를 이동시키려 하고 있다는 것이었다. 이훈섭 부사령관은 작전지휘권과 관련한 중요한 사태가 발생했다고 판단하고 퀴논에 나가 있던 채 사령관을 찾았다. 전화에 나온 채 장군에게 "미 야전사령관과 청룡부대 운용에 관련하여 협의한 적이 있습니까"라고 물었다. 채 장군은 "없습니다"라고 했다. 이훈섭 준장은 한국군 사령관과 협의도 하지 않고 우리 부대를 통제한다는 것은 지휘체제의 혼란을 유발할 우려가 있다고 판단하여 미군 사령부 참모장 로슨 장군을 찾아가 항의하고 이동명령을 취소시켰다.

李世鎬(이세호) 소장을 단장으로 한 파월 전투부대 연락장교단은 맹호부대의 상륙 전에 월남에 가서 작전권 문제에 대하여 미군 측과 논의할 때 파월 한국군의 작전권은 미군 및 월남군과 협의하여 행사한다는 선을 固守(고수)했었다. 미국 측은 박정희 대통령에게도 이 문제를 제기했다. 어느 날 박 대통령은 김 장관을 청와대로 불렀다.

"며칠 전 브라운 대사와 비치 8군 사령관이 날 찾아왔어요. 작전지휘권의 일원화에 김 장관이 완강하게 반대하고 있으니 날더러 도와주었으면 좋겠다고 하던데…."

"각하, 우리의 작전지휘권을 미군한테 주면 그들은 우리 군을 밀림 속으로 배치할 것입니다. 그러면 360도로 방어해야 하고 전멸할지도 모릅니다."

김 장관은 월남에서 작전지휘권이란 결국 작전 지역의 결정권이라고 이해했다. 밀림·내륙 지역을 한국군이 담당할 경우 對民(대민) 접촉이 끊어져 외교적 성과는 달성할 수 없고 건설업체를 비롯한 우리 인력 수출의 교두보 확보에도 차질이 예상되었다.

해병대 사령관 출신인 김성은 장관은 박 대통령이 육군 출신임을 감안해 이렇게 설명했다고 한다.

"해병은 해군 함정의 화력을 등에 업고 전방의 적과 대치함으로써 내륙에서 사방의 적과 맞서야 하는 육군에 비해 전투력이 크게 발휘됩니다. 주월 한국군이 해안을 따라 배치되면 전방만 감시하면 됩니다. 내륙으로 들어가면 사방이 포위될 위험이 있습니다. 디엔비엔푸 전투 때 프랑스군 2만여 명이 월맹군에게 포위되어 항복하지 않았습니까. 만약 그렇게 되면 정권도 위험해집니다.”

이해가 빠른 박 대통령은 “김 장관에게 맡길 테니 버티어보시오”라고 했다.

1965년 11월 2일 맹호부대의 기갑연대가 상륙한 뒤 채명신 사령관은 비로소 미군 지휘관 회의에 참석해 입장을 밝히게 되었다. 채 장군은 그동안 미군 측의 회의 참석 요청을 무시해버렸었다. 회의장에 나가니 퀴논 지역을 맡고 있는 라슨 야전군 사령관이 신경질을 냈다.

“한국군은 우리가 먹여주고, 훈련도 시켜주고, 봉급도 주는데 왜 우리 통제를 안 받으려 하오.”

채명신 장군은 이런 질문부터 던졌다.

“우선 이 전쟁의 성격부터 따져봅시다. 이 전쟁은 군사적 전쟁입니까, 아니면 정치적 전쟁입니까.”

“당신이나 나나 제복을 입고 있으면 정치고 뭐고 신경쓸 것 없이 싸워서 이기면 되는 거요.”

“이게 군사적 전쟁이란 이야기인데 내가 반문하겠소. 왜 미군은 M16 소총과 B-52전폭기와 항공모함, 헬리콥터로 구성된 항공기갑부대까지 갖고 있으면서도 죽창과 활, 일본군이 쓰다 버린 장총으로 무장한 베트콩을 소탕하지 못하고 있소? 이 전쟁은 기본적으로 정치 전쟁입니다. 우리는 월남 국민들을 우리 편으로 만들어야 합니다. 그러려면 우리가 월남 땅을 빼앗으러 온 것이 아니고 월남을 자유, 자립시켜주려고 온 것이란 점을 인식시켜야 합니다. 한국군의 지휘권이 미군에 속하게 되면 우

리는 미군의 청부전쟁에 동원된 군대로 전락합니다. 한국군이 독자적인
작전권을 갖고 있다고 해야 서로가 당당해집니다."

名分과 實利

채명신 주월 한국군 사령관은 미군 지휘관 회의에서 소신 표명을 계속
했다.

"저는 개인적으로 웨스트모어랜드 사령관을 존경합니다. 한국전 때
웨스트 장군은 제82공정사단의 대령으로서 북한 순천 상공에서 부하들
과 함께 낙하산으로 뛰어내려 용맹을 떨친 지휘관이십니다. 저 분의 지
휘권 아래로 들어가는 것은 개인적으로는 영광이라고 생각합니다. 그러
나 그렇게 하는 것이 정치적으로는 저 분을 오히려 어렵게 만들 것이라
고 생각합니다."

미군 지휘관들도 이해하는 분위기로 돌았다. 이로써 한국군의 지휘권
은 미국-월남 측과 협의하여 행사하는 쪽으로 정리되었다. 게릴라 전술
의 전문가 채명신 소장은 육군본부에서 작전참모부장으로 일하면서 월
남전을 연구했는데 비관적인 판단을 하게 되었다고 한다.

"나는 월남전의 작전 개념을 수립하면서도 나 자신은 월남에 가지는
않겠다는 생각을 하게 됩디다. 우리가 상대해야 하는 베트콩은 군복을
입은 정규군이 아니라 민간인 행세를 하는 게릴라들이었습니다. 월남
정부는 민심을 떠나고 있었고 월맹 지도자 호찌민(胡志明)의 인기는 높
아만 가고 있었습니다. 아홉 살짜리 꼬마의 호주머니 속에 수류탄이 들
어 있고, 어린아이를 업은 아낙네의 옷 속에 권총이 숨겨져 있는 이런

상황에서 과연 미군의 작전개념인 '수색 및 섬멸작전'이 실효를 거둘 수 있을지 의문만 생겼습니다."

채명신 장군의 작전 개념은 '분리 및 섬멸'이었다. 민간인 속에 숨어 있는 베트콩들을 對民(대민) 심리전을 통해서 분리하여 산 속으로 격리시킨 뒤 군사 작전을 통해서 섬멸한다는 것이었다. 채명신 장군은 "미군과 함께 활동하다 보니 그들이 아시아의 역사·문화에 얼마나 미숙한지 알게 되었다"고 덧붙였다.

1964년 월맹은 정규군을 월남의 중부 고원 지역으로 침투시키기 시작했다. 이들은 월남에서 조직된 베트콩을 지원하고 지도하는 역할을 했다. 무기 표준화를 통해서 베트콩과 월맹 정규군은 같은 공용화기를 쓰게 되었다. 1965년 초 미국은 월맹의 4개 정규 사단이 월남에서 작전 중임을 확인하고 '롤링 선더'(Rolling Thunder) 작전을 시작했다. 이는 정규 사단의 남하를 저지하기 위해 북위 19도선 이남의 월맹 군사기지들을 폭격하는 작전이었다. 그럼에도 불구하고 월맹 정규 사단의 남침은 계속되어 1965년 말 현재 6만 4,000명이 월남에서 작전 중인 것으로 파악되었다.

월남의 민족해방전선은 인민혁명당이란 명칭을 가졌으나 공산당의 위장조직에 불과했다. 월남전을 하노이에서 지휘하고 있던 월맹 국방장관 보 구엔 지압은 시간이 공산군 편이란 확신하에서 월남전을 정치 전쟁적인 성격으로 가져가야 한다고 생각했다. 정치 전쟁에서 승패는 戰場(전장)이 아니라 여론과 언론의 영향을 크게 받는 국내 정치 무대에서 결판난다.

국제법상 월남전은 월맹에 의한 불법적인 남침이란 성격을 지닌다.

1954년 제네바협정에 의하여 월남은 17도선을 경계로 남북으로 분단되었기 때문이다. 월맹은 17도선을 무시하고 군단 규모의 정규군을 남파했던 것이다. 남파 방식이 김일성의 남침처럼 기습적인 총공세가 아니라 장기간의 위장침투였기 때문에 국제여론의 반격을 피할 수 있었다. 공산주의자들은 베트콩이 월남에서 자생적으로 나타난 反정부 세력인 것처럼 선전했고, 세계의 많은 언론들이 '월맹 정규군의 명백한 남침'을 輕視(경시)하는 보도 태도를 취했다.

박정희의 입장에서는 국제법을 위반하여 자유진영 국가를 무너뜨리려고 남침한 공산세력을 물리치는 데 파병할 도덕적이고 국제법적인 뚜렷한 명분이 있었다. 월남파병을 통해서 주한미군을 월남전선으로 빼돌리려는 미국 측의 의도를 사전에 봉쇄하는 한편, 파병에 따른 경제적 이득과 국군 현대화에 대한 미국 측의 지원을 받을 수 있었다. 실리와 명분을 고루 갖춘 파병이었던 것이다.

그 뒤 월남과 미군이 졌고 월남이 월맹에 흡수 통일되었다고 해서 한국의 파병 이유까지 부정적으로 평가될 수는 없는 것이다. 평가의 기준은 어디까지나 국가이익과 국제법, 그리고 인류의 보편적 가치여야 하는 것이다. 통일된 월남이 이제 와서는 시장경제, 즉 자본주의를 지향하는 방향으로 개혁하고 있는 점을 볼 때 월맹이 승자였다고 해서 월맹의 공산혁명 노선이 옳았고 그에 반대한 한국의 파병은 나빴다고 해석하는 것은 승패와 선악을 구별하지 못하는 논의가 될 것이다.

1965년에서 1970년까지의 6년간 월남파병에 따른 미국 측의 對韓(대한) 지원 총액은 9억 2,700만 달러였다. 그 주된 내용을 보면 월남에서 한국회사들이 미군과 맺은 구매 또는 공사 계약이 3억 500만 달러로 가장 많았다. 미군에 한국 측이 공급한 물건 값이 1억 4,400만 달러, 미군이 부담한 한국군에 대한 각종 해외수당 지급액이 1억 3,000만 달러, 월남파병을 계기로 유보되었던 군원이관 계획(한국 측이 분담해야 할 군사비) 액수가 9,300만 달러, 한국군의 군수물자 조달에 대한 미군 측의 지원이 5,000만 달러 등등.

1966~1971년간 월남에서 한국 회사들이 벌어들인 외화는 5억 3,700만 달러에 달했다. 공사 및 용역 제공, 한국인 기술자들의 송금, 그리고 군수물자 수출을 통한 외화가득이었다. 월남전이 절정에 달했던 1968년엔 1억 1,340만 달러, 1969년엔 1억 420만 달러, 1970년은 9,700만 달러에 달했다.

最盛期(최성기)엔 80여 개의 한국 회사와 1만 6,000명의 기술자들이 주로 미군과 계약하에 활동했다. 월남전이 절정에 달했던 1968년의 경우 무역 외 수입으로 분류되는 공사·용역 등 월남으로부터의 각종 외화가득은 그해 상품 수출액의 36%나 되었다.

월남 特需

훗날 윌리엄 포터 주한 미국대사는 이렇게 말했다.

"한국인들은 그들이 월남전에 대규모 병력을 보냈으므로 그 전쟁으로 조성된 시장도 공유해야 한다고 생각했다. 즉, 그들은 전쟁의 위험뿐 아니라 전쟁이 가져다준 기회에도 참여하고 싶어했다."

월남전은 엄청난 인명 피해와 함께 거대한 시장을 만들어냈다. 미국의 전쟁 예산은 1966년 회계연도엔 61억 달러, 1967년 205억 달러,

1968년 250억 달러, 1969년엔 262억 달러로 늘어나고 있었다. 이에 따라 주변국들도 월남전 特需(특수)를 경험하게 되었다. 1966년의 경우 한국의 특수 규모는 일본 외무성 조사에 따르면 7,300만 달러였다. 다음 해에는 한국이 월남전으로 약 2억 달러를 벌어들여(총 국민소득의 3.1%) 월남에 인접한 태국의 2억 6,000만 달러에 이어 두 번째로 많은 돈벌이를 하고 있었다.

한국경제인연합회가 집계한 1967년 한국의 월남 특수 규모를 보면 총액은 1억 3,220만 달러였다. 그 가운데 미군 등에 대한 용역 軍納(군납)에서 3,268만 달러, 근로자 임금이 3,250만 달러, 파월 군인들의 봉급이 3,000만 달러로 大宗(대종)을 이루었다. 용역 군납의 종류는 다양했다. 연예, 세탁, 의무 보급 관리, 침구 수리, 사진·초상화, 하역, 운수, 여행 알선, 선박 대여, 시계 및 카메라 수리 등등.

1967년에 월남에서 가장 많은 돈을 번 회사는 하역·운수 분야에 진출한 한진상사였다. 한진의 그해 용역 실적은 2,500만 달러로 다른 모든 회사들의 용역을 합쳐놓은 것보다도 많았다. 趙重勳(조중훈)·趙重建(조중건) 형제가 이끌던 한진은 월남에서 돈을 벌어 대한항공을 인수하게 된다.

한진처럼 화려한 기록은 남기지 못하고 있었지만 월남에서 조용히 저력을 기르고 있었던 것이 현대건설이었다. 지금은 세계적인 기업이 되었지만 당시 현대건설은 세탁업과 준설공사로써 돈을 벌었다. K. B. 킴이라는 한국 여인이 월남에서 미군을 상대로 세탁소를 운영하고 있었다. 현대는 이 여인과 합작 형태로 월남에 진출했다가 자본을 인수하여 단독 운영에 들어갔다. 나트랑, 퀴논, 캄란에 7개의 세탁소를 만들어

1968년에서 1972년까지 170만 달러를 벌었다. 비록 규모는 작았지만 이율이 높아 본사의 중요한 수입원이었다고 한다.

현대건설은 1966년 2월에는 일본에서 준설선을 한 대 사들이고 부산과 인천에서 기능공들을 모집, 캄란 港(항) 미군기지 건설의 준설 공사에 투입했다. 외국 회사들이 맡고도 완공하지 못한 위험한 지역을 맡아 工期(공기) 이전에 끝냄으로써 미군 측의 신뢰를 얻은 현대는 메콩 강 오지의 빈롱 항 준설 공사, 미토 항과 붕타우 항만 준설 공사도 따냈다. 현대는 노동자들에게 초과작업량에 대해선 급여액의 100%를 상여금으로 주는 방식으로 공사를 강행했다.

경험이 거의 없는 인력이었지만 공사를 하면서 원리를 배우는 방식으로 밀어붙였다. 현대는 캄란 소도시 건설 공사, 반호이 부두 공사도 맡아 1966년부터 1970년 사이에 건설 부문에서 1,783만 달러의 수입을 올렸다. 현대는 같은 시기에 태국에서 파타니 나라티와트 고속도로 공사를 했으나 큰 손해를 보았다. 우리나라 해외 건설 역사의 첫 장을 연 이 공사는 2차선 98km에 공기 30개월, 공사비는 522만 달러였다.

현대는 이 공사로 2억 8,800만 원의 손해를 보았다. 강우량이 많고 土質(토질)은 나빴다. 주먹구구식의 공법에 의한 적당주의식 공사는 외국인들에게는 먹혀들지 않았다. 개혁적인 신진 기술자들과 수구적인 기성 기술자들 사이의 갈등은 파업으로 발전하기도 했다. 이 실패의 교훈은 그 뒤 경부고속도로 건설과 중동 건설시장 진출 때 활용되었다. 현대건설 방콕지점장 鄭世永(정세영)을 비롯한 주재 중역 金永柱(김영주), 權奇泰(권기태), 경리 직원 李明博(이명박) 등 그 뒤의 현대건설을 이끌고 나갈 인재들도 이 실패의 현장에서 단련되었다.

이명박은 고려대 총학생회장 직무대행으로서 1964년의 한일회담 반대 데모에 참여했다가 구속되어 넉 달 동안 감방살이를 했다. 그는 집행유예 5년을 선고받고 풀려나 졸업한 뒤 1965년 5월 현대건설의 해외파견 직원 채용시험에 응시했다. 1차 필기시험에 합격했으나 시위 전력에 걸렸다. 이명박은 박정희 대통령 앞으로 편지를 썼다. 며칠 뒤 민정담당 李洛善 비서관이 이명박을 불렀다.

"국가체제에 도전했던 자들에게 불이익을 주는 것은 당연하지 않은가. 학생들에 대한 警鐘(경종)의 의미도 있고."

"한 개인이 자신의 힘으로 살아가고자 하는 길을 국가가 가로막는다면 국가는 그 개인에게 영원한 빚을 지는 것입니다."

李洛善은 李明博의 이 말이 마음에 걸렸다고 한다. 그는 이명박 건을 비서관 회의에 올려 입사를 허가해 주도록 했다고 한다. 면접시험 때 鄭周永 사장이 이명박에게 물었다.

"건설이 뭐라고 생각하나."

"창조라고 생각합니다."

"왜?"

"무에서 유를 창조하기 때문입니다."

"그 사람 말은 잘하는구먼."

鄭周永은 미소를 짓더니 옆에 앉은 임원들을 향해 이렇게 말하는 것이었다.

"요즘은 말만 번지르르한 건달들이 많아."

이즈음 신문의 요인 프로필난에 자주 등장하는 용어가 있었다. '과묵한 실천력'. 이는, 묵묵히 일제 강점기와 전란의 시대를 헤쳐온 박정희,

정주영 같은 기성세대가 민족의 활동 공간을 해외로 넓히면서 이명박 같은 신진세대들을 근대화의 현장에 끌어들이기 시작한 시대의 덕목이었다.

한국 남성의 자신감 회복

박정희 정부는 월남에 한국군을 파견하여 피를 흘리는 代價를 미국 측으로부터 아주 비싸게 받아냈다. 1966년 초 미국이 1개 전투사단의 추가 파병을 요청하는 것을 계기로 하여 우리가 끌어낸 미국 측의 각종 지원은 이른바 '브라운(주한 미국대사) 각서'에 구체적으로 규정되었다. 이 각서에 따라 미국은 월남파병에 따른 장비와 각종 경비를 한국군에 제공하고 파월 장병들의 급여도 지불하며 주월 한국군이 구매하는 물건은 최대한 국내에서 조달해야 했다.

주월 미군과 월남군이 구매하는 물건 가운데서 일정 품목은 한국에서 발주한다, 월남에서 활동하는 미국 회사에 한국인들의 취업을 적극적으로 보장하며 미국 국제개발처(AID)가 월남에서 실시하는 농촌 건설 등의 사업에 필요한 물품을 한국에서 많이 구매한다, 한국의 수출 진흥을 위한 기술 원조를 강화한다, 맹호부대 파견을 전제로 미국 측이 약속했던 1억 5,000만 달러 차관 외에 같은 성격의 AID 차관을 추가적으로 제공한다 등등.

한편 한국군에 대한 미국의 원조도 월남전 기간에 급증했다. 1964년에 1억 2,200만 달러, 1965년에 1억 1,250만 달러이던 것이 1966년엔 2억 2,810만 달러, 1967년엔 4억 3,220만 달러, 1968년엔 6억 5,630만 달러, 1969년엔 4억 1,890만 달러, 1970년엔 3억 7,150만 달러, 1971년엔 5억 9,790만 달러, 1972년엔 4억 5,400만 달러에 달했다.

1966~1972년 사이 한국군은 총 31억 5,800만 달러의 군사원조를 받은 것이다. 이는 월남파병의 조건으로 우리 정부가 요구했던 국군 현대화 사업에 대한 원조가 늘어나는 등 한미 간의 군사협조가 원활해졌기 때문이다.

1964년부터 1972년까지 월남전선에 투입되었던 한국군의 총병력은 연인원으로 31만 7,000여 명. 전사자가 3,806명이고 비전투 중 사망자는 1,154명으로 합계 4,960명. 부상자는 1만 1,062명(전투 중 8,480명, 비전투 중 2,582명)이었다. 총사상자는 1만 6,022명.

우리 정부가 월남전으로 얻은 막대한 경제적 이득은 이들 사상자의 피값이라고 해도 과언이 아닐 것이다. 국제 관계에서 타국을 돕기 위해 흘린 젊은이들의 피값은 가장 비싸게 계산된다는 교훈을 여기에서 확인할 수 있다. 한국전에서 미군이 흘린 피값은 지금껏 우리가 물고 있다. 그것은 미군에게 국군의 작전지휘권을 양도한 것 등 외교와 안보정책에 있어서의 對美(대미) 종속성, 그리고 국내 시장의 對美 개방 같은 것들이다. 군인들의 피는 절대로 공짜가 아닌 것이다.

월남전으로 마련된 거대한 시장에 진출한 한국인들과 기업은 국제무대에서 경쟁할 수 있다는 자신감을 확인했다. 실전 경험에서 우러나온 이런 자신감을 도약의 발판으로 삼아 1970년대에 한국인들은 중동 건설시장 등 세계로 뻗어나가 민족의 활동 공간을 넓힐 수 있었던 것이다.

오원철은 '한국 남성들은 월남에서 미국인들과 함께 일하고 싸워보면서 처음으로 자신들의 잠재력을 실감할 수 있었다'고 지적했다. 월남

체험이야말로 한국 남성들에겐 최초의 집단적인 국제화 경험이었던 셈이다.

　1965년 가을 한일조약의 국회 비준과 월남파병안을 처리하여 여유를 갖게 된 박 대통령은 모처럼 청와대 출입기자들을 정원으로 불러 간단한 다과회를 가졌다. 한 기자가 "새로 만든 각하의 상황실을 구경시켜주실 수 없습니까"라고 물었다. 박 대통령은 말이 없었다. 다른 기자가 "그곳에는 전국 공무원들의 신상 자료가 다 들어 있다는데…"라고 혼잣말처럼 중얼거리자 박 대통령은 "그럼 보여주지"라고 말하더니 앞장을 섰다. 본관 집무실 동쪽에 마련된 10평 남짓한 방으로 들어간 기자들은 의외의 광경에 놀랐다.

　삼엄하고 화려할 줄 알았던 상황실 벽을 벽지가 보이지 않을 정도로 뒤덮고 있는 것은 통계수치와 도표, 그림이 많은 각종 상황표였다. '조세징수사항', '무역동향', '산업시설 건설현황' 등등. 기자들의 눈을 특히 강하게 끈 것은 한국 지도 위에 그려진 수많은 공장들의 굴뚝 표시였다. 준공된 공장, 건설 중인 공장, 공장 건설예정지 등등.

　박 대통령은 지시봉을 들더니 기자들에게 각종 경제 통계를 설명해갔다. 괘도를 척척 넘기면서, 그러나 보지도 않고 숫자를 거의 외우면서 설명하는데 착오가 없었다. 박 대통령은 "이런 식으로 나가면 우리도 1970년에는 자립경제를 달성할 수 있을 거야"라고 했다. 그가 말한 자립경제란 미국 원조를 받지 않는 경제를 뜻했다.

　〈부산일보〉 金鍾信(김종신) 기자가 "각하 방에는 온통 경제문제밖에 없군요"라고 말하자 대통령은 싱긋 웃더니 "배가 불러야 불평이 없는 거야"라고 했다. 그는 이어 이렇게 말했다고 한다.

"신문기자들도 정부를 무조건 헐뜯으려고만 하지 말고 정부가 하는 일에 협조를 좀 해주시오. 그렇다고 잘못한 일을 잘했다고 써달라는 건 아닙니다. 올바른 관찰과 판단 아래 잘하는 것은 잘한다고 해주어야지 열심히 하는데 헐뜯기만 하면 의욕이 저하되는 거요."

박 대통령은 경호실 옆에 신관을 짓겠다면서 "아침에 2층에서 1층으로 내려와 집무를 보고 2층으로 퇴근하니 다람쥐가 쳇바퀴 도는 듯해서 소화가 되지 않을 지경"이라고 했다. 신관을 지으면 집무실을 거기로 옮기고 싶다고 했다. 새 집이 마련되면 기자들에게도 큼직한 방을 하나 내주겠다고 약속했다. 이 약속은 지켜졌으나 2층 내실과 1층 집무실 사이를 출퇴근하는 일은 10·26 사건 날까지 계속되었다. 박 대통령은 새 집무실을 가진다는 것에 대하여 마음에 큰 부담을 갖고 있었던 것이다.

박정희式

박정희 대통령의 일하는 방식은 확인-현장-실무-결과 중시로 요약할 수 있다. 실사구시 정신, 즉 현실과 사실에 기초하여 판단하고 행동하는 실용주의자로서 박 대통령은 責務(책무)를 해내는 사람일 경우 도덕적으로 다소 문제가 있더라도 덮어주고 重用(중용)했다. 그는 총무처 장관 李錫濟가 부패 공무원들의 문제를 제기하자 "일 잘하면서도 깨끗한 사람 있으면 데리고 와 봐!"라고 했다. 공무원들의 월급이 생계비에 미달되는 상황에서 깨끗한 사람만 찾다가는 무능한 사람들만 모을 수도 있다는 안타까움이 담긴 말이었다.

그는 또 잘해보려다가 실수한 부하들을 잘 감싸주었다. 아울러 장관들에게 차관 인사를 위임하는 등 인사권을 보장해주었다. 권한을 많이 주는 대신 결과를 철저히 따져 무능을 아부나 선전으로 메우려는 이들에게 현혹되지 않았다. 그는 공무원 집단을 일 잘하는 조직으로 개조하고 이들을 牽引車(견인차)로 내세워 국민들을 끌고 가게 했다. 박 대통령을 평가하는 여러 가지 잣대가 있겠으나 '국민들로 하여금 가장 열심히 일하도록 한 사람'이란 표현이 적합할 듯하다. 생산성이 가장 높았던 대통령이란 의미이다.

黃秉泰(황병태·전 민자당 국회의원 및 駐中(주중) 대사 역임)는 경제기획원 외자도입과장 시절부터 박 대통령한테 자주 불려갔다. 박 대통령은 실무자가 사안에 대해 가장 정통하다는 소신을 가지고 있었기 때문에 장·차관을 제치고 직접 실무자를 불러 의견을 듣기도 했다. 그는 정치적인 고려를 많이 하게 되어 있는 고위직보다는 실무자들이 국가이익의 관점에 설 수 있다고 믿었던 것이다.

1966년에 소양강 댐 건설을 둘러싸고 高(고)댐이냐, 低(저)댐이냐로 논쟁이 있었다. 고댐은 종합적 용도의 다목적댐인데 공사비가 비싸게 먹히고 저댐은 순수 발전용인데 싸게 먹힌다. 건설부는 국토개발이란 종합적 관점에서 고댐을 원했다. 이후락 비서실장과 한국전력은 저댐 편이었는데 장기영 부총리도 저댐 쪽으로 기울었다. 김학렬 차관은 고댐을 지지했다. 이해관계가 끼어드는 양상까지 보이자 박 대통령은 선택에 고심하는 모습이었다.

어느 날 박 대통령은 황병태 국장을 청와대로 불렀다. 황 국장은 청와대로 헐레벌떡 들어가다가 장기영 부총리, 서봉균 재무장관, 朱源(주원) 건설장관과 마주쳤다. 장 부총리는 "자네, 여기는 왜 왔어?"라고 했다.

"부름 받고 왔습니다."

박 대통령과 네 사람이 저녁 식사를 함께 했다. 박 대통령은 駐日 대사가 보냈다는 청어알을 황 국장에게 권하면서 "이거, 자네 맛 좀 보라고 불렀어"라고 했다. 식사가 끝난 뒤 박 대통령은 황 국장에게 잠시 남으라고 일렀다.

"황 국장, 소양강 댐 말이야, 고댐, 저댐 중 어느 것이 좋아?"

황 국장은 실무자의 입장에서 각각의 장단점을 조심스럽게 이야기하는 수밖에 없었다.

"그러지 말고 황 국장 생각을 말해보라고, 어때?"

황 국장은 잠시 머뭇거리다가 입을 뗐다.

"사실은 백년지사 차원에서 생각하면 아무래도 고댐이 바람직하다고 생각됩니다."

"맞는 말이구먼. 돈 몇 푼 아끼는 것보다는…. 결론 내렸어!"

황 국장이 옆을 보니 장기영의 표정에 怒氣(노기)가 서리고 있었다.

박 대통령은 포항종합제철 부지를 정할 때도 황병태를 이용했다고 한다. 당시 政界 실력자들 사이에서는 종합제철소 유치경쟁이 치열했다. 충남 비인은 김종필 의장의 연고지, 울산은 이후락 실장의 고향, 삼천포는 박 대통령의 대구사범 동창생이자 재계의 막후인물인 서정귀의 연고지 하는 식이었다. 포항만은 아무도 미는 사람이 없었다. 정부가 후보지 18개소를 대상으로 조사해보니 포항이 가장 적합한 곳으로 나타났다.

어느 날 박 대통령은 황병태 국장을 부르더니 김포로 가는 자신의 차에 동승하게 했다. 차중에서 대통령은 황병태의 무릎을 잡으면서 말했다.

"황 국장, 소신대로 이야기해주어야겠어. 종합제철 입지를 놓고 말이 많은데 어디가 제일 좋아?"

"다른 데는 미는 사람들이 있는데… 사실상 포항이 제일 바람직한 것으로 판단됩니다. 미국 용역회사 보고서도 수심이 깊은 포항이 제일 좋다고 합니다."

"알았네. 포항은 미는 사람이 없으니 자네가 미는 걸로 하지. 나중에 경제동향보고회의 때 자네를 부를 테니, 그때 소신대로 이야기하게."

며칠 뒤 월례 경제동향보고가 청와대에서 열렸다. 황병태는 맨 뒷자리에 있었다. 보고를 경청하고 지시를 내리던 박 대통령이 갑자기 "뒤에 황 국장 있나. 이리 나오게"라고 말했다.

"요새 종합제철소 입지를 둘러싸고 의견이 분분한 것 같은데 어떤가."

"실무적 입장에서는 포항이 적지라고 판단됩니다."

"왜?"

"바다 수심이 깊어 배가 드나들기 용이하고…."

황 국장은 미리 준비한 대로 자세하게 설명해갔다. 다 듣고 나서 박 대통령이 말했다.

"좋아, 그러면 포항으로 하지."

아무도 異見(이견)을 말하지 못했다.

제25장

성장 속의 그늘

朴正熙

직업공무원제도

박정희가 국가 근대화를 하는 데 있어서 견인차는 공무원 집단이었다. 5·16 혁명 이후 軍政 3년간 한국 사회의 선진 집단이던 장교들은 낙후된 공무원 조직을 개혁하고 현대적 조직 운영 기법을 가르쳐 주었다. 1963년 12월의 민정이양 뒤 장교단은 정치에서 손을 떼고 군 출신 엘리트 집단이 민간인 신분으로서 국가를 이끌고 갔다.

군에 의해 주도된 공무원 조직의 재편성 작업, 그 중심 인물은 李錫濟(이석제) 총무처 장관이었다. 그는 혁명주체 세력의 핵심으로서 군정 시절 최고회의 법사위원장·내각 사무처장을 지내며 법령 정비, 제3공화국 헌법 제정, 공무원 숙정 작업 등을 지휘했다. 민정이양 이후엔 총무처 장관, 감사원장으로 13년간 봉직하면서 한국의 행정을 세계에서 가장 능률적이고 생산적인 조직으로 탈바꿈시켰다.

이석제는 민정이양 때 교수가 될 꿈을 꾸고 있었다. 신의주에서 태어나 광복 직후 단신 월남해 연고지가 없었던 그는 "막상 제3공화국이 출범하니 이제 내 할 일은 끝났고, 국회의원으로 나가자니 실향민 처지에 마땅히 등을 기댈 고향도 없어 법학 공부를 계속해 학자의 길을 걸어야겠다고 생각했다"고 한다.

청와대로 들어 간 이석제는 "각하, 저는 이제 돌아가 공부나 더 해볼 생각입니다"라고 했다. 박 대통령은 "말도 안 되는 소리 꺼내지도 마시오"라며 일언지하에 거절했다. 박정희만큼 고집이 셌던 이석제는 물러나지 않고 간청을 거듭했다. 그러자 박 대통령도 "국가를 위해 장관을 맡으라는데 무얼 그러는 거요"라며 화를 냈다.

얼굴이 화끈 달아 오른 이석제를 향해 박정희는 일갈했다.

"당신은 국가를 위해 총을 들고 혁명을 한 사람이오. 이제 두 팔 걷어붙이고 일을 시작하려는 마당에 '나 공부하겠으니 빼주시오' 하는 발상이 너무 무책임하지 않소."

이 말을 한 뒤 박 대통령은 홀쩍 방을 나가버렸다. 텅 빈 청와대 대통령 집무실에 홀로 앉은 이석제는 창 밖을 쳐다보며 한동안 생각에 잠겨 있었다.

"그렇게 앉아 있으니 정리가 좀 됩디다. 막상 혁명을 해서 국민들로부터 신임은 받았다고 하지만 돌파구가 보이지 않기로는 혁명 전이나 다름없었어요. 당장 닥쳐올 춘궁기를 어떻게 넘길 것이냐가 최대 현안이던 시절입니다. 박 대통령의 주장대로 혁명주체들은 5 · 16을 거사한 엄중한 역사적 책임이 있었습니다."

이석제는 '에라, 한 번 전력을 다해 뛰어보자' 고 마음을 굳혔다.

박정희는 독서를 통해 일본이 명치유신 이후 근대화에 성공한 원인과 그들의 탄탄한 국가 공무원제도에 지대한 관심을 갖고 있었다.

총무처 장관직을 수락하자 박 대통령은 李 장관을 불러 이런 이야기를 했다.

"공무원은 신분이 안정되어야 열성적으로 일하는 집단이오. 공무원들이 자진해서 뛰어야 최고 지도자의 뜻이 하부까지 전달되고 제대로 수행되는 것이오. 국가 근대화의 선봉으로서의 공무원제도를 확립해야 되는데…. 이 장관이 우선 공무원을 알아서 해줘야겠소. 이 장관이 나서서 정권이 바뀌어도 신분 변동이 없이 헌신적으로 일할 수 있는 직업공무원제도의 근간을 정비해 주시오."

이석제 장관은 '직업공무원제도'란 말에 귀가 번쩍 뜨였다고 한다. 5·16 이후 법사위원장으로서 전체 공무원의 18%를 숙정한 뒤 공무원 처우 개선을 추진했던 경험을 가진 이 장관은 박 대통령에게 이런 말을 했다.

"각하, 아무리 제도가 좋고, 기계가 좋다 해도 일은 사람이 하는 것 아닙니까. 각하께서 아무리 훌륭하셔도 사람을 잘못 쓰면 일이 되질 않습니다. 이승만 박사께서 애국심이 부족하셨습니까, 능력이 부족하셨습니까. 자유당 정치인들 대부분이 지주 계급들이었습니다. 소작농들 등쳐 먹던 습관대로 원조 물자 빼돌리니 공무원들이 부정을 하지 않고는 생계유지가 안 되는 것이잖습니까."

"그래, 맞아."

"어떻게 하면 공무원들이 부패하지 않고 신나게 일할 수 있게 하느냐를 알기 위해 외국엘 좀 다녀봐야겠습니다."

"그래, 그렇게 하라구."

1964년 봄, 이석제 장관은 약 1개월 동안 미국, 프랑스, 독일, 이탈리아, 대만, 필리핀을 방문하고 각국의 공무원제도를 살폈다. 이 장관은 미 행정부 인사위원회 위원장의 지원을 받아 열두 개 부서의 국장들을 하루에 한 명씩 인터뷰하며 2주일을 보냈다.

"때로는 시험 치듯 제가 질문을 퍼부을 때도 있었는데, 그들은 한결같이 해당 분야에 대해서 못 하는 답변이 없었습니다. 귀신이란 생각이 들 정도였습니다. 알고 보니 10~15년간 국장직만 계속 수행해 온 사람들이었습니다. 이들은 직급은 오르지 않는 대신 봉급만 오르는 제도에 익숙해 있었습니다."

공무원의 채용, 배치, 봉급, 인사고과제도, 퇴직 후 생활 보장을 위한 연금제도 등 미국 공무원제도를 살펴보느라 강행군을 했던 이 장관에게 미 인사위원회 위원들은 "당신네 나라는 잘 될 것 같습니다. 여러 나라에서 우리 인사위원회로 참관을 오곤 하지만 당신처럼 열심히 일하는 사람은 본 적이 없습니다"라고 했다.

"귀국해 보니 우리나라의 공무원제도가 이렇게 후진됐나 싶은 생각이 절로 났습니다. 당시 공무원 定員(정원) 제도도 없어 장관이 마음대로 인원을 늘렸다 줄였다 할 수 있었고 시험을 치르면 청탁으로 당락이 결정되곤 했습니다."

공장 건설이냐 봉급 인상이냐

이석제 총무처 장관은 정원제도 정비, 공정한 임용시험제도 정착, 인사고과제도 도입, 처우 개선, 연금제도 등 다섯 가지 직업공무원제도 확립 방안을 목표로 정했다.

李 장관은 각 부서별 정원제도부터 만들기 시작했다. 그는 정부조직의 말단까지 업무와 인원을 파악한 뒤 관련 업무를 묶어 단계별로 유능한 사람이 감독할 수 있도록 조직을 새롭게 구성했다. 조직 정비를 통해 각 부서별 정원을 결정하고, 매년 발생하는 결원만큼만 공개 채용을 통해 선발하도록 했다.

공무원 선발시험이 골칫거리였다. 특정인의 합격을 위한 청탁은 상상을 초월할 정도였다. 공무원 외엔 기업이나 사회에 일자리가 흔치 않은 시절이어서 공무원 채용을 위한 인사 청탁은 정치인이나 사회 명사들의 일거리가 되던 시절이었다.

李 장관은 공정한 시험제도 정착을 위해 육군대학에서 시행되던 문제 은행 방식을 택했다. 응시자들의 이름과 접수 번호를 마구 섞어 채점 과정에서 특정 답안지를 잘 봐주려면 담당자 다섯 명이 모여야 번호 추적이 가능하게 만들었다.

李 장관은 접수 번호를 부여하는 과정을 도표로 만들어 자신의 책상 위 유리판에 끼워 넣었다. 국회의원들과 저명인사들이 장관실까지 찾아와 청탁을 하면 이 장관은 이 도표를 설명하면서 "제가 그 사람을 합격시키려면 접수 번호를 결정하는 주사 다섯 명과 장관이 짜고 해야만 합니다. 꼭 그렇게 해야 합니까?"라고 반문했다. 그러면 상대방도 하는 수 없다는 듯 체념하고 나가더란 것이다.

李 장관은 집에서 일자리를 찾고 있던 고졸 출신의 큰처남에게 공무원 시험에 응시하라고 했다. 별다른 준비 없이 시험을 치른 이 장관의 처남은 두 번이나 낙방하고 말았다. 이석제 장관은 이 사실을 퍼뜨리고 다녔다.

"'총무처 장관 처남도 두 번이나 떨어졌다' 는 소문이 퍼지자 비로소 청탁이 잠잠해집디다. 이렇게 만드는 데 5년이란 세월이 흘러야 했습니다."

가장 큰 문제는 돈이 많이 드는 공무원 처우 개선이었다. 공무원들은 생계비에도 못 미치는 월급으로 가족을 부양해야 하니 부정부패가 근절될 수 없었다. 그 여파는 국가 발전의 저해는 물론, 국민이 정부를 불신하여 사회를 갈등 구조에 빠지게 하며 정치 불안을 낳는다.

정부 예산 확정 과정은 각 부처 예산안을 국무회의에 상정하여 토의하는 것이 원칙이지만 이렇게 하면 합의점을 찾기 어려우므로 통상 다른 장관들은 알지도 못하는 사이에 청와대에서 대통령 임석하에 국무총리, 경제기획원 장관, 공화당 정책의장, 청와대 비서실장만이 참석해 예산을 심의 조정하는 것이 관례였다.

공무원 처우 개선 같은 거액의 예산이 드는 사안은 경제 건설이 우선인 상황에서 말도 꺼내기 힘든 분위기였다. 이석제는 공무원들도 우선 밥 먹고 살아야 나라를 위해 일할 기운이 날 것이란 생각에서 비상한 방법을 연구했다.

1965년 8월 어느 일요일, 이 장관은 청와대 별관에서 다음 해 예산 심사를 한다는 정보를 들었다. 총무처 장관은 예비 심사에 참석할 위치에 있지 않았지만 청와대로 들어갔다.

이 장관이 무턱대고 회의실 문을 열고 들어가니 박정희 대통령은 태연하게 쳐다보았으나 다른 참석자들은 놀란 표정이었다. 이석제는 대통령에게 꾸벅 절을 하고 아무 말 없이 빈 의자에 앉았다.

잠시 후 장기영 부총리 겸 경제기획원 장관이 다음 해의 예산 편성에 대한 내용과 편성 기준을 조목조목 설명했다. 한 시간이 지날 즈음 공무원 처우 개선 항목에 대한 설명이 시작됐다. 장기영이 설명을 계속했다.

"내년엔 여러 가지 할 일이 많아 부득이 처우 개선 문제는 보류하고 넘어가겠습니다."

이석제 장관은 기다렸다는 듯 자리에서 일어났다.

"각하, 우선 각하 면전에서 장관들끼리 논쟁하는 것이 무례인 줄은 압니다. 그렇지만 오늘은 좀 심한 표현을 안 할 수 없을 것 같습니다. 거기에 대해 각하와 여러분들께 실례를 좀 하겠습니다. 이 모든 책임은 제가

지겠습니다."

이석제 장관은 장기영 부총리의 발언을 반박하기 시작했다.

"공무원의 하루 세 끼 밥 문제를 해결해 주지 못하면 부정을 저지를 수밖에 없습니다. 이걸 보는 국민은 공무원을 도둑같이 미워하고 정부까지 불신하게 됩니다. 공무원이라고 가만있겠습니까. 공무원은 공무원대로 아무런 해결책도 마련해 주지 못하는 정부를 원망하게 되니 이런 불만이 쌓이면 누가 정부를 위해 일하겠습니까. 우리는 공무원을 잘 대접해서 국민과 호흡을 맞춰 나가야 합니다."

이석제 장관의 말이 끝나자 장 부총리도 가만있지 않았다.

"이 장관 말도 일리가 없는 것은 아니지만, 공장을 건설해 부를 축척해야 처우 개선도 해 줄수 있는 것이 아니오. 돈 벌 공장도 짓기 전부터…."

李 장관은 장 부총리의 말을 막으며 언성을 높였다.

"공장 자꾸 짓는다는데 공장도 사람이 짓는 거요. 공장 하나 짓는다면서 옆으로 새는 돈들이 한두 푼이오? 말단 공무원 가족들은 밤낮으로 성냥갑 만들기, 봉투 만들기를 부업 삼아 생계를 유지하고 일부는 공사장에 나가 막노동을 하기도 하는데 공장 짓는다고 그들을 이렇게 방치할 거요?"

회의실 분위기가 험악해졌다. 朴 대통령은 굳은 표정으로 필기하던 만년필을 거꾸로 들고 책상을 톡톡 치며 듣기만 하고 있었다.

출근 거부 투쟁

李厚洛(이후락) 비서실장이 분위기를 바꿔보려 나섰다.

"여보, 총무처 장관. 내가 아는 외국의 공무원제도에는 이런 것도 있던데 말이오…."

장관 취임 직후 미국 등 행정 선진국을 방문하고 돌아온 이석제 장관에게는 턱도 없는 이야기가 시작되자 이 장관이 말문을 막았다.

"여보시오, 이 실장. 나는 다른 것은 몰라도 공무원제도에 관해서는 국내외를 막론하고 당신보다 전문가요. 지금은 당신이 나설 때가 아니오."

회의실 분위기는 더욱 냉랭해졌다. 丁一權(정일권) 국무총리도 묵묵부답이었다. 어색하고 무거운 침묵이 감도는 가운데 박 대통령의 만년필 톡톡거리는 소리만 회의실을 울렸다. 침묵을 깬 사람은 박정희 대통령이었다.

박정희는 장기영 부총리와 이 장관을 격려해주는 말로 분위기를 바꾸더니 장 부총리 쪽으로 시선을 돌리며 이런 말을 했다.

"장 부총리, 어떻소. 이번엔 한 번 하고 넘어가지?"

장기영도 어쩔 수 없다는 듯 박 대통령의 의중을 따랐다.

뛸 듯이 기뻐한 이석제가 장관실로 돌아와 곰곰이 생각해 보니 張基榮 부총리야말로 막판 뒤집기의 명수인데 하는 걱정이 앞서기 시작했다. 저녁에 정일권 총리에게 전화를 걸었지만 연결이 되질 않았다. 장 부총리에게도 마찬가지였다. 다시 청와대로 연락해 자초지종을 캐어보니 청와대 심의 과정에서 장 부총리가 "이것도 해야 합니다. 저것도 해야 합니다"하고 물고 늘어져 결국 공무원 처우 개선 예산이 삭감되었다는 소식이었다.

이석제는 장관들에게 공무원들의 생활이 너무나 어렵다는 사실을 깨우쳐주지 않으면 처우 개선은 아무리 세월이 지나도 해결되지 않겠다는 판단을 했다.

"공무원들이 부패하는 가장 큰 요인은 먹고 살 방도가 보이지 않았기 때문입니다. 처우 개선이 당근이라면 司正(사정)을 통한 부패 공직자 추방은 채찍입니다. 당근 없는 채찍은 아무 소용이 없거든요."

이튿날 아침, 이석제는 출근을 하지 않고 장기영 부총리에게 전화를 걸었다. 연결이 되지 않았다. 이석제는 경제기획원 장관 비서실장을 바꾸라고 한 뒤 비서실장에게 이런 전갈을 남겼다.

"나는 오늘을 기해 내각을 떠날 작정이오. 그런데 내가 떠나는 데는 조건이 있소. 장기영 장관과 함께 떠나겠다는 말이오. 그 이유는 장 장관에게 직접 전하겠지만, 내 판단으론 장 장관이나 나나 이 정부에 별로 도움이 되는 존재가 아닌 것 같소. 국가에 도움이 되지 못하면 일개 주사라도 떠나는 게 도리이거늘, 하물며 둘씩이나 국고를 축내고 있다는 것은 국가 발전에 지장만 초래할 뿐이오. 이 뜻을 분명히 장관에게 전해주시오."

이석제는 외부와 연락을 끊은 채 다음날도 출근하지 않았다. 오후에 총리 비서실장이 달려왔다가 이 장관의 결심을 확인하고 돌아갔다. 이날 저녁에는 정일권 총리가 이 장관을 불러냈다. 이석제는 장기영 부총리가 없다면 나가겠다고 하여 두 사람만 저녁을 했다. 공무원 처우 개선과 관련한 이야기는 일절 없었지만 정 총리는 이 장관의 확고한 결심을 확인한 모양이었다.

결근 3일째 오후에 정 총리가 전화를 걸어왔다.

"이 장관, 내가 부총리를 불러 말썽 없이 넘어가는 게 좋지 않겠느냐고 설득을 했소. 그도 양보해서 공무원 처우 개선 문제가 해결됐으니 지금 당장 출근하시오."

국무회의는 '공무원 보수 규정 중 개정의 안'을 의결, 1966년 1월부터 공무원들의 월급을 30%씩 일괄 인상하기로 결정했다.

별정직 공무원인 대통령의 인상된 봉급은 7만 8,000원이며 감사원장 5만 5,000원, 중앙정보부장 · 대통령비서실장 5만 2,000원, 국무총리 7만 1,000원, 국무위원 · 처장 · 서울특별시장 4만 원. 일반 행정직(최하 호봉 기준) 공무원들의 봉급은 1급이 2만 8,500원, 2급 갑 2만 2,000원, 3급 갑 9,500원, 4급 갑 7,270원, 최하위직인 5급 을은 월 5,210원을 받게 됐다.

봉급 생활자의 가구당 월평균 소득 수준이 1만 2,090원, 노동자 가구가 8,770원이고, 가구당 월평균 소비 지출이 8,850원이던 시절의 이야기이다.

이석제 총무처 장관은 공무원 처우 개선 5개년 계획(선발시험제도, 정원제도, 봉급 인상, 인사고과제도, 연금제도 등)을 수립, 장관직을 그만두던 1969년까지 계속 시행했으며 공무원 보수도 전년 대비 20~30%씩 인상해갔다.

당시 상공부 공업제1국장으로 근무했던 吳源哲(오원철 · 제2경제수석 역임)의 회고.

"대졸 출신의 하급직 공무원들이 특히 힘들었던 시절입니다. 대학생

가정교사 수입보다 말단 공무원의 월급이 적어 결혼을 하면 생계 걱정부터 해야 했습니다. 1966년부터 공무원 임금이 오르기 시작했지만 처음에는 물가도 그만큼 오르기에 피부에 와 닿을 만큼 느낄 수는 없었다고 기억합니다. 나중에는 보너스도 나오고 매년 좋아진다는 걸 느낄 수 있었습니다. 국영기업체 수준까지는 못 갔지만 하급 공무원들은 덕을 봤지요.

그 무렵 부패한 공무원도 많았지만 대다수 공무원들은 자부심과 존엄성을 지키며 살았습니다. 간부들이 업체에 들렀다가 업주가 '식사나 하라'고 준 돈은 반드시 갖고 들어와 해당 부서 직원들과 나누어 썼습니다. 이런 돈을 혼자 착복했다가는 직원 사이에 따돌림 당했습니다. 월급만으로 자신의 생계를 유지할 수 있다는 자신이 생기면서부터 공무원들의 자존심·자신감도 강해졌습니다.”

崔亨燮 소장

공무원들의 대우와 신분을 안정시켜 국가 주도의 근대화를 맡긴 박정희는 월남파병에 대한 선물로 존슨 대통령이 설립을 도와준 한국과학기술연구소(KIST)의 발족에 강력한 후견인 역할을 했다. 이 연구소는 한미 양국이 1,000만 달러씩 2,000만 달러를 출연하여 만든 것이었다. KIST가 경제 발전을 뒷받침할 과학기술의 사령탑 역할을 할 수 있었던 것은 1966년 2월 3일 초대 소장으로 임명된 崔亨燮(최형섭) 박사가 처음부터 “어떻게 하면 산업체와 연계를 갖도록 할 것인가”하고 고민한 덕분이다.

최 소장은 후진국의 연구소들이 대부분 실패하는 이유는 연구소에서 먼저 연구를 한 다음에 사용자를 찾아 나서기 때문이라고 보았다. 기업체로서는 아무도 쓰지 않는 기술을 이용했다가 자기만 손해 보지 않을까 겁을 내니 그런 기술을 사용할 리 없었다. 연구 단계에서부터 기업이 돈을 댄다면 다소 위험 부담이 있더라도 개발된 기술을 사용하려고 할 것이다. 그래서 산업체와 연구소가 처음부터 계약 연구를 해야겠다고 판단했다.

두 번째 고민은 '유능한 사람을 모으기 위해 어떻게 할 것인가' 였다. 대학교의 교수들을 빼오면 교육에 지장을 줄 것이다. 최 소장은 해외에 있는 한국인 과학자들을 유치하기로 했다. 문제는 조건이었다.

최 소장은 박 대통령의 엄호 아래 해외 과학자들이 안정된 환경에서 연구에 전념할 수 있도록 하는 제도를 정착시켰다. 집을 마련해주고 당시 국내에는 없던 의료보험을 미국 회사와 계약하여 들게 해주었다. 자녀들 교육 대책도 세워주고 봉급은 중류 정도를 보장해주기로 했다. 주로 미국에서 모셔온 과학자들이 많았는데 미국에서 받고 있던 봉급의 약 4분의 1을 주기로 했다. 연구자는 돈이 너무 많으면 공부를 안 한다는 것이 최 소장의 지론이기도 했다.

그래도 KIST 연구원들이 받는 봉급은 국립대학 교수의 세 배나 됐다. 서울공대 교수들이 반발했다.

최 소장은 "우리 봉급을 깎아내리려고 하지 말고 당신네들 봉급을 우리 수준으로 올려 달라고 문교부에 건의하는 게 상식이 아니오"라고 했다.

박 대통령도 KIST 연구원들 봉급에 대한 진정과 불평을 듣고 있었다. 그는 최형섭을 불렀다. 봉급표를 갖고 들어오라고 했다. 박 대통령은 표를 훑어보더니 "과연 나보다도 돈을 더 많이 받는 사람들이 수두룩하군"
이라고 했다.

"만일 각하께서 부당하다고 생각하시면 제 봉급만 깎으십시오. 다른
사람은 안 됩니다."

박정희는 한참 봉급표를 들여다보다가 "여기 있는 대로 하시오"라고
말한 뒤 자리에서 일어섰다.

소신이 강한 최형섭은 KIST 육성법안을 만들 때도 '연구소는 회계 감
사도 받지 않고 사업계획 승인도 받을 필요가 없다' 는 취지의 조문을 넣
었다. 당연히 정부 쪽에서 반대가 심했다. 정부 돈이 들어가는데 어떻게
감사를 안 받느냐는 논리는 오히려 타당성이 있는 것 같았다.

이 경우에도 박 대통령은 과학자 편을 들어주었다. 그러나 막상 국회
를 통과하는 과정에서 당초 법안이 수정되어 연구 계획의 승인과 회계
감사를 받도록 되었다.

최 소장은 박 대통령에게 直訴(직소)하여 1967년 3월 임시국회에 법
률개정안을 냈다. 국회의원들도 많은 문제 제기를 했다. 나중에 최 소장
은 "나를 믿고 법안을 통과시켜 주시오"라고 호소했고, 국회의원들도
"우리가 과학기술을 모르니 일단 소장을 믿고 맡겨보자"고 했다. 연구소
는 공인회계사를 고용하여 회계 감사를 시킨 뒤 보고서를 정부에 보내
는 것으로 낙착됐다.

최 소장은 "일반 행정에서 쓰는 잣대로 연구 업무를 재려 하면 반드시
문제가 생긴다. 감사원이 연구소를 감사하게 되면 연구원들은 잡무에
시달려 본업을 소홀히 하게 된다"고 했다.

박 대통령은 서울 홍릉(원래 명성황후의 무덤이었으나 고종이 죽은 후

남양주군 금곡으로 이장되었다)에 있던 임업시험장을 연구소 부지로 검토하도록 최형섭에게 지시했다. 최 소장이 농림부와 협의해 보니 말이 먹혀들지 않았다. 대전, 천안 등 30여 군데의 장소를 물색했다. 최종적으로 서울 근교 동구릉을 지목하여 대통령에게 보고했다.

박 대통령은 그 자리에서 서울 시장과 농림부 장관을 불러 홍릉으로 갔다. 현장에서 박 대통령은 "임업시험장도 중요하지만 한국과학기술연구소는 더 중요하다. 38만 평을 전부 연구소에 주라"고 지시했다. 최형섭 소장은 농림부 장관의 체면을 세워 주기 위해서 그 가운데 15만 평을 넘겨받아 1966년 10월에 기공식을 올렸다.

박 대통령은 최 소장을 임명할 때 두 가지 부탁 겸 약속을 했다. 인사청탁을 받지 말 것, 예산을 얻는다고 경제기획원을 들락거리지 말 것.

1966년 가을, 연구소는 1967년도 예산으로 10억 원을 신청했다. 金鶴烈(김학렬) 경제기획원 차관이 양해를 구해왔다. 2억 원만 깎자는 것이었다. 국회로 예산안을 넘기기 전에 대통령이 주재하는 회의가 열렸다. 마무리 단계에 들어갔을 때 느닷없이 박 대통령이 말했다.

"김학렬 차관, KIST 예산이 얼마라고 했지?"

"8억 원입니다."

"원래 신청한 액수는 얼마인데?"

"10억 원이지만 소장과 의논해서 8억 원으로 했습니다."

"다시 10억 원으로 해!"

박 대통령은 KIST 설립 후 3년 동안 한 달에 한두 번씩은 꼭 연구소를 방문해 연구원들을 격려했다.

최형섭은 "국가원수의 그런 방문에는 돈이 드는 것이 아니지만 연구소의 위상이 올라가 지원하는 정부 부서의 태도가 완전히 달라지게 만들었다"고 했다.

장사를 할 줄 아는 연구원 志向

초대 한국과학기술연구소(KIST) 소장 최형섭 박사가 연구소의 기틀을 잡는 데 성공한 것은, 박정희 대통령의 전폭적인 엄호를 확보한 데다 연구소의 목적을 국가 이익과 일치시키고 연구 성과를 기업에 팔도록 함으로써 연구 분위기에 경쟁 논리를 도입했기 때문이다.

최 소장은 연구소의 개념을 정할 때부터 선진국에서나 가능한 한가하고 이상적인 모델을 버리고 우리의 실정과 시대정신에 맞는 한국형 연구소를 만들려고 했다.

KIST는 정부 돈은 받아쓰되 자율적으로 운영하는 캐나다의 NRC 연구소, 자기 나라에 필요한 연구를 중점적으로 수행하는 호주의 CSIRO, 연구 결과를 기업화하는 일본의 이화학연구소, 그리고 미국 바텔 연구소의 계약연구 방식 등의 장점만을 따와서 만든 것이었다.

선진국의 제도나 노하우를 배우되 그것을 모방하지도 숭배하지도 않고 조국이 처한 실정과 국가 목표에 맞게 소화·변형시킴으로써 한국식으로 재탄생시키는 방식, 이것이 바로 박정희식 주체성의 핵심이었다. 박정희의 근대화 방식은 항상 시장 논리와 경쟁 논리를 깔고 있었다는 점에서 근본적으로 자본주의적이지만 강력한 국가 개입의 계획경제였다는 점에선 사회주의적이며, 충효를 덕목으로 하는 인간관에 기초한 점에선 유교적이다.

그는 또 한국적인 전통과 문화적 토양에다가 미국적인 과학기술, 일본적인 국가주의 정신, 중국적인 인문 교양을 접합시키는 방식으로 근대화의 전략과 철학을 만들었다. 조국의 현실과 필요성을 항상 사고의 중심에 놓는 이런 방식은 그 목표와 가치관을 대다수 국민들(일부 지식인이 아닌)의 안정·복지·자유의 증진에 두었기 때문에 일관성을 유지할 수 있었다.

최형섭이 박정희에 의해 중용된 것도(그는 박 대통령 아래서 13년간 KIST 소장, 과기처 장관, 경제과학심의회 위원으로 일했다) 일하고 생각하는 방식이 박 대통령과 맞았기 때문이다.

최 소장은 해외에서 일하는 한국 연구원들을 유치하기 위해 연구소 안내 책자를 만들어 돌렸다. 연구원 모집 신청서를 낸 사람 중에 78명을 뽑아 면담하기 위해 미국으로 건너갔다. 최 소장은 미국 바텔 연구소에서 세 사람을 지원받아 신청자 한 명당 세 차례씩 인터뷰를 했다.

한 번은 자신이 가르쳤던 제자가 "절 그렇게 못 믿겠습니까" 하고 불평을 하더라고 한다.

"지금 한국에서는 자기가 좋아하는 연구를 했다가는 곤란하다는 점을 알아야 해. 기업에 공헌이 되는 연구를 해야 하는데 그런 연구는 재미가 없을 수도 있단 말이야. 그러니 잘못 알고 가서 나중에 후회하면 어떻게 되겠어."

박사 학위를 따고 5년 이상의 연구 경력을 가진 18명을 선발한 최형섭은 이들을 미국의 바텔 기념연구소로 보냈다.

벨 연구소 출신의 한 사람이 말했다.

"하필이면 왜 벨 연구소보다 못한 바텔로 보냅니까?"

"여러분들을 바텔로 보내는 것은 전문 분야 지식을 보강하려는 것이 아니고 어떻게 장사를 할 것인가를 배우기 위한 것입니다. 우선 어떻게 연구 계획서를 써서 기업에서 연구 프로젝트를 따오느냐를 배워야 합니다."

최형섭과 KIST의 성공은 과학기술을 돈벌이와 직결시킨 점에서 출발한 것이다. 돈벌이를 죄악시하여 士農工商(사농공상), 즉 장사하는 사람을 경멸하는 가치관과 신분 질서를 만들었던 조선조적인 의식구조가 아직도 살아 움직이는 한국 사회에서는 최형섭식이나 박정희식의 실용노선은 기득권층인 지식인들의 민주주의를 앞세운 거센 반발을 부르게 되어 있었다.

〈우리가 해야 할 일은 학구적인 것이 아니라 기업이 원하고 기업이 필요로 하는 것이라야 했다. 그러기에 연구하는 사람들도 이에 맞는 일을 해야 했다. 그렇지만 현실은 이와 다르다. 공부한 사람들, 특히 외국에서 학위를 딴 사람들은 역시 학구적인 것을 좋아한다. 이러한 사회의 요구와 연구원의 대응을 현실에 맞게 조화시키는 일이 연구소 경영진이 고려해야 할 당면 과제였다〉(최형섭 회고록 《불이 꺼지지 않는 연구소》에서 인용)

당시 우리 기업의 요구도 학구적인 연구보다는 현장 기술 지도인 경우가 많았다. 1960년대 중반 도약기에 들어선 한국 경제, 특히 수출 드라이브를 선도하고 있던 섬유공업체에서 원하는 것은 새로운 섬유의 합성이 아니라 직물 가공에 있어서의 염색 문제였다. 이런 연구는 외국에서 공부하고 온 연구원들에게 하라고 해도 하지 않는다.

최 소장은 이 분야의 연구원을 현장에서 찾아내려고 했다. 서울공대

섬유과를 졸업하고 부산에 있던 대원염료회사란 중소기업에서 일한 적이 있던 尹漢植(윤한식) 박사를 연구원으로 데려왔다.

기술자 출신 연구원인 윤 씨는 학자 같은 연구원들 사이에서 마음고생을 많이 했지만 결국 大成(대성)했다. 그는 나중에 제3세대 합성섬유인 아라미드 섬유의 제조 방법을 개발했고, 그가 제시한 고분자형태학의 새 이론은 세계적인 권위를 가진 학술잡지 〈네이처(Nature)〉誌(지)에 소개되었다.

최형섭은, 기업체를 돌아다니면서 연구 프로젝트를 따올 일종의 영업 담당자로 서울시 수도국장이던 崔鍾浣(최종완) 박사를 KIST 연구개발실장으로 데리고 왔다. 과학도 알고 장사에도 수완이 있는 그는 슬라이드와 책자를 만들어 백방으로 연구 사업을 팔러 다녔다.

과학과 기술을 이해한 대통령

박정희 대통령이 추진한 근대화 혁명의 정신은 실용주의, 합리주의였다. 이는 과학정신과도 통하는 말이다. 박 대통령은 과학자는 아니었지만 과학과 기술을 이해하는 지도자였다.

박정희는 만주국, 일본, 한국의 육사를 두루 거쳤는데 육사 교육은 그 성격이 이공계에 가깝다. 박정희는 또 보병에서 포병으로 轉科(전과)하여 포병술을 익혔다. 포병 장교는 전투를 시스템적으로 바라보게끔 훈련을 받는다. 포병은 대포와 포탄의 성능을 잘 알아야 하고 목표를 명중시키려면 독도법과 측량법, 삼각법에 숙달해야 한다.

박 대통령은 헬리콥터를 타고 출장을 갈 때 동승한 장관이 지도를 보고 있으면 "지금 어느 지점에 와 있는지 아느냐"고 묻기도 했다. 장관이 모른다고 하면 지도를 손으로 짚어가면서 정확한 위치를 알려주었다. 헬기에서 현재의 비행 위치를 지도상에서 알아맞히기는 매우 어려운 일이다. 박 대통령은 헬기를 타고 다니면서 지도에 직접 경부고속도로의 노선을 긋기도 했다. 박 대통령은 정치인이나 행정가는 거짓말을 할 수 있지만 기술자들은 거짓말을 하지 않는다고 생각하여 그들의 의견을 존중했다.

1962년 군정 시절 상공부 화학과장이던 吳源哲(오원철)은 박정희 최고회의 의장의 호출을 받았다. 텅 빈 의장실에서 홀로 담배를 피우고 있던 박 의장은 이렇게 물었다.

"지금 말이야, 제3시멘트공장과 제4시멘트공장이 이웃한 거리에서 지어지고 있는데 서로 마찰이 심해. 선발업체인 제4시멘트공장에서는 용수가 부족하다고 제3공장을 옮겨달라고 진정서를 보내오고 있는데 오과장 생각은 어떤가."

"심한 갈수기가 아니라면 시멘트 생산에는 물이 그다지 많이 필요하지 않습니다. 문제가 있다고 해도 각자가 따로 저수지를 만들면 별 지장이 없을 겁니다. 정부가 간여할 정도의 문제가 아닙니다."

"그래? 알았어."

서울대 화공과 출신의 엔지니어인 오원철은 1967~1971년 사이의 제2차 경제개발 5개년 계획의 핵심으로 석유화학공업 건설을 넣어야겠다고 판단하여 보고서를 만들어 1965년 상공부 연두순시 때를 기다렸다. 오원철은 난해한 기술용어가 많은 보고를 하는 동안 경청하는 대통령을 보고는 용기를 얻었다. 그는 남북한 비교 항목에서 특히 힘을 주었다.

"북한에서는 비료, 비닐론 섬유 등 모든 화학 및 섬유 제품을 석탄을 원료로 해서 생산하고 있습니다. 전기를 많이 쓰고 생산비가 많이 들어서 다른 나라에서는 이미 폐기한 공법입니다. 우리나라에서 석유화학공업이 완성되면 경공업 분야에서는 남한이 단연 우위에 설 수 있습니다."

이 말에 기분이 좋아진 박 대통령은 즉석에서 '석유화학공업기획단'을 구성해서 준비 작업을 진행하도록 지시했다. 그 뒤 울산석유화학단지 준공식 때 박 대통령은 열차편으로 내려가면서 동승한 장관들에게 "석유화학에서 나오는 제품명을 말해보라"고 했다. 장관들은 2~3개밖에 대답하지 못했다. 엉터리 답을 하면 박 대통령이 일일이 고쳐주기도 했다.

박 대통령은 공장이나 토목건설 현장, 또는 무기개발 현장에 직접 나가 기술자들과 일문일답을 벌이고 토론도 하면서 과학기술 지식을 넓혀 나갔다. 기술자들은 대체로 소신이 강하기 때문에 대통령 앞에서 서로 설전을 벌이고 박 대통령한테도 반박을 서슴지 않았다. 박 대통령은 이런 것에 구애받지 않고 끝까지 들어주는 모습을 보였다고 한다.

오늘날 한국을 먹여 살리고 있는 전자·통신 산업의 발전에 있어서 전환점이 되었던 것은 1969년 여름에 있었던 상공부의 전자공업 육성방안 보고였다.

오원철 상공부 기획관리실장이 박 대통령에게 보고했다. 그는 "금년부터 1971년까지 62개 품목을 집중 개발하여 1억 달러어치를 수출하고 1976년까지는 4억 달러어치를 수출하도록 하겠다"고 했다.

오원철 실장의 보고는 약 두 시간 동안 계속됐다. 오원철 실장은 과학기술적인 사업 계획을 실현성 있어 보이게, 그리고 아주 쉽게 설명하는 요령을 가진 사람이었다. 吳 실장은 정부가 전자산업을 중점적으로 육성하기 위해서는 140억 원이 필요하다고 역설했다. 제조업 지원금으로 124억 원, 연구 및 진흥기관에 16억 원.

박 대통령은 장대한 그림이 그려지는 거창한 보고를 숨죽이며 다 듣고 난 뒤 배석한 김학렬 경제기획원 장관에게 말했다.

"김 부총리, 낼 수 있소?"

"예, 상공부 案(안)대로 하겠습니다."

"그럼 상공부 안대로 조치하시오."

박 대통령은 결단을 내린 뒤에도 자리를 뜨지 않고 담배를 한 대 피우고 있었다. 분위기가 부드러워졌다. 오원철은 개발코자 하는 부품의 현물을 큰 베니어판에 매달아놓고 이름을 붙여놓았었다.

박 대통령은 金 부총리에게 말했다.

"전에 임자가 청와대 경제수석비서관일 때 콘덴서가 무엇인지 물었더니 모른다고 하더구먼. 저기 베니어판에 축전기라고 써놓은 것이 바로 콘덴서야."

1976년의 전자제품 수출액은 당초 목표(4억 달러)를 초과한 10억 3,600만 달러로서 전체 수출액의 17.6%에 달했다.

오원철은 박 대통령이 "비단 공업 분야뿐만 아니라 농업, 군사, 각종 연구소, 사회간접시설 등 국정 전반에 걸쳐 현장과 기술자들한테서 배우는 태도를 견지했기 때문에 나중에는 각종 기술적 사안에 대해서 자신 있게 판단을 내릴 수 있게 됐다. 그는 완벽한 테크노크라트였다"고 평했다.

JP의 복귀 구상

1965년 말 박정희 대통령은 정권의 중대 고비였던 한일협정 타결 문제와 월남파병을 성사시킴으로써 안정기에 접어들었다. 이 무렵 박정희는 기업인과 공무원들의 기강을 점검하는 등 국정의 고삐를 당기기 시작했다.

11월 7일 일요일, 박 대통령은 하루 종일 경제 관계 상황판으로 꽉 들어찬 청와대 집무실에 혼자 앉아 제1차 경제개발 5개년 계획 사업 진척도를 검토했다. 오후에는 몇몇 정부 경제 관계자를 청와대로 불러들여 작성 중인 제2차 경제개발 5개년 계획에 대해 논의했다.

박 대통령은 "보시오, 국제수지도 당초 계획을 이렇게 훌쩍 넘었는데 단지 일부 업자들이 샘플과 다른 상품을 만들어 수출하는 바람에 국제 신용을 떨어뜨리고 있단 말이야. 수익을 올리기 위해서 상품의 질을 저하시키는 메이커는 體刑(체형)을 가할 수 있는 조치를 해야겠어"라고 역정을 냈다.

박 대통령은 11월 18일 해외공관장들에게 친서를 보냈다.

〈해외에 출입하는 국내업자들 중 조금이라도 국가의 체면을 손상 또는 국제 商道義(상도의)에 위배하는 행위를 하거나 우리나라 업자끼리 지나친 경합 또는 덤핑을 함으로써 국가 이익에 역행하는 행위자가 있을 때에는 직접 정부를 대표해서 엄격히 충고하고 지체 없이 대통령에게 서면 또는 전문으로 보고하라〉

11월 22일 오전 박 대통령은 귀임 인사차 방문한 申尙澈(신상철) 주월 대사와 金佐謙(김좌겸) 주월 경제협조단장에게도 "월남에서 국위를 떨어뜨리는 업자가 있으면 직접 제재 조치를 취하고 본국 정부에 보고하라"고 지시했다.

12월 1일 박정희 대통령은 공무원 기강 확립을 위해 출근시간 준수, 점심 외식 및 요정 출입 금지 지시를 내렸다. 이튿날부터 중앙청 근무 공무원들은 정확하게 출퇴근하기 시작했고 세 군데의 구내식당은 점심 때면 초만원을 이루곤 했다.

이 사실이 〈조선일보〉를 통해 보도되자 박정희는 측근 앞에서 웃으면서 불만을 털어놓았다.

"내가 의전비서관 두 사람을 시켜 지시문 내용을 구술하고, 30분 만에 타자기로 쳐서 국무총리 및 각부 장관 등 30명의 기관장에게 직접 전달하도록 보냈지. 그리고 그 내용을 외부에 누설하지 말고 각 기관장이 은밀히 실천하여 밖에서 말썽이 일어나지 않도록 각별히 당부했는데, 하루도 못 가서 보도되다니…. 비밀을 지키라고 한 것이 이렇게 안 지켜져서야 어떻게 되지."

1965년 12월 4일 아침, 청와대 뜰에서는 청와대 부속실 직원들만이 모인 가운데 청와대 신관 개관식이 있었다.

총건평 1,080평에 43개의 방을 가진 아담한 3층(지하 포함 4층)짜리 새 건물은 朴鐘圭(박종규) 경호실장이 박 대통령을 설득해 지은 것이다. 기존의 청와대 본관이 일제시대에 지어진 목조 건물로 너무 오래되어 사람이 걸어 다니면 바닥에서 소리가 날 뿐 아니라 공간도 좁아 대통령은 운동 부족을 느낄 정도이고 가족들이 쓰기에도 불편했다.

이날 자축회는 처음에 국무위원과 국영기업체장, 3군 대표들이 초청됐다. 나중에 이 사실을 안 박 대통령이 "그런 것은 다 취소해"라고 지시하는 바람에 직원끼리만 모인 가운데 조촐하게 치러졌다.

이날 오후에야 새 건물로 내려와 본 박정희는 뒤늦게 온 손님들과 함께 지하실의 사격장과 1층에 마련된 기자실도 구경했다. 약 5,000만 원의 경비가 소요된 신관 3층에는 대통령 집무실, 회의실, 비서실장실, 경호실장실이 마련되었고, 2층에는 경호실과 무전실, 1층에는 비서실과 기자실이, 지하에는 실내사격장과 식당 및 영사실이 있었다.

참석자들은 앞으로 대통령이 얼마나 신관을 자주 애용하느냐가 건물의 가치를 결정하게 될 것이라고 촌평하기도 했다. 박정희는 평소 본관에 불편을 느끼고는 있었지만 국가 경제를 생각할 때 자신의 집무실은 아무래도 좋다는 입장이었다. 실제로 박 대통령은 생애 마지막까지 신관 집무실을 별로 이용하지 않았다.

이 무렵 박정희는 공화당 정비에 대한 구상을 하고 있었다.

11월 20일 토요일 오후, 박정희는 공화당의 金鍾泌(김종필), 吉在號(길재호) 의원 그리고 洪鍾哲(홍종철) 공보부 장관과 함께 김 의원이 운전하는 차를 타고 광나루 근처를 세 시간에 걸쳐 드라이브했다.

21일 아침, 박 대통령은 삼청동의 정일권 국무총리 관저로 찾아가 丁 총리와 세 시간 가까이 이야기를 나누었다.

청와대 대변인은 "각하께서 김종필 의원과 광나루에 나간 것은 늦가을 주말의 들바람을 쐬기 위한 것이고, 총리 방문은 그의 48회 생일을 맞아 선물(귤 화분)을 들고 축하의 뜻을 전하기 위한 것일 뿐"이라고 말했지만 당과 행정부 주변에서는 구구한 해석들을 하고 있었다.

박 대통령은 1964년 6·3 사태 직후 두 번째 외유를 나갔다가 그 해 연말에 돌아와 한가하게 지내던 김종필을 공화당 의장으로 복귀시키려

했다. 김종필은 1965년 정초에 아내와 함께 청와대로 세배를 갔다.

이때 박정희는 저녁을 함께 하면서 모처럼 깊은 이야기를 나누었다고 한다.

"앞으로 내가 물러나면 임자에게 뒤를 맡겨야 할 것이니까 지금부터 몸조심을 해. 지금은 사람들이 내가 있으니까 넘어가지만 내가 없으면 그들이 모두 임자를 헐뜯으려고 해. 그러니 상처를 받지 말아야 해. 첫째, 돈에 관한 문제는 개입하지 마라. 필요한 것은 나에게 이야기하고…. 둘째는 인사문제야. 어느 곳에든 자기 사람을 보내지 마라."

鄭求瑛의 당혹

1965년 12월, 국회는 2년 임기가 끝나는 국회의장단을 새로 선출하게 됐다. 김종필 의원의 당의장 복귀 소식에 김종필系(계)인 金龍泰(김용태), 朴鍾浩(박종태), 芮春浩(예춘호) 등 舊(구)주류 측은 고무됐다. 이들은 1964년 6·3 사태 이후 김종필 당의장의 외유로 당내에서 세력이 약화되어 있었던 차에 김 의원이 복귀하는 것을 계기로 단합과 세력 과시를 위해 국회의장에 前(전) 당의장 鄭求瑛(정구영), 부의장에 閔寬植(민관식)을 밀기로 결정한다.

정구영의 생전 회고.

"11월 하순일 겁니다. 박 대통령의 전화가 있어서 갔었지요. 12월에 전당대회가 예정되어 있어서 당내 문제를 얘기했습니다. 김종필을 당의장으로 복귀하게 하는 데는 박 대통령의 생각도 나와 같았어요. 나는 정치적으로 어려운 고비를 넘겼으니 이제부터는 민주 방식에 마음을 써달라고 당부를 했지요. 박 대통령도 문제 처리에 무리가 있었음을 시인하고 해서 내 마음이 가벼웠습니다."

박정희는 정구영에게 "내달에는 국회의장 임기가 끝나는데 후임 국회의장을 어떻게 했으면 좋겠습니까"라고 물었다. 정구영은 좀 뜻밖의 질문이라고 생각했다고 한다(정구영 회고록 《실패한 도전》).

2년 전 박정희는 정구영에게 국회의장직을 맡아 달라고 했다가 방침을 바꾸어 이효상을 지명한 일이 있었기 때문이었다.

정구영은 "원칙적으로 이효상 씨를 재추천하는 것이 옳을 것입니다"라고 했다.

박정희는 뜻밖의 대답을 들었는지 얼굴색이 변하면서 "어째서 그렇습니까" 하고 되물었다.

"세계 여러 나라 의회법을 보면 국회 요직 임기는 의원 임기와 같게한 예가 더 많습니다. 그런데 일부 국가에서 임기 중간에 改選(개선)할 수 있도록 한 것은, 원래 의장은 다수당에서 나와야 하는데 연립으로 다수당이 된 경우 2년을 지나는 사이 연립의 변동으로 다수당이 달라질 수도 있고, 혹은 단일 다수당일 경우, 당내의 사정, 즉 의장이 소속 정당의 신임을 잃어 바꾸어야 할 필요가 생길 수도 있기 때문입니다. 따라서 이의장을 지명하던 당시와 사정 변경이 없다면 유임이 원칙이 아니겠습니까."

"이 의장도 당의 정책을 어긴 일이 자주 있었지 않습니까."

"그렇지요. 내각책임제 개헌이니 정계 개편 얘기나, 공화당의 의원직 사퇴론, 그런 게 대표적인 것들이 아니겠습니까. 그렇지만 그것들이 심히 곤란한 당내 혼선이었던가는 대통령께서 판단할 일입니다. 가령 파문이 컸던 것은 그 양반이 대구에서 행한 의원직 사퇴 발언 아니었습니까. 그때 이 의장은 아침에 기자들한테 '한일회담을 반대해서 야당이 의원직을 총사퇴한다면 공화당도 사퇴해야 옳다' 고 그랬단 말입니다. 기자들이 나한테 와서 어찌 보느냐고 물어요. 내가 몹시 낭패한 입장에 몰렸어요."

정구영은 잠시 뜸을 들이다가 "오늘에 와서 보면 도리어 이 의장의 그 발언이 공로일지도 모르겠고요"라고 했다.

박 대통령이 "공로라니요"하고 되물었다.

"그렇지요. 당시엔 야당이 여론을 일으키려고 총사퇴론을 편 것인데 야당의 흥분을 완화시키려는 정치적 고등 전술로 공화당도 총사퇴해야 한다고 했을 수도 있지요. 또 한 가지, 각하께서 당총재로서 이효상 씨와 짜고 그 같은 고등 전술을 쓰기로 했다면 더군다나 이것은 각하만이 판단할 일이지요."

박정희는 빙그레 웃으며 "선생님도 거기까지 상상하시다니! 저도 정신 바짝 차려야 겠습니다"라고 말했다.

1965년 12월에 접어들면서 박정희는 국회 및 공화당의 인선을 위해 당 간부들과 접촉을 계속했다. 12월 10일 오후 2시부터 박 대통령은 全禮鎔(전예용) 당의장 서리와 함께 청구동의 김종필 의원 집을 방문했다.

두 사람이 떠난 뒤 김 의원은 "박 총재가 상임위원장은 전원 경질할 뜻을 밝혔다"면서 국회의장 인선에 관한 답변은 하지 않았다.

이 무렵 공화당 간부들은 정구영의 집으로 찾아와 "대통령께서는 선생님을 지명하실 생각입니다"라는 말을 해 주고 돌아가곤 했다. 정구영은 "그거야 의원총회에서 논의해 봐야지" 라고만 했다고 한다.

12월 12일, 박 대통령은 뜻밖에 이효상 의장, 장경순 부의장은 유임으로 내정했다고 당에 알려왔다.

"이렇게 되니 나를 지지하던 의원들이 반발이 심했지요. 매일같이 몇 명씩 내게 와서는 당 총재인 박 대통령의 지명은 '의장단 후보는 의원총회가 선임한다'는 黨憲(당헌)을 무시한 것이다, 공식 지명이 아니다, 따를 수 없다고 했어요."

12월 15일 아침 박 대통령은 한국은행 맞은편의 상업은행 본점 건물 신축 기념식에 참석한 뒤 청와대로 돌아와 원내 요직 후보 명단을 공화당에 공식적으로 통고했다.

- 국회의장: 이효상(유임)
- 부의장: 장경순(유임)
- 원내총무: 金東煥(김동환 · 유임)
- 부총무: 徐仁錫(서인석 · 당내 대변인 겸무), 吳致成(오치성), 全烋相(전휴상)
- 국회 상임위원장 12명: 전원 경질

비슷한 시간에 民衆黨(민중당)도 의원총회를 열고 국회의장단 선거 대책을 협의하고 있었다. 金泳三(김영삼) 민중당 원내총무는 기자들에게 의원총회 경과를 설명하면서 "각자 의사에 따라 투표하기로 결정했다. 이것은 이효상 의장의 유임에 반대하는 것을 의미한다"고 발표했다. 평소 이 국회의장에 대한 불신임안을 내왔던 야당의 태도와 별다를 바 없어 보였다.

抗命

1965년 12월 16일로 예정된 국회의장단 선출 투표를 앞두고 공화당 의장을 지낸 정구영 의원은 黨內의 김종필 계열이, 박정희 대통령에 의해 의장 후보로 지명된 이효상 대신 자신을 당선시키려고 뛰고 있는데 대해 일말의 불안을 느꼈다. 그는 김동환(육사 8기 출신) 원내총무에게 비서를 보내 이런 뜻을 전하도록 했다.

'상황을 보아하니 큰 혼선인데 내가 의장에 당선된다 해도 의장직을 수락하지 않겠다. 아마도 1차 투표에서 과반수 득표자가 없어 2차 투표를 해야 할 것 같은데 그런 형편이 되면 투표를 미루고 의원총회를 열어 달라. 내가 총회에서 의장직을 맡지 않겠다는 이유를 설명하겠다.'

김 총무는 그러겠노라고 답했다.

1차 투표에서 정구영은 69표, 이효상은 55표를 얻었으나 둘 다 과반수에 미달했다. 그동안 이효상 의장 불신임안을 내기도 했던 야당 의원들은 이상하게도 거의가 기권했다. 당시 공화당 의원 수는 108명이었는데 공화당원의 과반수가 총재에 항명한 것이다. 항명파에는 김종필 직계(舊주류)뿐만 아니라 이효상 의장의 잦은 돌출 발언에 불만이 많았던 의원들도 포함됐다.

당의장 복귀가 결정되어 있던 김종필은 정구영을 찾아와서 "의원총회 이전에 내가 할 일이 있으니 좀 기다려 주십시오"라고 하더니 청와대로 올라갔다. 박 대통령에게 翻意(번의)를 건의하려고 했는데 대통령은 김종필을 만나주지 않았다는 소식이 들어왔다.

의원총회에서 정구영은 신상발언을 통해 이렇게 말했다.

"이번 (박 대통령의) 의장 지명이 민주 절차를 무시하고 명령식으로 처리되었다는 것은 나도 잘 안다. 1차 투표로써 불만을 표시했으니 이제는 총재의 지명을 따르자. 내가 당선되더라도 결코 수락하지 않겠다."

2차 투표에서 이효상은 재적 과반수인 88표를 겨우 얻어 당선되고 정구영은 60표를 얻었다. 야당 의원들은 뜻밖에도 태반이 이효상 의장 지지를 선택했다. 박정희 총재의 직계인 공화당 신주류와 김형욱의 정보부가 야당 의원들을 상대로 집요한 공작을 벌인 결과였다. 야당은 여당의 黨內 민주화 움직임을 외면하고 박 대통령의 독단을 지원한 꼴이 됐다. 李 의장 재선이 선포되는 순간 의원석에서 박수를 친 사람은 정구영뿐이었다.

다음날 오전 박 대통령은 공화당 당무위원들을 청와대로 불러다 놓고 격앙된 말투로 경고했다.

"정당이란 이념, 정책, 그리고 지도 체계를 뒷받침하는 엄격한 黨紀(당기)라는 3대 기간 위에 서야 하는 것이다. 우리 야당이 성장하지 못한 것도 기강이 서 있지 않은 때문인데 공화당은 지금 야당을 닮아가고 있다. 이번에 당의 기강을 무너뜨린 주동자들을 당이 단호히 처리하지 않으면 내가 나서겠다."

당무위원들은 박 대통령의 '단호한 처리'를 제명 요구로 받아들였다. 이런 박 대통령의 경고에 얼어붙은 공화당은 12월 22일의 상임위원장 선거에서는 박 대통령이 지명한 대로 충실히 따랐다.

12월 20일 박 대통령은 섬진강댐 준공식에 참석하기 위해 서울을 출발하여 전북 임실역까지 내려가는 특별열차에 정구영을 동승시켰다. 박 대통령은 정 의원을 옆자리에 앉히고 많은 이야기를 했다. 대통령은 항명파동 건을 꺼내면서 주동자 3~4명은 제명하고야 말겠다고 했다.

원로 변호사로서 깐깐한 원칙주의자인 정구영은 차분하게 말했다.

"총재 개인 의사를 받들지 않았다고 해서 당명에 대한 반란이라고 해석하는 것은 각하께서 조금 잘못 생각하신 것입니다. 당명과 총재 명령과는 구별되어야 합니다."

"아니, 선생님도, 이건 인사 문제 아닙니까. 100명이 넘는 의원들 앞에서 어떻게 이런 인사 문제를 걸어놓고 토론하도록 합니까. 이 사람, 저 사람으로 갈려 시끄러울 텐데."

"그건 일리가 있습니다. 그렇다면 의원총회에서 인사 문제는 총재와 당의장에게 위임하자는 결의를 하도록 하면 될 것 아닙니까. 이번에는 그런 절차도 없이 각하께서 불쑥 '의장은 누구, 상임위원장은 누구' 하는 식으로 지명을 해버리니까 저도 적극적으로 나서서 만류할 수 없게 되었습니다."

"김종필 의원이 곧 당의장으로 복귀하게 될 것인데 이런 식으로 나가면 또 김 의장이 독주한다 해서 소외된 쪽에서 분란을 일으키지 않겠습니까. 당분간 제가 당을 통제해야겠는데 명령이 통하지 않으면 일하기가 어렵습니다."

정구영은 거듭해서 당내 민주주의의 중요성과 의원총회의 의견을 존중해 달라고 주문했다. 이에 대한 박 대통령의 말이 의외였다.

"좋습니다, 선생님이 그렇게 생각하신다면. 그런데 어쨌거나 공화당 내 50표가 저를 지지하고 있습니다. 그까짓 야당 40표, 그것은 얼마든지 제 표로 끄는 방법이 있습니다."

정구영은 충격을 받았다. 이번 국회의장 선거에서 이효상을 찍은 공화당 내 50명의 의원을 박정희는 일종의 私兵(사병)으로 인식하는 것 같았고, 야당 의원들은 '낮에는 야당, 밤에는 여당 하는 자들' 쯤으로 여기는 것 같았다.

정구영은 '이 양반이 이런 말을 하다니, 앞으로 정치가 불행해지겠구나' 하는 생각이 스쳐지나갔다고 한다. 그는 "대정당을 이끌어 가시는 각하답지 않은 말씀입니다" 하고 단호하게 말했다. 좀 거북한 장면이 됐다.

4人 체제에 포위된 金鍾泌

1965년 12월 20일 섬진강댐 준공식에 참석하러 가는 박정희 대통령의 자동차 안에서 鄭求瑛 의원의 苦言은 계속됐다.

"각하의 명령을 어겼다고 해서 신문에서는 항명이라 하고 주동자를 제명해야 한다고 하는데 그렇다면 각하의 명령이 곧 당명이란 논리가 성립되는데…. 반드시 제명해야 한다는 말씀은 거두시지요. 停權(정권) 정도로 처리해도 각하의 위신은 충분히 유지됩니다."

박 대통령은 좀 심한 말을 했다 싶었는지 "선생님 마음도 이해합니다"라고 했다.

12월 24일 공화당은 국회의장 선출 항명사건의 주동자인 김용태, 민관식 두 의원에게 6개월간의 停權, 金鍾甲(김종갑), 申泂植(신형식) 의원에겐 경고 처분을 내렸다. 박 대통령은 정구영뿐 아니라 김종필 등 여러 사람들의 건의를 받아들여 비교적 가벼운 처벌로 마무리했다.

이날 밤 박 대통령은 당의장 복귀가 결정된 김종필 의원의 집을 찾았다. 정권 처분을 받은 김용태를 비롯, 예춘호, 鄭泰成(정태선), 申允昌

(신윤창), 吳學鎭(오학진) 등 김종필 직계 의원들과 趙始衡(조시형) 당기위원장을 불러 새벽까지 술을 마셨다.

박 대통령은 공화당 창당 무렵의 어려웠던 이야기를 꺼낸 뒤 "그래도 공화당이 이 정도로 큰 데는 김용태 의원의 고집 덕분이었다"고 위로했다.

며칠 동안 초조한 기색을 감추지 못하고 있던 김용태는 사면된 囚人(수인)처럼 기뻐하면서 "앞으로 6개월 동안 백의종군하겠습니다"라고 감격했다고 한다.

12월 27일 공화당은 서울시민회관에서 전당대회를 열고 박정희 대통령을 다시 총재로 선출하고 총재가 당의장으로 지명한 김종필에 대해 동의절차를 밟았다.

1964년 6·3 계엄령 사태 직후에 당의장에서 물러나 여섯 달 동안 외유하고 돌아와 조용히 지내던 김종필은 이로써 박−김 체제로 불리던 권력의 핵심으로 복귀한 듯 보였다.

그는 취임 인사말을 통해 "신념에 따라 어려움을 뚫고 나가는 것이 주체성이며 자주성이다"고 말하고, "알찬 조국을 이룩하여 그 힘으로 국토를 통일하는 것이 우리의 최종 목표이다"고 강조했다.

김 의장은 12월 30일 기자회견에서 중요한 언급을 했다. 한 기자가 월남에 한국군을 增派(증파)할 가능성에 대해서 묻자 그는 "월남파병과 한일 국교정상화는 우리의 발판을 밖으로 내디딘 역사적 대업이었다. 만일 증파 요청이 있으면 우리의 정황에 따라 고려될 수도 있는 문제가 아닌가 생각한다"고 말했다.

1966년 1월 1일 휴버트 험프리 미국 부통령이 마르코스 필리핀 대통령의 취임식에 참석한 뒤 한국에 들러 박 대통령과 이례적인 新正(신정) 회담을 가졌다.

험프리 부통령은 "월남전에서 이기려면 미군 50만 명의 투입이 필요하다고 판단된다. 한국도 이에 비례하여 1개 전투사단을 추가적으로 파견해 주기 바란다"는 존슨 대통령의 뜻을 전달했다.

1월 3일 박정희 대통령의 뜻에 따라 공화당은 당내 요직을 새로 짰다.

정책위 의장에 白南檍(백남억), 재정위원장에 金成坤(김성곤), 사무총장에 길재호, 선거대책위원장에 朴焌圭(박준규). 당을 실질적으로 이끌어갈 13명의 당무위원으로는 당연직인 김종필 당의장, 金晟鎭(김성진) 중앙위 의장, 백남억, 길재호, 김동환 원내총무, 장경순 국회부의장, 元容奭(원용석) 무임소 장관 일곱 명과 김성곤, 金裕澤, 金振晩, 정태성, 金澤壽(김택수), 崔貞基(최정기) 여섯 명이 임명됐다.

이들 가운데 親(친)김종필로 분류될 수 있는 이는 정태성, 김택수, 김동환 정도에 불과했다. 박정희 총재와 직접 연결되어 공화당을 이끌어 가게 되는 김성곤-김진만-길재호-백남억의 이른바 4인 체제가 전면에 포진한 것도 이때가 처음이었다.

김종필은 당의장에 복귀하긴 했으나 4人 체제에 실권을 넘겨주지 않을 수 없게 된다. 박정희는 공화당 4인 체제와 김형욱의 중앙정보부, 그리고 이들을 조정하는 참모장으로서의 이후락을 삼각점으로 하여 권력을 관리하게 된다. 舊정치인과 5·16 군사혁명 주체세력의 혼성체인 박정희 친위 세력은 反(반)김종필의 색깔을 내게 된다.

대통령 친위 세력과 김종필의 결정적인 차이점은 前者(전자)가 박정희의 수족으로 기능한 데 반해 김종필은 박정희의 잠재적 대체 세력으로 비쳐지고 있었다는 점이다. 박정희로서는 정권 강화와 연장을 위해서는 친위 세력의 김종필 견제를 묵인 또는 지원하지 않을 수 없는 숙명적 관계를 만들게 된 것이다.

5·16 혁명 직후 약 5년간 박정희는 권력의 창출과 유지를 위해서 김종필의 도움을 필요로 했으나 친위 세력의 강화 이후엔 박–김 체제가 기본적으로 라이벌 관계란 특성을 띠게 됐다.

김종필에겐 의외의 변신이 길재호였다. 육사 8기 동기생인 길재호는 가장 열렬한 김종필계였으나 反金(반김)의 핵으로 돌변한 것이다.

김종필은 이렇게 회고했다.

"다른 사람들이 길재호를 설득한 면도 있지만 결국은 대통령의 뜻이었다고 봐야지요. 어떻든 하나의 새로운 핵을 만드는 데 길재호가 참가했는데, 왜 박 대통령께서 그 핵을 측근에 두기로 했는지는 그 어른한테 내가 돌아가시기 전에 물어보지 않았으니 알 수 없지요.

舊정치인들은 이야기 상대가 되고 호락호락 잘 움직이고 경험도 있고, 그러니까 대통령도 그 사람들한테 끌려가기 시작했어요. 그 결과가 '각하 아니면 안 됩니다' 라는 3選(선) 개헌입니다. 보세요, 3선 개헌의 주동이 바로 그 사람들입니다."

대통령병 환자

1966년, 틈새가 벌어지던 박정희–김종필 관계를 상징적으로 보여준 어떤 酒席(주석)에 대한 흥미 있는 기록이 있다.

1월 초 김종필 의장은 박 대통령을 청구동 자택으로 모시고 저녁식사를 대접하게 됐다. 초대받은 사람 가운데는 朴相吉(박상길) 총무처 차관도 포함되어 있었다.

박정희가 최고회의 의장 시절에 쓴 《국가와 혁명과 나》의 정리자이자 청와대 대변인 출신인 박상길은 이즈음 김종필의 원고를 교열해주고 있었다. 책명을 《조국과 민족과 역사를 위하여》로 결정하고 편집을 끝낸 뒤 인쇄소로 넘긴 순간 갑자기 김종필 쪽에서 연락이 왔다. 인쇄 보류를 요청해온 것이다. 저서 출판은 야심을 너무 일찍 드러내는 일이라는 우려에서 출판을 보류키로 한 것 같았다.

사전 통고에 따르면 청구동의 저녁식사 자리에는 박 대통령도 나온다는 것이었다. 박상길은 직감적으로 단순을 빙자한 단순치 않은 모임이란 생각을 했다. 참석을 하고 보니 아래층 내실에 상을 차렸는데 과연 모인 면면들의 짜임은 묘한 데가 있었다(박상길 회고록 《나와 제3·4공화국》에서 인용).

주빈은 대통령이고 주인은 김 의장인데 일반 초청객은 嚴敏永(엄민영) 내무장관과 박상길이 이색적인 존재이고, 나머지는 김종필 핵심 측근으로 분류되는 너댓 명이었다.

얼마 안 되어 밖이 소란해지면서 박 대통령이 들어섰다. 이윽고 주안상이 들어오고 술이 몇 순배 돌았다. 분위기는 어딘가 모르게 어금니가 맞지 않았다.

밖에서 들으면 談論風發(담론풍발)이었으나 좌석의 공기는 그런 것이 아니었다. 김종필 측근 쪽에서도 분위기가 어색함을 의식하였던지 박 대통령이 한 달 전에 지시한 공무원의 요정 출입 금지 조치를 화제로 올렸다.

"그래서 어쨌단 말인가."

박 대통령이 응수했다.

"무조건 금지, 엄벌, 단속한다고만 되는 게 아닙니다. 왜 일들을 그렇게 하는지 알 수 없습니다."

"그럼 자네들 말대로라면 마실 테면 마셔라 하고 무조건 맡겨두라 그런 이야기지?"

박 대통령의 표정은 좋지 않았다. 어색함을 호도코자 하는 데서 술만 순배가 빨라져 박정희는 상당히 술이 올랐고 다른 사람들도 욕구불만 탓인지 정도를 넘고 있었다.

공무원 요정 출입 금지란 화제는 어느덧 본격적인 토론 주제가 되어버렸다. 대통령, 엄민영, 박상길이 한편이고, 김종필 측근은 공격 진영으로 편가름이 됐다. 엄민영은 이 문제의 단속 부서 책임자, 박상길은 주관 부서의 실질적인 책임자였다.

박상길은 집중 포화의 표적이 되고 있는 박 대통령을 변호할 겸 화해도 붙일 겸해서 끼어들었다.

"여러분들 말씀에도 충분히 일리가 있습니다. 사실 겉으로 단속을 강화하면 지하로 숨어 비밀요정으로 빠지고 말씀대로 버려두면 아예 난장판이 되고 그러니 방법이 없지 않습니까. 이렇게 해나가다 보면 안 하는 것보다 나은 정도의 효과가 있을 것 아닌가, 하는 것이 각하의 생각이십니다."

그러나 왁자지껄 떠들 뿐 박상길의 말은 먹혀들지 않았다. 엄민영은 원만한 성격 그대로 하하하 웃으면서 얼버무리려 했으나 잠자코 있는 박 대통령의 기색을 엿보니 무슨 일인가 터질 것 같았다. 역시 민감한 김종필이 박상길에게 다가와서 귓속말로 빨리 각하를 모셔가 달라고 당부했다.

박상길은 기회를 엿본 끝에 "각하, 시간이 늦었습니다. 이만 일어나시지요"라고 권했다.

"아니오. 내 좀 여기서 볼일이 있소. 이 집 안방엔가 어디에 니폰도(日本刀)가 있을 터인데 그걸 좀 가져와야겠소."

박상길은 급히 박 대통령 곁으로 다가가 단단히 부여안고 밖으로 모셨다.

"내가 니폰도로 이 쓸개 빠진 자들의 목을 댕강댕강 치기 전에는 돌아갈 수 없소."

간신히 박 대통령을 차에 싣고 출발했다. 뒷자리에선 박상길이 박 대통령을 부축하고 운전석 옆자리에는 경호관이 앉았다. 차가 대연각 호텔 앞까지 오니 박 대통령이 명동 입구 쪽에 차를 세우라고 명했다.

"내 이 안쪽에 아는 데가 한 곳 있는데 거기 가서 둘이서 술 딱 한 잔만 더하고 갑시다."

억지로 차를 청와대로 몰게 하는데 이번엔 앞자리의 등 받침대 위에 구둣발을 올려 뻗치고는 경호원의 뒤통수를 톡톡 치면서 '왜 차를 안 세우느냐'고 투정을 부렸다. 박 대통령은 자신의 몸을 꼭 껴안고 있는 박상길의 머리를 두 손으로 잡아당기더니 두서너 번 박치기를 했다.

청와대 본관에 들어서서 복도를 지나 2층 내실로 모시려고 하는데 陸英修(육영수) 여사가 아래를 내려다보면서 "지금이 대체 몇 시인데 어쩌다 이 모양이 되셨어요"라고 짜증을 냈다.

박 대통령이 비서관의 도움으로 내실로 모셔지고 나서야 박상길은 안

도의 한숨을 쉬고 있는데 돌연 쾅하고 문이 열리더니 박 대통령이 다시 뛰쳐나왔다. 느닷없이 권총을 찾는다.

"내 권총으로 그 쓸개 빠진 대통령병 환자놈들을 확 쓸기 전에는 잠을 못 잔다!"

다시 한 바탕의 소란 끝에 박 대통령이 잠든 것을 확인한 연후에 박상길은 집으로 돌아갔다. 식은땀으로 온몸이 흠뻑 젖어 있었다. 박상길은 회고록에 '그날 저녁의 청구동 작전은 실패였다' 고 썼다.

〈모두들 꾹 참고 차분하게 화제와 분위기를 이끌었다면 그 같은 역효과는 없을 성싶었다. 대통령이 먼저 대통령 환자라고 소리 지르신 터에 어찌 정상적인 정치가 두 분 사이에 건재할 수 있었겠는가. 내 개인의 견해로도 김 의장 쪽이 '왜 그리 서두는 것일까' 하는 회의가 항상 머릿속에서 떠날 수 없었다〉

장인의 죽음

1965년 12월 26일 오전, 박정희 대통령은 대통령의 친인척 관리를 主(주)임무로 해 오던 權尙河(권상하) 청와대 정보비서관(대구사범 동기생)으로부터 장인 陸鍾寬(육종관)의 부음을 받았다.

72세에 죽은 육종관은 1893년 충북 옥천의 대지주의 아들로 태어났다. 그는 미곡 도매상, 금광, 인삼 가공업 등을 통해 번 돈으로 충북 옥천 교동의 古家(고가)와 과수원 등을 구입해 대지 3,000평의 대저택에서 살았다. 16세 때 李慶齡(이경령)을 아내로 맞이하여 陸仁順(육인순·洪世杓 전 외환은행장의 母), 陸仁修(육인수·전 국회의원), 육영수, 육예수를 낳았다. 그는 또 다섯 명의 소실을 두어 모두 22명의 자손을 보았다.

박정희는, 육영수의 결혼에 반대하는 장인과 헤어진 장모를 모시고 가난 속에서 갖은 고생을 다 했지만 돈 많은 장인에게 손 한 번 벌린 적이 없었다.

이경령도 먹을 것이 없어 맹물에 국수만 말아 먹거나 얼음장 같은 방에서 겨울을 나야 할 때조차 남편 육종관의 도움을 청한 적이 없었다. 이경령으로서는 여러 명의 소실들로 인해 가슴앓이를 해야 했던 기억들이 깊은 상처로 남아 있었고, 육영수로서는 친어머니보다 소실들에게 더 많은 정성을 쏟았던 아버지에 대한 감정과 자신의 결혼을 반대한 기억들이 현실의 고통보다 더 컸을 것이다.

박정희도 육종관이 실리적인 시각으로만 자신을 평가한 데 대한 오기가 있었다. 사위만큼이나 자존심이 강했던 육종관은 사위가 대통령이 되었다는 사실을 결코 기뻐하거나 자랑하고 다닌 적이 없었다. 다만 소실의 자녀들에게는 가끔씩 "청와대에 한 번 들어가 보고 싶었는데…. 그 잔디와 정원이 그렇게 좋다던데…"하고 말했다. 정원 가꾸기에 상당한 재주가 있었던 육종관은 청와대 정원이 몹시 궁금했던 모양이었다.

육영수는 청와대에서 모시고 살던 어머니와 서울에 기거하는 아버지를 화해시키려고 몇 번씩이나 어머니 이경령을 설득하기도 했다. 그럴 때마다 이경령은 "내가 그 늙은이 만나면 속이 터져서…"라며 고개를 절레절레 흔들곤 했다고 한다.

당시 박 대통령과의 친분을 거론하며 사기 행각을 벌인 사건들이 많았다. 경찰, 군 수사기관, 정보부 등에서 보고된 자료에 따르면 전국적으로 7,000여 명이 박 대통령과의 친분을 주장하고 있었다. 친인척 관계와 동향 관계에서부터 구미보통학교 동창, 대구사범학교 동창, 문경보통학교 교사 시절의 제자·학부형, 만주 군관학교 동기생, 일본 육사 동기생, 국군 장교 시절의 상하 관계 등 각양각색이었다.

하루는 박 대통령이 권상하 비서관을 부르더니 "자네, 나를 잘 안다고 팔고 다니는 놈들을 전부 조사해"라고 지시했다. 권 비서관은 한 달 동안 이 명단을 취합해 道(도)별로 정리한 다음 대통령 집무실로 들고 들어갔다.

박정희는 7,000여 명의 명단을 전부 확인하면서 "이 사람은 잘 안다", "이 사람은 전혀 기억이 없다"는 식으로 구분해 주었다. 잘 안다는 사람이 500여 명. 이들 중 親族(친족)인 고령 박 씨 일가, 外族(외족)인 수원 백 씨 일가 및 妻族(처족)인 육종관 씨 일가에 대한 집중 감시를 명령했다.

이른바 '대통령 친인척 경호 임무'는 해당 지역 경찰서 정보과에서 전담하게 되어 박 대통령이 사망할 때까지 계속됐다. 육종관에 대한 감시도 물론 포함되어 있었다.

이 무렵 육종관은 소실 중 한 명과 서울에서 살고 있었다. 매일 아침 형사가 집 앞에 나타났다. 여름날 대문을 열어두면 형사는 대청마루에 걸터앉아 있곤 했다. 외출할 때면 어김없이 뒤를 따라다녔다. 육종관은 불편하기 이를 데 없었다.

참다못한 육종관은 조카 宋在寬(송재관)을 불러 "너희 외숙모한테 얘기 좀 해. 내가 뭐 독립운동할 것도 아닌데 왜 맨날 형사가 따라 붙냐. 사위가 대통령이면 대통령이지 내가 왜 이렇게 고생해야 되냐 말이다"라며 항변했다.

청와대에서 기거하던 이경령은 남편의 하소연을 전해들은 뒤 사위에게 말해 곧 바로 육종관에 대한 경호 겸 감시는 사라졌다. 그리고 얼마 후 육종관은 폐암 진단을 받고 메디컬센터에 입원, 수술을 받은 뒤 퇴원했다.

1965년 가을 육종관은 다시 폐암이 악화되어 메디컬센터에 입원하고 있었다. 산소마스크를 쓴 채 말을 거의 할 수 없는 상태로 누워 손짓만 할 정도였다. 육영수는 비서로 있던 조카 洪晶子(홍정자)와 가끔 문병을 갔다. 박 대통령도 늦은 밤 아무도 몰래 육영수와 함께 문병을 다녀왔다고 한다. 12월 초, 육인수 의원은 자택 사랑방에 희망이 없는 아버지를 모셨다.

이경령은 육영수를 앞세워 병문안을 왔지만 사실상 임종이었다. 육종관은 의식이 거의 없었다. 육영수는 "어머님, 아버님이 마지막이신데요, 살아 계실 때 두 분이 나란히 계신 사진이라도 한 장 찍어 두세요"라고 했다. 마지못한 이경령은 침대 곁에 서고 산소호흡기에 의지한 육종관은 의식 없이 누운 채 촬영을 했다. 12월 중순엔 박 대통령이 육영수와 함께 문병했다.

12월 30일 새벽에 李錫濟(이석제) 총무처 장관은 박 대통령과 함께 발인식에 참석했다. 사람들이 많이 모인 곳에서 박정희는 표정도 없이 묵묵히 서 있기만 했다. 장인과 대통령의 사이가 좋지 않았다는 것을 예전부터 알고 있던 이 장관은 '끝까지 자존심으로 버티는구나' 하고 생각했다.

이날 저녁 대통령을 만난 이석제 장관이 "하관식에 다녀 왔습니다. 장례식은 잘 끝났습니다"라고 보고하자 박 대통령은 담배 연기를 길게 뿜으면서 이렇게 말했다.

"내가 그 영감에게 밉보였어."

朴在熙 누님의 경우

가난한 소작농 집안의 7남매 중 막내로 태어난 박정희는 대구사범학교와 만주군관학교, 일본 육사, 조선경비사관학교를 거치면서 형제 중 유일하게 고등교육을 받았다. 그는 군인 시절부터 친인척 관계에 대해서는 결벽증이 있었다. 公私(공사) 구분이 확실했던 박정희는 현실을 무시하지 않는 선에서 친인척들의 공적 개입을 저지하곤 했다.

1960년대의 한국 사회는 유교 중심의 조선조 500년을 거치면서 형성된 가족주의와 온정주의가 번성하고 있었다. 가족 중 한 사람만 권력을 쥐더라도 일가 친척 모두가 잘 먹고 잘 살게 되는 前(전)근대적 풍토는 여전히 살아 있었다.

5·16 집권 초기에 박정희는 혈연 정치의 병폐에 대해 그의 책 《우리 민족의 나갈 길》을 통해 '국가 권력을 무궤도하게 악용하는 말세적 정치현상'이라고 비판했다.

박정희는 친인척 관리를 비교적 합리적으로 처리해갔다. 가장 가난했던 외가 쪽 수원 백 씨 가족에 대해서는 최소한 생계를 보장하는 선에서 경제적 지원을 했고, 고령 박 씨 친가 쪽은 자유업을 허용하는 반면 관공서와 결탁하는 사업에 대해서는 극력 저지했다. 물론 정계 진출도 억제했다. 처가 쪽은 경제적으로 풍족했고 고등교육을 받은 사람들이 많아 그들의 능력대로 정·관계로 진출하는 것을 대체로 묵인하는 식이었다.

박 대통령의 친인척 관리는 1964년 3월부터 1968년 10월까지 5년 동안 청와대 정보수석비서관으로 근무했던 대구사범 동기생 권상하가 전담하다시피 했다가 이후 金詩珍(김시진), 朴承圭(박승규) 등 민정(수석)비서관들이 담당했다.

1975년 무렵부터 박정희는 친족들의 청와대 출입을 금지하는 한편, 큰형 朴東熙(박동희)의 장남이자 자신의 장조카인 朴在鴻(박재홍)을 통해 매달 한 번씩 친족들의 소식을 보고받는 식으로 대처했으며 가난한 친척에게는 약간의 생활비를 편지와 함께 전해주곤 했다.

권상하 씨는 당시를 이렇게 회고했다.

"저는 박 대통령 친척들로부터 매정하다고 욕먹기 일쑤였고, 대통령으로부터는 질책이 빈번하여 참으로 어렵고 고단했습니다. 박정희가 대통령이 되자 무엇보다 주변 사람들이 순박했던 대통령의 가족들을 가만두지 않습디다."

박정희가 제5대 대통령에 당선될 무렵 둘째 누님인 朴在熙(박재희)는 남편 韓禎鳳(한정봉)과 경북 상주군 옥산면에서 조용히 살고 있었다. 박정희가 어렸을 때 업어 키우다시피 한 누님이었고, 장성하여 만주군관학교로 갈 때엔 여비를 마련해 주기도 했던 누님이었다. 동생이 대통령이 된 직후 이 부부는 상주군의 모 국회의원에 의해 설득되어 재산을 다처분하고 서울 성북동의 작은 한옥 한 채를 세내어 살기 시작했다.

1964년 여름 박 대통령은 서울 시장과 내무장관으로부터 누님 부부가 관청을 기웃거리며 로비 활동을 한다는 보고를 받고서 비로소 누님이 서울에 와 살고 있다는 사실을 알게 됐다.

박정희는 권상하 비서관을 불렀다.

"우리 누님이 서울에 와 있다고 하네. 자네는 누님 집에 경찰을 고정 배치해서 누가 무얼 사들고 들어오는지, 무슨 차를 타고 오는지 차량 번호까지 적어서 매일 나한테 보고해 주게."

권상하는 아무리 그래도 누님인데 경찰까지 붙여 감시한다는 것은 심하다는 생각이 들었다고 한다.

"각하, 아무리 그래도 누님한테 그리까지 할 필요가 있습니까."

박 대통령은 "이 사람이 참…" 하더니 "朴英秀(박영수) 치안국장 불러!"라고 지시했다. 잠시 뒤엔 "누님 계신 데가 성북구지? 성북경찰서장도 불러!"라고 소리쳤다.

얼마 후 치안국장과 성북경찰서장이 숨을 몰아쉬면서 청와대 대통령 집무실로 들어왔다. 경찰서장은 영문도 모른 채 대통령 앞으로 불려 나오게 되자 보기에 안쓰러울 정도로 벌벌 떨고 있었다.

박 대통령은 두 사람을 세워 놓고 이렇게 말했다.

"내가 오늘 치안국장과 경찰서장을 오라고 한 이유는 내 누님 한 분이 상주에서 당신들 관내로 왔기 때문이다. 여러 놈들이 운동한다고 이리저리 끌고 다니는 중이라 몹시 시끄럽다. 절대 못 다니게 하라. 형사를 고정 배치시키고, 누가 무엇을 가지고, 무슨 차를 타고 오는지도 매일 여기 있는 권 비서관에게 보고하라."

그로부터 닷새 뒤 權 비서관은 박재희의 아들로부터 전화를 받았다.

"큰일 났습니다. 어머니께서 나흘째 단식투쟁을 하십니다. 빨리 오셔서 어떻게 좀 도와주십시오."

權 비서관이 달려갔더니 머리를 수건으로 동여매고 누워 있던 박재희가 일어나 권상하의 멱살을 잡고 흔들면서 고함쳤다.

"대통령 누님은 서울에서 살지 말라는 법이 있는가. 헌법 내놔 봐라. 있으면 내가 상주로 내려가겠다."

권상하는 박 대통령에게 누님의 입장을 설명했다.

"각하, 이런 상황이니 형사를 배치시켜 가족들에게 기죽이는 일은 철회하시는 게 어떻습니까. 통행금지도 해제해 줍시다."

"안 된다. 내가 지금 장난친 줄 아나? 자네, 우리 누님 가족들을 직접 상주로 데려다 주고 온나. 나는 서울에서 절대로 누님 안 만날 거다. 내려가시면 내가 매달 용돈도 드린다고 전해."

박재희 가족은 끝내 시골에 내려가지 않고 서울에서 살았다. 박 대통령은 누님의 서울 거주를 막지 못했지만 자신이 대구사범 재학 시절 학비를 보태 준 매부 한정봉에게도 특별한 도움을 주지 않았다. 한정봉은 1966년 4월에 작고했다.

조카 朴在錫의 경우

1961년 가을, 최고회의 의장 박정희의 조카 朴在錫(박재석·당시 32세·둘째형 박무희 씨의 장남)은 대구에서 고물 트럭 두 대로 운수업을 하고 있었다. 집안 형편이 어려웠던 1950년대엔 박재석이 전방에 근무하던 삼촌 박정희를 찾아가 쌀과 생활비를 얻어 오기도 했고, 박정희가 이혼 문제로 고민을 할 때엔 박재석에게 심정을 털어놓고 이혼수속을 부탁하기도 했었다.

박재석보다 다섯 살 위인 삼촌이 최고회의 의장이 되자 그의 주변에서는 사업을 함께 하자는 사람들이 생겨났다. 그들은 원조자금으로 수입되는 원목들을 부산 앞바다에 둥둥 띄워 놓고 보관료만 받으면 되는 목재보관업을 하자며 박재석을 설득했다. 박재석의 역할은 정부 관리를 설득해 계약을 성사시키는 일이었다.

박재석은 농림부 장관 장경순 준장을 만나 "각하의 가족인 저희들도 먹고 살 수 있도록 목재보관업이나 하게 해 주십시오"라고 부탁했다.

장경순 장관은 "그럼요, 도와드려야지요"라며 담당국장을 불러 도와주라고 지시했다. 목재보관업은 그동안 자유당 출신 국회의원 최 모 씨가 매년 정부와 계약을 갱신하면서 운영해 왔다. 그것이 하루아침에 최고회의 의장의 인척에게 넘어간 셈이 됐다.

1962년 초 계약이 성사되자 박재석과 동업자들은 부산 상공회의소 2층의 40평 되는 방을 빌려 여직원과 전화를 둔 사무실을 차렸다. 한 달쯤 지났을 때 박재석은 부산 시경국장 朴英秀(박영수) 헌병 대령으로부터 만나자는 전화를 받았다.

박 시경국장은 찾아 온 박재석에게 하소연했다.

"아이고, 종씨 어른. 이거 말이 많아서 안 되겠십니더. 최 모라 카는 국회의원이 서울 시내 다방에 당기면서 얼마나 떠들어 놨던지…."

"누가 뭐라 카는데요."

"거, 목재보관업 해 오던 양반 안 있습니꺼. 지가 몇십 년 해 오던 것을 빼앗아 묵었다고 온 동네 소문을 내는 통에 어른(박정희)께서 노발대발이십니더."

"자유당 출신들은 평생 해묵고, 우리는 해묵으면 안 됩니까. 우째야 됩니까."

"죄송하지만, 당장 사업 그만두셔야 하겠십니더. 저를 봐서라도 회사문 좀 닫아 주이소."

박재석은 그길로 회사를 정리해야만 했다.

1962년 4월 20일, 박재석은 기분 전환을 할 겸 장모와 처, 다섯 살배기 둘째 아들과 함께 서울 창경원에서 열리는 5·16 산업박람회를 구경하러 상경했다. 최고회의 의장 친인척의 경호 및 감시를 담당하던 경북 선산지서 정보과 張永宅(장영택) 형사도 동행했다. 박재석은 남대문 옆 작은 호텔에 방을 얻었다. 장 형사는 바로 옆방을 얻은 뒤 상부에 동향 보고를 했다.

다음날 아침 박재석은 장 형사로부터 "각하께서 장충동 공관으로 들어오시랍니다"란 전갈을 받았다. 아들 손을 잡고 의장 공관으로 들어선 박재석은 "너희 할아버지가 이 나라에서 제일 높은 분이다"라고 자랑스레 설명을 해 주며 2층으로 올라갔다.

박정희는 목욕을 마친 뒤 가운 차림에 수건을 목에 감고 나오다가 인사를 하는 조카를 발견했다. 박정희는 눈에 불꽃이 튈 만큼 노한 표정이 되어 야단을 치기 시작했다.

"너, 이놈 잘 왔어. 너 부산에서 사업한다며?"

"걱정하신다 해서 그만두었습니다."

박정희는 점점 더 고성으로 변해갔다.

"잘 그만뒀어! 내가 너 사업해서 부자 만들어 주려고 혁명한 줄 알아? 이 나쁜 놈아, 이 삼촌이 네가 돈 버는 거 배가 아파 이러는 줄 알아?"

아버지를 따라 갔던 둘째 아들은 대한민국에서 제일 높은 할아버지가 아버지를 야단치는 모습을 보고 겁에 질려 울음을 터뜨렸다.

"너, 이놈아. 친인척들이 그런 데 관여해서 이권이나 챙긴다고 소문이

나면 이 삼촌은 3,000만 국민 앞에서 할복자살하고 사과해야 된단 말이다! 그런 거나 알고 있어?"

박재석은 그 말을 듣는 순간 하늘이 노랗게 변하는 것 같았다고 한다.

"어르신 뜻을 잘 몰랐습니다. 앞으로 草根木皮(초근목피)를 캐어 먹는 한이 있더라도 관청을 상대로는 사업 같은 것은 안 하겠습니다."

"그래야지! 너 힘으로 살아! 너 자유업 하는 거 아무 말 안 해. 잘 생각했어!"

"그럼, 어르신. 이만 가보겠습니다."

박재석은 그길로 대구로 내려가 운수업을 계속했다. 한때는 지프를 개조해 택시 사업도 했지만 교통순경들이 자주 벌금을 물리는 통에 경북 경찰국장실을 찾아가 "대통령 가족들을 도와주지는 못할망정 매일 딱지를 떼니 못 살겠소"라고 항의하자 경찰국장이 교통과 경찰들에게 "앞으로 이 차량 번호에는 손대지 마"라고 지시했다.

운수업으로 약간의 돈을 모으게 된 박재석은 선산의 가족묘를 새로 단장하는 등 묵묵히 집안 대소사를 도맡아 했다. 1972년에 그는 두 번 부도가 난 변압기 제조회사 국제전기를 인수했다. 때마침 새마을 電化(전화)사업 바람을 타고 매년 흑자 경영을 했다. 사업을 확장하려 했지만 은행에서는 대통령 가족이란 사실을 알고 대출을 해주질 않았다. 박재석은 1977년에 코오롱상사에 회사를 매각한 뒤 현업에서 손을 뗐다.

"그때는 삼촌이 그렇게 매정할 수 없었지요. 지금은 생각이 다릅니다. 만약 그때 삼촌 말을 듣지 않고 公共(공공)사업에 손을 댔더라면 10·26 이후에 결코 무사하지 못했을 겁니다."

외삼촌의 죽음

1965년 여름, 청와대 정보비서관 權尙河는 중앙정보부와 군 방첩대 및 경찰 계통으로부터 보고되는 대통령 친인척 관련 정보를 검토하던 중 서울 서대문구 모래내(남가좌동) 빈민촌에 박정희 대통령의 외삼촌이 생존해 있다는 내용을 발견했다. 권 비서관은 즉시 모래내 빈민촌을 방문했다.

담도 없는 움막촌을 뒤지며 소문의 주인공을 찾아냈을 때는 빈민촌 사람들이 모여들어 부러운 듯 구경하고 있었다. 그들은 "대통령 외삼촌을 저렇게 내버려두다니 박 대통령은 벌 받을 사람"이라고 한마디씩 했다. 권상하가 만난 사람은 어머니 수원 白 씨의 남동생 백한상이었다.

권 비서관이 찾았을 당시 백한상은 이미 팔순이 넘은 노인으로 서너 명의 자식들과 움막 속에 누워 있었다. 움막 속으로 들어간 권상하는 '사람 살 곳이 못되는 곳' 이란 생각을 했다고 한다. 권상하가 백한상 노인에게 이것저것을 물어보니 틀림없는 박 대통령의 외삼촌이었다.

권 비서관은 청와대로 돌아와 박 대통령에게 보고했다. 박정희는 미간을 찌푸리며 그동안 혼자만 알고 있던 내용을 말하더란 것이다.

"대통령 선거가 끝난 뒤부터 나한테 백 모라는 자로부터 서너 번 편지가 왔어. 그런데 편지에는 내 외삼촌이 사업에 실패해서 어디서 어렵게 살고 있다면서 외삼촌한테 '뭘 해주시오, 뭘 사주시오' 하고 거의 협박조로 편지를 썼어. 내가 볼 때 이놈은 외삼촌을 파는 사기꾼으로 생각되어 일절 다른 사람에게 말도 안 하고 있었지."

"모래내 움막집에 계신 분은 틀림없이 각하의 외삼촌이십니다."

박정희는 난처한 듯 권상하에게 되물었다.

"내가 어떻게 해 줘야 되나?"

"움막에서 살고 계시는데 남 보기에 창피합니다. 집이나 한 채 사 줍시다."

박정희는 누런 봉투에 돈을 넣어 권 비서관에게 주면서 이렇게 말했다.

"방 두 칸짜리 한옥 한 채나 사 드리게."

권 비서관은 백한상의 아들을 서울 시청에 부탁해 수도국에 취직을 시켜주기도 했다. 박 대통령의 외삼촌은 약 1년 뒤 이 집을 몰래 팔아 버리고 다시 모래내 빈민촌으로 들어갔다. 이런 사실을 안 權 비서관이 노인에게 달려가 영문을 물었다. 노인은 "빚 갚기 위해서"라고 말했다.

권상하는 할 수 없이 박 대통령에게 어렵게 말을 꺼내어 돈을 마련해 집을 다시 사주었다. 이번에는 權 비서관이 자주 白 노인의 근황을 알아보곤 했다.

1968년 여름, 백한상 노인은 몸이 아프다고 하소연하기 시작했다. 권 비서관이 그를 세브란스 병원에 데려갔다. 白 노인을 진찰한 의사는 "폐암 말기여서 치료가 불가능하다"고 말했다. 권상하는 어떻게 하든 치료를 해달라고 매달렸다.

"암이 온 몸에 퍼져 가망이 없습니다. 오래 살 수 없을 테니 고향에서 사시면 공기가 좋아 편히 계시다가 가실 수 있을 겁니다. 수술은 안 됩니다."

권 비서관이 박 대통령에게 이 사실을 보고했다.

"그 분 고향이 선산군 약목이니 거기 좀 모셔다 드리게."

권상하는 박 대통령의 외삼촌을 고향마을로 모셔다 주고 상경했다. 고향에 도착한 백 노인은 며칠 뒤 혼자 서울로 돌아와버렸다. 주변에서 "큰 병은 서울 가서 고쳐야 한다"며 부추기는 바람에 고향에서 쉬지도 못한 채 세브란스 병원을 다시 찾았던 것이다.

얼마 후 權 비서관은 세브란스 병원으로부터 백한상 노인이 입원했다가 사망했으며 시신은 白 노인의 사위가 인수해 갔다는 연락을 받았다.

권 비서관이 수소문해 보니 白 노인의 사위는 잡역부를 대상으로 운영하는 용산역 구내이발소 주인이었다. 벽돌을 대충 쌓아 바람막이로 만든 이발소의 시멘트 바닥에는 白 노인의 시신이 거적에 덮인 채 놓여 있었다. 白 노인의 사위는 시신을 병원에서 이발소로 옮겨 놓은 뒤 잡역부들과 밤새 술을 마시며 청와대로부터 좋은 소식을 기다리고 있는 것 같았다.

사건을 수습한 뒤 박 대통령에게 전말을 보고하자 박정희는 대구사범 동기생 權尙河(권상하)에게 불같이 화를 냈다.

"야, 이 사람아. 어떻게 그 노인이 다시 서울로 올라와 돌아가실 때까지 모르고 있었나?"

"고향에 모셔다 드린 지 며칠 안 되어서 올라온 것 같습니다."

"거기 계시도록 왜 단속하지 못했노? 자네는 어찌 일을 그리 보나?"

"이렇게 말썽 일으키는 사람들이 한두 사람이 아니잖습니까. 저는 한다고 하는데 더 이상 방법이 없습니다."

"없으면 그만둬."

친구이자 대통령으로부터 이렇게 심한 질책은 처음 받아보았다는 권상하 비서관은 사직할 결심을 했다고 한다.

權尙河 씨는 "말로 다 옮길 수 없는 기구한 일들을 겪어야 했다"며 대통령 친인척 관리의 어려움을 토로했다.

"대통령 친인척 관리를 5년 동안 하면서 저의 친인척으로부터도 인색하다고 욕을 많이 먹어야 했습니다. 솔선수범하려니 무척 힘이 들었지요. 친구로 하여금 골치를 썩이며 친인척 관리를 하도록 채근하던 박 대통령의 자세가 세월이 갈수록 그리워집니다."

1개 사단 추가 派越

한 국가가 수만 명의 젊은이들을 전선에 보내놓고 있다는 것은 나라의 분위기에 많은 긴장과 흥분을 주는 것이었다.

1966년 1월 12일엔 월남 전선에서 전사한 12位(위)의 국군 영령들이 미군기 편으로 김포공항에 還國(환국)했다. 1월 10일 국방부는 월남에 투입된 해병여단의 청룡 제1호 작전 戰果(전과)를 발표했다. 394명의 공산게릴라들을 사살했다는 것이었다. 사흘 뒤 신문에는 이 작전에서 전사한 청룡부대 장병 22명의 이름들이 실렸다. 7일 뒤 전과 발표에선 국군의 전사자 수가 28명으로, 전투부대 참전 3개월이 된 2월 4일엔 48명으로 늘었다.

박정희 정부에 대해 비판적이었던 언론도 (야당도) 파월 국군에 대해서는 따뜻한 자세로 일관했다. 정권이나 정당보다도 국군이란 말에서 국민은 더한 신뢰를 느끼던 시절이었다. 신문들은 크리스마스와 새해를 맞아 파월 장병들이 모여 사는 군인아파트를 소개하고 '월남통신' 같은 고정란을 만들어 전선 소식을 정기적으로 전하고 있었다.

거리에서는 '맹호는 간다', '빨간 마후라', '월남에서 돌아온 김 상사' 같은 군가들이 유행가처럼 친근하게 불리고 있었다. 국위 선양이란 말이 유행어가 되고 사회 분위기의 남성화, 군사문화의 생활화가 이루어지고 있던 것이 1960년대 후반기의 한국이었다.

1966년 1월 7일자 미국의 〈크리스천 모니터〉紙(지)는 미국 정부 소식통을 인용하여 한국이 곧 2만 명을 월남에 增派(증파)하게 될 것이라고 보도했다.

1월 15일 金聖恩(김성은) 국방장관은 "蔡命新(채명신) 주월 사령관의 요청에 의하여 국군의 증파 문제를 고려하고 있다"고 기자회견에서 밝혔다. 그는 또 "증파에 앞서 국군 장비의 현대화가 필요하다"는 조건을 달았다.

사흘 뒤 〈워싱턴 포스트〉지는 험프리 부통령이 지난 正初(정초) 한국을 방문하는 동안 한국군의 증파를 공식적으로 요청했었다고 보도했다.

이즈음 한미 양국은 李東元(이동원) 외무장관과 브라운 주한 미국 대사를 양측 대표로 하여 본격적인 증파 협상을 벌이고 있었다. 언론은 한국군 현대화와 파월 국군에 대한 대우 개선을 주제로 한 기사를 연일 보도하면서 한국 정부 측의 교섭을 측면 지원했다.

1월 25일자 〈동아일보〉는 '현지호소 …가장 용감한 군인에 가장 적은 보수'란 제목으로 한국군의 근무 수당이 월남 군인의 5분의 1에 불과하다고 지적했다. 1월 27일자 신문에는 맹호부대 1연대 2대대 5중대 2소대 崔京煥(최경환) 상병이 베트콩의 총격을 받아 숨지면서 호주머니에서 14달러 10센트를 꺼내더니 동료들에게 이렇게 부탁했다는 기사가 실렸다.

"나는 부모도 친척도 없어…. 어디 있는지 모를 남동생을 찾아 이 돈을…."

사망 후 소지품을 검사해보니 동생 최군환 이름으로 된 예금통장이 하나 있었고 19달러가 입금되어 있었다는 것이다.

박정희 대통령은 1개 사단 증파에 따른 代價(대가)를 미국 정부로부터 아주 비싸게 받아내겠다는 작심을 하고 黨政(당정)을 총동원하다시피 하여 對美(대미) 교섭을 벌이게 했다.

비밀 분류에서 해제된 1966년 2월 1일자 미국 대통령 직속 국가안보회의(NSC=National Security Council) 문서가 있다. 안보회의의 동아시아 담당관 제임스 C. 톰슨이 대통령 안보보좌관 맥조지 번디에게 올린 것이다. 그 요지는 이러했다.

〈윈스롭 브라운 주한 미국대사가 보고하기를 박정희 대통령은 우리가 요청한 일정에 따라 월남에 추가 파병을 하는 데 동의했다. 즉, 오는 4월에 1개 여단과 지원 부대를, 오는 7월에는 1개 사단과 그 지원 부대를 파견키로 했다. 박 대통령은 월요일에 동남아시아 방문을 위해 출국하는데 2월 17일에 귀국한 다음에 공식 발표가 있을 것이다. 브라운 대사는 박 대통령이 출국하는 2월 7일 전에 우리 대통령이 친서를 보내 감사를 전함으로써 박정희로 하여금 자신의 결심을 변경하지 않도록 쐐기를 박았으면 한다고 건의해왔다〉

이틀 뒤 맥조지 번디는 존슨 대통령에게 '1개 사단의 추가 파월에 대한 甘味料(감미료)'로서 1967년 회계연도에 한국에 대한 1,500만 달러의 개발차관을 제공하는 데 동의해줄 것을 건의했다.

번디는 "이 액수는 통상 수준보다도 500만 달러가 많지만 한국 측이 요구한 여러 가지 대가 가운데는 가장 값이 싸게 치는 것이다. 박 대통령도 무엇인가를 얻어내어야 유권자들에게 1개 사단 증파를 설득할 수 있을 것이다"고 했다.

미국은 2월 7일 하와이에서 美越(미월) 정상회담을 가졌다. 박 대통령은 월남전에 대한 문제는 한국과 미국이 협의하게 되어 있는데 이 회담에서 한국이 소외되었다고 화를 냈다.

이동원 장관은 브라운 대사에게 1개 사단 증파를 재고하겠다고 으름장을 놓았다. 미국 측에서는 이견 조정을 위해 험프리 부통령을 급파하겠다고 알려왔다. 그 기간 박 대통령은 동남아 3국을 방문하게 되어 있었는데 험프리를 때맞추어 방콕으로 보내겠다는 것이었다. 박 대통령은 방문국에 결례가 된다면서 이 회담을 거절했다.

험프리는 박 대통령이 순방을 마치고 돌아온 후인 2월 22일 서울에 왔다. 2월 23일 박정희는 청와대 신관 3층의 집무실에서 험프리 부통령, 해리먼 대사, 발렌티 보좌관을 맞아 국군 증파 문제를 한 시간 반 동안 논의했다.

험프리는 離韓(이한) 기자회견에서 "한미상호방위조약을 개정할 필요는 없다. 휴전선에 미군이 단 한 명 남아 있더라도 미국은 한국의 방위를 위해 끝까지 싸울 것이다"고 말했다.

험프리 부통령을 수행하여 한국 등 동아시아를 순방하고 돌아온 대통령특보 잭 발렌티는 2월 25일 존슨 대통령에게 올린 보고서에서 이런 표현을 했다.

〈한국 정부 인사들은 그들이 더 많은 현대식 무기를 갖고 싶다고 말했다. 그들은 곧 월남에 4만 5,000명의 병력을 보유하게 될 것이다. 이들

을 무장시키고 급료를 주는 데 들어가는 돈은 같은 수의 미국인들을 쓸 경우에 비교해서는 콩알만 한 것이다〉

브라운 각서

1966년 3월 7일 윈스롭 브라운 주한 미국대사는 외무부로 李東元(이동원) 장관을 방문해 '한국군의 월남 증파에 따른 선행 조건의 양해 사항 공한'을 전달했다. '브라운 각서'로 유명해진 이 문서는 2월 25일의 이동원-브라운 합의 사항을 문서화한 것이었다. 각서는 박정희 정부가 1개 사단의 전투병력을 추가 파병하는 조건으로 미국 측에 요구한 것들이 거의 충족된 내용이었다.

이동원은 미국 측에 대해 한미상호방위조약을 개정하여 한국이 침략을 받을 때 미국이 의회의 승인 없이 자동 개입할 수 있도록 해달라고 요구했으나 미국 정부는 이것만은 들어줄 수 없었다. 그 대신 험프리 부통령으로 하여금 한국 방위에 대한 미국 정부의 의지를 강력히 천명하게 했다.

미국은 한국군의 장비 현대화, 한국군 파병에 따른 경비의 전액 부담, 파병된 한국군에 대한 처우 개선, 전쟁으로 형성된 特需(특수)에 한국인들이 참여할 수 있도록 보장하는 등 14개 조항을 약속했다. 이것은 박정희 정부의 對美(대미) 외교에서 하나의 금자탑이었다. 조국의 젊은이들이 타국을 위하여 생명을 바치고 피를 흘린다는 상황을 외교 교섭에 최대한도로 활용하여 국익을 도모한 것이다.

이 각서의 정신에 따라 한국 측은 월남전 기간에 약 10억 달러의 수입을 전쟁 특수로 올릴 수 있었다.

브라운 각서의 요지는 이러했다.

①3개 예비사단의 완전 장비화, 17개 육군사단과 1개 해병사단의 장비 현대화.

②월남 증파에 따른 모든 장비와 원화 경비는 미국이 부담.

③월남 파병에 따라 한국군을 보충해야 할 경우 이에 필요한 장비와 훈련 경비는 모두 미국이 부담.

④북한의 간접 침략을 봉쇄하기 위한 장비 제공.

⑤탄약 자급을 위해 병기창을 건설하기 위한 시설 제공.

⑥한국 정부와 파월 부대 사이의 전용 통신 시설을 미국 측이 제공.

⑦증파 병력과 그 보충 병력을 한국 내에서 보충·유지하는 데 드는 純(순)추가비용의 전액을 원화로 한국 정부에 제공.

⑧한국 측에 부담이 되는 軍援移管(군원이관) 계획의 보류.

⑨주월 한국군을 위한 물자 용역 장비 등을 한국 내에서 조달하며 주월 미군 및 월남군의 군수품도 한국 제품을 구입하여 쓰도록 노력.

⑩미국국제개발처(AID)가 월남에서 추진하는 농촌 건설 및 선무 구호 사업에 들어가는 보급품을 한국에서 구입한다.

⑪월남에서 이루어지는 건설 사업에 한국인 민간 기술자의 고용 및 용역의 기회를 확대한다.

⑫한국의 수출 진흥을 위한 기술 원조를 강화.

⑬1억 5,000만 달러의 AID 차관을 조기 사용토록 하며 경제개발을 위하여 더 많은 AID 차관을 제공한다.

⑭금년도 재정안정계획을 위하여 금년 안으로 우선 1,500만 달러의

신규 원자재 구입용 차관을 제공한다.

정일권 국무총리는 파병동의안을 심의하고 있던 국회에 나와 "미국 정부로부터 현 수준의 주한 미군 병력을 계속 유지한다는 문서상의 보장을 받았다"고 말했다.

월남 증파에 따라 정치권은 국회와 언론을 매개로 하여 활발한 찬반 논쟁을 벌였다. 우리 정치가 오랜만에 안보·외교를 주제로 삼아 진지한 토론을 벌여 정치 본래의 생산적인 모습을 보여준 경우이다.

기자 출신인 徐仁錫(서인석) 공화당 의원은 여당 내의 파병반대론자로서 적극적으로 소신을 밝혔다. 그는 신문 기고문 등을 통해서 '선전포고 또는 전쟁 상태 선언을 내리지 않더라도 4만 이상의 국군이 베트남과 교전하는 사태는 우리나라가 전쟁 상태에 돌입한 것을 의미한다'고 지적했다. 그는 이어서 '우리는 우리의 국가목표-남북통일-를 실현하는 전쟁 이외의 전쟁을 수행할 여유가 없는 처지에 있다'고 했다.

徐 의원은 '월남의 사태는 우리의 지배 요인보다 敵(적) 측의 지배 요인으로 결정되는 듯이 보인다'면서 '우리는 대병력을 보내 우리가 지배할 능력이 없는 사태에 우리가 개입함으로써 거꾸로 우리의 운명을 그곳 사태 발전에 맡기고 있는 것이 아닌가 우려된다'고 했다.

그는 이어서 '피할 수 없이 助演(조연)을 맡은 우리는 주연이 연극을 끝낸 후에 혼자서 춤을 추는 愚(우)를 범하기 쉽다'면서 '외교는 그때그때의 국가 이익에 순응해서 행해지는 것이지 서민들이 빚을 갚는 식이 되어선 곤란하다'고 비판했다.

박 대통령은 徐 의원의 增派(증파) 반대론에 대해서는 "반대를 하려면 서 의원처럼 논리를 세워서 해야 한다"면서 기분 나빠하지 않았다고 한다.

야당인 민중당의 金俊淵(김준연) 의원은 "베트콩을 조종하는 것은 월맹이고 월맹을 조종하는 것은 중공이며 월남이 공산화되면 동남아시아 전체가 그렇게 될 것이다"면서 증파에 찬성했다.

1개 사단과 1개 연대(파월된 맹호사단의 잔류 부대)의 증파 동의안은 3월 20일 국회 본회의에서 찬성 95표, 반대 27표, 기권 3표, 불참 50명으로 통과됐다.

박 대통령은 증파 사단으로 보병 9사단을 선정했다. 백마부대로 통칭된 이 사단은 1950년 박정희 중령이 참모장으로서 창설을 지도했던 부대이기도 했다.

휴전선에 이어 월남에 제2전선을 갖게 된 1960년대의 한국은 準전시 상태와 같은 긴장되고 들뜬 사회 분위기 속에서 경제 성장으로 매진하게 된다. 한때 한국은 인구 비례로서는 미국보다도 더 많은 병력을 월남에 보낸 적이 있다. 전선을 가진 국가답게 언론과 방송에는 군인과 軍歌(군가)들이 자주 등장했고, 승전 소식과 함께 전사 통지서가 날아오기 시작했다.

미국과의 약속에 따라 박 대통령은 4월 6일 환송식을 갖고 맹호부대(수도사단)의 잔류 연대를 월남에 보냈다. 3,500명으로 편성된 이 연대는 혜산진부대라 불리게 됐다. 6 · 25 전쟁 때 압록강변 혜산진에 가장 먼저 도착한 부대였다는 데서 유래했다.

혜산진부대가 부산항을 향해서 떠나는 4월 8일 밤 청량리역에선 군가 합창 소리가 울려 퍼지고 태극기가 물결쳤다. 전선으로 아들을 보내는 부모들은 차창 밖으로 내민 손을 잡고 무사귀환을 빌었다.

인천에 산다는 윤창천 할머니는 맏아들인 정성규 병장의 손을 잡고 놓지 않았다. 정 병장은 철모르는 아우 성운에게 "내가 못 돌아오면 네가 노부모를 잘 모셔야 한다"고 당부하고 있었다.

박정희-롯지 대사 대화록

1966년 5월 朴正熙 대통령은 訪韓한 헨리 캐봇 롯지 駐越 미국 대사와 월남정세를 토의했다. 5월 25일자로 작성된 이 면담기록(회의 覺書)에는 朴대통령의 전략 감각이 잘 나와 있다.

〈각하 : 인사말씀(작년보다 Lodge 대사의 건강이 좋아졌다는 말씀).

Lodge 대사 : 본인은 이번에 각하를 뵙고 1) 월남에 있어서 한국 군대가 큰 공헌을 하고 있는 데 대하여 높은 치하의 말씀을 올리고 동시에 감사의 뜻을 표하고 2) 존슨 대통령의 따뜻한 인사 말씀을 각하에게 전달하고 3) 아울러 월남 사태에 관하여 미국이 가지고 있는 정보를 각하에게 드리고자 함.

한국은 미국에 대하여 가장 긴밀하고 또한 가장 완전무결한 동맹국가라고 본인은 느끼고 있음. 한국은 어떤 뜻에서는 오히려 미국보다도 더 월남과 긴밀한 처지에 있다고 생각함. 그래서 각하는 월남 사태를 속속히 들여다보시는 깊은 통찰력을 가지고 계시기 때문에 미국은 각하의 조언을 필요로 함.

각하 : Johnson 대통령의 건강은 좋으신지?

Lodge 대사 : 대단히 좋음. 각하께서 본인의 건강에 대해서도 말씀하여 주셔서 대단히 감사함. 월남은 건강에 그다지 좋은 곳은 아니나 본인도 대단히 좋은 건강 상태에 있음.

각하 : 신문보도를 보면 월남에서는 정부군과 反정부군 사이에 전투가 벌어져서 희생자가 나고 있다는데 월남 사태에 대한 대사의 설명을 듣고 싶음.

Lodge 대사 : 그와 같은 사태는 다낭시에만 국한되어 있음. 다낭시는 월남 내에서 유일한 장소임. 가장 최근의 소식에 의하면 약간의 희생자가 있었다고 함. 정부군은 다낭 지방의 대부분을 장악하고 있으며, 다낭시의 중요한 부분을 대부분 정부가 장악하고 있음.

종래 이곳은 전적으로 정부 장악 밖에 있었으나 키 首相이 다낭시의 장악을 선언한 후부터는 寺院만 제외하고 거의가 정부 장악하에 있음. 베트콩의 군사 행동은 감퇴되었는데 이것은 베트콩이 내부에 분쟁을 가지고 있기 때문임. 따라서 전방에서는 對베트콩 작전도 완화되고 있고, 한국군 · 미군 · 호주군의 작전도 현상 유지하고 있는 형편임.

각하 : 월남 사태에 대해서는 현지에 가 있는 사령관으로부터 작전에 관한 보고를 받고, 우리 대사로부터는 정치 정세에 관하여 보고를 받고, 가끔 브라운 대사로부터 말을 듣고 있음. 월남에 있어서는 어려운 문제가 있지만 몇 가지 방침만 세워서 나가면 수습될 전망이 보일 것으로 생각함.

Lodge 대사 : 월남은 한국이나 미국과 대단히 다른 점이 있음. 그것은 전통적으로 강한 파벌주의를 말함. 열대지방 국가가 되어서 대단히 덥지만 먹을 것이 있기 때문에 몇 사람만 모여도 파벌이 형성됨. 이런 점에서 보면 한국은 훨씬 더 통일된 국가임.

월남에서는 불교도도 통합이 안 되어서 트리꽝을 중심으로 한 것 이외에 많은 분파가 있음. 그 외에 가톨릭 단체도 있고 중국 사람의 백만장자들도 있고, 같은 불교도들이지만, 캄보디아계도 있음. 불란서 통치하에서는 이와 같은 분파주의가 극도로 조장되었음.

오늘날 베트콩은 이런 것을 유리하게 이용하고 있음. 한국군과 미군은 군사적으로 잘 싸우고 있음. 과거에 불란서군은 지하에 있는 요새는 빼앗지 못하였으나, 지금 한국군이나 미군은 이것을 뺏고 있음. 월남은 중국 지배하에 있었기 때문에 그것도 싫어하지만 이웃끼리 서로 싸우는 수도 있음.

좌우간 이와 같은 파벌 현상은 우리들로서는 도저히 이해할 수가 없음. 월남 사람들은 심지어는 敵을 눈앞에 두고도 서로 분파끼리 싸우는 현상을 볼 수 있음.

옛날 미국 역사에 있어서 벤자민 프랭클린이 13개 식민지가 서로 싸우니까 전부 교수대에 올려서 처형했으면 좋겠다고 말한 일이 있었는데, 월남의 경우가 바로 이것이라고 하겠음.

각하 : 군사작전 면에 있어서는 상당히 성과가 올랐고 好轉되어 가고 있는데, 국내 정치 문제가 혼란해서 큰 문제임. 파벌이 강한 것은 중앙 정부가 약하기 때문임. 현재 키 수상보다 더 유능한 지도자가 있는지는 모르겠으나 이 시기에는 키 수상을 강력히 지지하여 강한 중앙 정부를 만들어서 파벌을 없애는 방법이 강구되어야 함.

샤프 제독에게도 말하였지만 월남은 군 내부의 숙청을 감행해서 중앙 정부에 반항하는 군벌이 없도록 하여야 된다고 생각함. 정부에 대해서 제일 강력히 반대하는 것이 불교도 단체인데 군대가 중앙 정부에 반항을 안 하면 불교도도 중앙 정부에 대해서 그렇게 반대는 안 하게 될 것임.

키 수상의 정부는 물론 合憲정부는 아니지만 현실적으로 월남을 통치하고 있고, 또 이것을 대치할 만한 것도 없고 또한 국민을 대표하는 정당도 없는 실정이니 키 정권을 지지해서 강력히 나가야 함. 키 수상은 민정 이양을 공약하였는데, 그 공약을 실천에 옮기고 밀고 나갈 수 있도록 준비하기 위해서도 강력한 지지가 있어야 함.

군의 장성들이 종교 단체와 야합하여 중앙정부에 반대하는 버릇은 이 시기에 고쳐지지 않으면, 앞으로 민정이양 후에도 문제가 될 것임. 키 수상이 다낭에 있는 1군단에 대해서 중앙 정부군을 투입하여 탄압을 하고 있는데 이 시기에 강력한 조치를 하여서 1군단을 무장 해제시키든지 군법 회의에 회부하여 처단함으로써 뿌리를 뽑아야 함.

다소 희생이 생기더라도 또는 일부에서 다소 반항이 있더라도 이 시기에 철저히 하여야 한다고 생각함. 미국 정부가 다소의 비난을 듣더라도 강력히 해 주기를 바람. 그 외에는 방법이 없는 실정이니 수습이 잘 되면 역시 그 방법이 좋았다고 생각하게 될 것임. 총선거 문제는 월남의 현 치안 상태를 보아서 잘 될까 염려도 돼. 그러나 한 가지 좋은 방법도 있을 것 같음. 금년 가을의 총선거가 제헌 국회를 만드는 데 그 목적이 있고, 그 제헌 국회에서 헌법을 만들어 이 헌법에 의해서 총 선거가 실시될 것임.

금년 가을의 선거에서 親共 세력이 못 들어오게 하여 잘 하면 될 것임. 민정 이양 시기도 헌법에 명시하지 말고 헌법 제정 후 어느 시기가 되면 민정 이양을 하도록 하면 되는 것이며, 이렇게 되면 현 월남 정부는 신축성을 가질 수 있게 됨. 한국의 현행 헌법의 부칙을 보면 헌법 공포 후 1년 이내에 대통령 선거와 국회의원 선거를 갖도록 되어 있음. 월남에서도 이 정도의 융통성이 있게 하면 그간 치안 상태 등도 고려해서 할 수 있을 것임.

Lodge 대사 : 대단히 큰 참고가 되는 말씀임. 다음 몇 가지를 말씀 드리고자 함.

1) 월남에는 훌륭한 정치 지도자가 없음. 본인은 월남에서 5기 정권과 일하였지만, 아직까지 한 사람도 훌륭한 정치 지도자로서 나타나는 것을 보지 못하였음. 이 점이 각하에게 특히 말씀드리고자 한 제1의 문제점임.

2) 월남에는 강력한 정부를 가져본 전통이 없음. 월남에 있어서는 누가 통치하느냐 하는 것이 문제가 아니라 바로 이 점에 중요한 제2의 문제점이 있음. 모든 일은 지방적으로 다루어지고 있음.

3) 월남에는 다음과 같은 5대 악이 있음. 즉 화재, 홍수, 기근, 도적 및 중앙정부임. 이런 모든 점을 논의하여 보면 자동적으로 키 수상을 지지하는 결론이 나오게 됨. 그는 민정에 경험은 없지만 과거 10개월간 많은 경험을 얻었음. 미국은 키 수상을 지지하는 데 있어서 아주 재치 있게 하여야 함. 그렇게 하여야 월남 국민도 키 수상 정권이 미국의 괴뢰가 아니라는 것을 느끼게 됨.

4) 총 선거의 전망. 금년 가을에 총 선거를 실시하는 데 있어서는 상당한 위험을 내포하고 있음. 그러나 이미 결정은 내려졌음.

비록 정세는 안정되지 못하였지만, 우리는 크게 손해를 보지는 않을 것임. 월남에는 48개 州와 5개 市가 있다. 1965년 지방 평의원 선거를 실시하였는데 결과는 잘 되었음. 월남 인구 중 54%가 중앙 정부 통치하의 안전 구역에 거주. 24%가 베트콩 통치하에 있고, 나머지… 부동적임. 1965년 선거에서는 54% 이상이 투표하였음.

투표함이 도시에 있기 때문에 위험 구역에 거주하는 농부들도 도시에 나와서 투표를 하였음. 지방 선거에 있어서도 이와 같았으니 더욱이나 이번에는 전 국가적인 일이기 때문에 좀더 잘 될 것으로 생각하고 있음.

5) 3대 위험성.

(1) 베트콩이 투표하는 날에 투표자를 협박할 수 있음.

(2) 대의원들이 선출된 다음에 베트콩은 그 대의원들을 협박할 수 있음. 그리하여 북부 월맹과 협상하라는 발언을 하게끔 만들 수도 있을 것임. 본인이 보기에는 월남에 있어서의 테러 행위는 실로 놀라운 바가 있음.

예: 가. 다낭시에 미군 해병대가 있었는데 그 병력은 베트콩의 대병력을 해치울 수 있는 능력이 있었음. 그런데 소위 투쟁위원회는 다낭 시민 하나하나씩 협박을 해서 市 전체를 점령하였음.

나. 본인 사무실에서 3분만 걸어가면 그 지점에서는 $5.00만 주면 죽이고 싶은 사람을 죽일 수 있음.

(3) 한 집단이 가령 51%의 표를 얻는 경우 소수파가 문제가 됨. 월남에서는 소수파에 대한 지지가 막대해서 소수파가 잘 따라오지 않을 것 같음.

물론 미국의 식민 국가가 아니지만 키 수상은 이번 조치를 취하는 데 있어서 미국 측에 한마디도 상의가 없었음. 본인은 워싱턴에 있었고 웨스트모어랜드 장군은 호놀룰루에 가 있었음. 키 수상이 사전에 한 마디도 본인에게 말하지 않았기 때문에 우리는 아무것도 몰랐고, 또한 대단히 입장이 곤란하게 되었음. 그러나 이것은 키 수상이 능동적으로 일하고 있는 징후라고 보며, 그는 나라 전체의 질서를 재확립하려고 노력하고 있음. 그래서 키 수상의 이번 조치는 괘씸하기는 하지만, 그의 심정도 이해할 수 있음. 결과적으로 수수방관하는 것보다는 좋았음.

각하 : 한국 속담에 '꿩 대신 닭'이라는 말이 있음. 지금 당장에 딴 사람이 없으니 키 수상을 지원해서 잘 해나가야 함. 총 선거는 공약이니까 그대로 해야 하지만 구성된 국회가 베트콩 또는 親共 일색의 국회가 되면 어떻게 할 것인가?

Lodge 대사 : 투표함이 도시에 있기 때문에 공산주의자들은 투표하지 않고 이번 선거는 보이콧할 것으로 생각됨. 공산주의자들도 입후보는 할 수 있겠으나 지방민들은 공산주의자들이 그들의 이익에 반대하는 방향으로 나간다는 것을 알게 될 것임. 우리는 또한 이 선거를 잘 감시할 것임. 지방에는 美 군사 고문관들이 비치되어 있기 때문에 감시하기에 좋은 위치에 있으며, 만약에 공산당이 무슨 일을 할 것 같으면 우리는 곧 알게 됨.

브라운 駐韓미국대사 : 중앙 정부는 대부분의 입후보자를 알고 있는지?

Lodge 대사 : 입후보자들은 대단히 잘 알려진 인물들로서 중앙 정부에 대해서 대단히 협조적인 사람들임.

각하 : 나는 선거의 결과를 걱정하고 있음. 만약에 잘못되어서 外軍(외군)을 철수시키자는 문제가 국회에서 나오게 되면 골치 아픈 일이 됨. 그 외에 하노이와 협상하자는 이야기가 나와도 마찬가지임.

Lodge 대사 : 그와 같은 사태는 일어나지 않으리라고 생각함. 공산주의자들은 절대로 이번 선거를 보이콧할 것이고 투표자는 결국 안전 구역에 거주하는 54%의 인구가 될 것이기 때문임. 이것이 바로 1년 전의 지방 선거에서 나타난 현상이었음. 1개월 전에 사이공에서의 회의에 참석한 60명의 지방 평의원을 만나보았는데, 전부 애국자들이었음. 투표시에 예상되는 협박 행위에 대해서는 군대가 이것을 적절히 막을 수 있을 것이라고 생각함.

브라운 대사 : 지난번 사이공에 있어서의 시위에서 親共的인 징후가 전혀 없었다는 말씀을 하시기 바람. 朴대통령 각하께서는 이 문제에 지대한 관심을 가지고 계심.

Lodge 대사 : 월남 사람들은 이상하게도 시위행위를 좋아하는 경향이 있음. 그런데 최근에 사이공市에서의 시위에서는 공산주의의 징후가 조금도 없었음. 물론 일부분 개개적으로는 反美 플래카드도 있기는 하였음. 그 외에는 후에市에서도 反美 방송이 있기는 하였으나 그외는 별로 없었음. 불란서 치하에서는 불란서에 반항하는 월남 국민이 친공적 경향을 가졌으나 지금은 그때와 사정이 다르다고 봄. 만약에 약간 있다고 하더라도 그것은 협박에 못 이겨서 하는 것임.

각하 : 월남에서는 군벌도 없애야 함. 蔣介石 총통이 그 좋은 예라고 볼 수 있음. 처음에는 지방 군벌도 완전히 장악하였다고 생각하였는데, 결국은 그렇지 못해서 지방 군벌 때문에 통치를 못 하게 되었고 결국 후퇴하게 된 것임. 월남에 있어서도 군벌들이 영웅이 되어 있는데 이것을 없애야 함. 한국에서는 6 · 25 동란 전에 이북에서 공산 게릴라가 내려와서 2~3년 동안 혼란하였고, 군부 내에서도 공산주의자들이 침투되어 혼란하였음. 그러나 결국 가혹한 처단을 하여 군부 내에서 좌익을 뿌리

뽑았음. 월남에 있어서도 지금 그렇게 하여야 한다고 생각함.

Lodge 대사 : 그들은 재판을 받고 처단되었는지?

각하 : 처단되었음. 경우에 따라서는 법에 의해서 사형도 당했음. 키 수상은 중앙정부의 명령에 반항한 군단장을 해임했는데 이런 경우에는 해임 정도가 아니라 총살하여야 함. 이것은 카오 장군 이야기임.

Lodge 대사 : 절대적으로 옳은 말씀임. 본인은 1929년에 중국에 갔는데 그 당시 중국에는 도처에 군벌들이 할거하고 있었음. 그 당시 중국 군벌들은 군사적 권한과 행정적 권한을 다 장악하고 있었으며, 그들을 통하지 않고서는 아무것도 할 수가 없었음. 현재 월남의 4개 군단장은 당시 중국의 군벌과도 같은 존재임. 키 수상은 본인에게 티 장군을 해임하겠다고 말하기에 본인은 증거를 잡고 재판에 회부하라고 말하였음. 그 결과는 각하께서 아시는 바와 같이 되었음. 본인은 朴 대통령 각하에게 흉금을 털어놓고 말씀 드렸음. 이와 같은 이야기는 다른 누구한테도 할 수 없는 이야기임. 한국은 월남에 한국의 젊은이들을 보내고 있기 때문에 이와 같은 말씀을 솔직히 드릴 수 있는 것임. 티 장군의 경우 그가 군단장으로서 월남 전체의 4분의 1이나 되는 지역을 장악하였으며, 그는 군인이고 민간인이고 間에 그 임명을 전적으로 자기 마음대로 하였음. 그러기 때문에 그 사람들은 다른 데로 갈 데가 없기 때문에 티 장군에 매달리고 있음. 이것을 잘 이용한 것이 트리쾅. 티 장군과 트리쾅 양자가 합하니까 이러한 일이 생김. 키 수상은 용감하고 애국적이고, 근면하고 열심히 일하고 공부하는 사람임. 나이가 불과 34세여서 경험 부족이 유일한 결점임.

각하 : 대사의 말씀대로 미국이 키 수상을 지지하는 데 있어서 요령 있

게 한다는 것은 필요한 일이지만, 미국이 키 수상을 강력히 민다는 인상을 주어야 함. 키 수상이 넘어가면 아무라도 올라올 수 있다는 생각을 갖게 되고 자연히 군단장들은 야심을 갖게 되는 것임.

Lodge 대사 : 대단히 옳은 말씀입니다.

각하: 한 사람을 넘어뜨리면 누가 올라서더라도 미국의 지지를 받는다는 인상을 군단장들에게나 군 장성에게 주게 되면 언제나 그런 사태가 반복되는 것임.

Lodge 대사 : 전적으로 각하 말씀에 동감임. 본인은 이번 워싱턴에서 7일간을 보냈는데, 존슨 대통령과 다섯 번 회의를 가졌음. 하루에 두 번 회의를 가진 때도 있었음. 그 외에 국무장관, 국방부 장관과도 회담하였음. 본인이 朴 대통령 각하에게 확실히 말씀드릴 수 있는 것은 존슨 대통령과 그의 보좌관들의 결심에는 추호도 의심할 바가 없다는 것임. 상하 양원의 의원들과도 만났지만 대다수는 충분히 이해하고 지지하고 있음. 다만 몇몇의 소수인들이 떠들고 있지만, 별로 문제가 안 되는 것임.

각하 : 가장 어렵고 중요한 일을 맞고 있기 때문에 모든 일에 있어서 성공하시기를 바라고 있음.

Lodge 대사 : 각하의 말씀에 깊은 사의를 표함. 월남 사정은 한국이나 미국에 비하여 판이하게 다르지만 두 나라에 대해서는 대단히 중요한 나라임. 월남에 있어서 본인이 가장 기쁘게 생각하는 것은 한국 사람의 존재임. 한국은 처음에는 의무 부대를 보냈고, 그 다음에는 훌륭한 전투 사단을 파견하였는데, 베트콩은 한국 군대만 보면 공포를 느끼고 있음. 또한 월남 사람들은 한국군을 볼 때에 '한국에서 모든 어려운 일들을 극복하고 성공하고 온 사람들'이라고 보고 있음. 이러한 일들은 본인이 생각할 때마다 유쾌한 일이 아닐 수 없음.

각하 : 금년 여름에 증파될 1개 사단은 여러 가지로 준비를 예정대로 진행하고 있음.

Lodge 대사 : 자유 세계 전체를 위하여 한국에 朴대통령 각하와 같이 강력하고도 사심 없는 훌륭한 지도자를 가지고 있다는 사실은 실로 훌륭하고 자랑스러운 일이 아닐 수 없음.〉

朴 대통령은 월남 군부에 軍閥(군벌)이 생겨 국가의 통합성을 저해하고 있는 데 대하여 책임자를 사형에 처하는 일이 있더라고 강력하게 대처해야 한다고 강조하고 있는 것이 인상적이다. 그는 1948년 여순14연대 반란사건 직후 있었던 한국군內 좌익숙청을 예로 들면서 그처럼 해야 한다고 했다. 그 자신은 이 肅軍(숙군) 수사 때 체포되어 극형을 받기 직전에 수사지휘자 白善燁(당시 육군본부 정보국장)이 구제해 주었던 경험이 있었다.

동남아 방문 길

군대를 해외에 파견한다는 것은 한 국가의 영향력이 해외로 전개된다는 것을 뜻한다. 원정군을 따라 기업인도 가고 기술자도, 장사꾼도 가게 되는 것이다. 그리고 외교관도. 한국이 軍團(군단) 규모의 대병력을 월남에 파견함으로써 우리의 외교도 해외로 뻗기 시작했다. 박 대통령 치하의 해외 방문과 정상회담은 1961년의 미국 방문과 1964년의 독일 방문을 제외하곤 모두 월남 파병기에 이루어졌다.

1966년 2월 7일 오전 朴 대통령은 서독 루프트한자 항공사로부터 전세 낸 보잉 707기를 타고 말레이시아—태국—자유중국 방문 길에 올랐다. 떠나는 서울은 영하 10도였지만 도착할 곳은 적도 부근. 수행원들은 비행기에 오를 때 코트와 점퍼를 벗어 환송 나온 가족들에게 건네주기도 했다.

제주도 상공을 지날 때 朴 대통령은 앞쪽에 설치된 특별실에서 나와 기자들을 찾아왔다. 기자들이 빙 둘러싼 가운데 박 대통령의 당부가 있었다. 국가의 체면을 구기는 행동을 하지 말라는 요지였다.

"후진국의 경제개발은 이웃 나라와 불가분의 관계가 있습니다. 무역전쟁이란 말도 있듯이 교역의 증진을 위해서 외교를 해야 합니다. 지난해 외 방문은 아쉬운 소리를 많이 해야 되는 형편이었으나 이번에는 서로 돕자고 가는 것이니 무척 기분이 홀가분하군요."

이어서 洪鍾哲(홍종철) 공보부 장관이 노인풍의 훈시를 하더니 기자들이 다 알고 있는 동남아 정세에 대해 지루하게 설명을 이어갔다. 박 대통령은 기내식으로 나온 독일 빵과 맥주를 마시면서 "우리도 이렇게 맛있는 빵을 만들어 분식을 장려할 수 있었으면"하고 부러워했다.

비행기가 남중국해 상공을 지날 무렵 朴 대통령은 김포 출발 직전 브라운 대사가 전달한 존슨 미국 대통령의 친서를 검토하고 무전으로 청와대에 지시를 내렸다.

원래 朴 대통령은 필리핀도 방문할 계획이었다. 이동원 외무장관이 교섭을 했더니 마르코스 대통령의 바쁜 일정 때문에 만날 입장이 아니란 연락이 왔다. 이런 이유로 우방국 원수의 방문을 거절하는 것은 외교적인 결례이다.

이 상황을 보고하러 들어간 이 장관 앞에서 朴 대통령은 이렇게 말했다고 한다(이동원 지음, 《대통령을 그리며》에서 인용).

"건방진 놈. 두고 보라지. 앞으로 우리가 몇 년 내 필리핀을 앞설 테니. 그리고 10년 후에는 우리는 선진국이 되고 필리핀은 영원히 후진국으로 남을 테니 두고 봐."

박정희와 마르코스는 강력한 통치자란 점에서 공통점이 있었다. 박정희는 18년, 마르코스는 21년을 장기 집권했다. 두 사람의 인상도 비슷했다. 두 사람의 성적표는 오늘의 한국과 필리핀의 차이만큼 다르다. 박정희가 집권한 1961년 무렵 우리 정부 안에서는 파키스탄(당시 아유브 칸 장군이 쿠데타로 집권하여 정력적으로 근대화를 추진하고 있었다)과 필리핀을 따라 배워야 한다는 분위기가 생길 정도였다.

미8군이 발주한 건설공사에 필리핀 회사가 시공자로 들어가면 우리 건설회사는 하청 회사로서 그 밑에서 일하는 경우가 많았다. 아유브 칸과 마르코스의 근대화는 실패하고 박정희의 근대화는 왜 성공했는가.

여러 가지 이유 가운데 결정적인 점은 농지개혁의 문제였다. 이승만 대통령이 지주 정당인 한민당과 그 영향권 아래에 들어가 있던 언론의 반대를 무릅쓰고 밀어붙여 6 · 25 남침전쟁 직전에 거의 마무리했던 농지개혁은 지주 계급의 몰락, 토지자본의 산업자본화, 그리고 공산화의 예방이란 효과를 남겼다.

6·25 새벽의 기습으로 남한의 대부분을 점령한 북한 인민군이 지주들의 토지를 몰수하여 소작농들에게 나누어주었더라면 농민들의 지지를 얻어냈을 것이다. 그리하여 국군과 유엔군이 반격할 때 많은 농민들은 자기 것이 된 농토를 지키기 위해서 인민군 편에 섰을지도 모른다. 그런데 이승만이 전쟁 직전에 농지개혁을 끝냈기 때문에 인민군이 해줄

것이 없었다. 오히려 많은 농민들은 자기 몫이 된 땅을 지키기 위하여 공산 침략군에 저항하고 반대했다.

그러한 농지개혁이 되지 않았던 파키스탄과 필리핀에서는 지주 출신 정치인과 군인들이 기득권 세력의 파수꾼이 되어 국민들의 욕구와 복지를 희생시키는 수구 세력의 첨병 역할을 했다. 박정희 같은 가난한 농민 및 서민 출신이 장교단을 형성하고 있어 군대가 개혁적인 성격을 띠고 있던 한국과는 반대로 이 두 나라의 장교들은 일부 상류층의 기득권을 수호하는 反개혁 세력의 走狗(주구) 역할을 했다.

이 두 나라는 민주주의 체제를 간판으로 내걸었으나 그것도 지주 출신 정치인들끼리의 민주주의, 게임화한 민주주의에 불과했다. 정치인들은 당파와 지역, 그리고 집안 이익의 대리인이지 국가 전체를 대표하는 엘리트는 되지 못했다. 대다수 서민들은 기득권층이 벌이는 권력 투쟁의 구경꾼이거나 피해자였고, 국가가 방치한 높은 문맹률은 이들의 정치 참여를 더욱 제한했다.

반면 서민층에 뿌리를 둔 박정희를 중심으로 한 한국군의 장교단은 당파, 지역의 이해 관계를 뛰어넘고 국가와 국민의 전체 이익을 기준으로 정책을 펴는 국가 엘리트로 변신했다. 이것이 박정희와 마르코스, 한국과 필리핀의 차이를 만들었다. 장기 집권한 지도자는 세계 도처에 많지만 그렇게 해서 확보한 권력으로써 근대화를 성공시킨 지도자는 드물다. 마르코스는 박정희와는 달리 권력을 자신과 가족, 그리고 기득권층의 이익을 지키는 수단으로 주로 이용했던 반면에 박정희는 권력을 국가와 국민 전체의 발전에 활용하려고 했기 때문이다. 박정희의 성공엔 농지개혁, 建軍(건군), 한미상호방위조약, 교육 확충이란 근대화 인프라를 먼저 만들어준 이승만의 큰 기여가 뒷받침하고 있었다.

1966년 가을, 필리핀의 마르코스는 일본을 방문하는 길에 한국에 들르고 싶다는 뜻을 이동원 장관에게 전해왔다.

박정희 대통령은 이렇게 잘라버렸다.

"흥! 여길 오겠다고? 그 친구한테 당장 전보 치시오. 나 시간 없다고 해요."

이동원은 박정희가 내심 이렇게 마르코스를 경멸하고 있었을 것이라고 썼다.

'건방진 놈, 제까짓 게 대통령이 된 지 일 년도 안 된 게 마치 아시아의 해결사라도 된 양 까불고 있어. 지가 큰소리치고 싶으면 우선 필리핀이나 발전시켜놓고 봐야지. 하여튼 이 자는 입만 까진 친구야.'

말레이시아에서

1966년 2월 7일 오후 4시 53분 박정희 대통령 부부와 수행원들이 탄 루프트한자 전세기가 말레이시아의 수도 콸라룸푸르 부근의 수방 공항에 도착했다. 박 대통령 부부는 21발의 예포가 울려 퍼지는 가운데 崔圭夏(최규하) 駐(주)말레이시아 대사와 키프조하리 말레이시아 의전장으로부터 機上(기상) 영접을 받았다.

朴 대통령은 도착 성명을 통해 "자유의 이웃들이 서로 결속하고 서로 도와 '자유의 의지'를 더욱 굳혀 나가는 데서 안보와 번영이 관철될 것으로 나는 확신한다"고 말했다.

이스마일 나시루딘 샤 말레이시아 국왕의 환영사가 이어졌다. 박 대통령 부부와 수행원들은 샤 국왕 부처, 라만 총리와 고위 관료들의 환영을 받으며 공항에서 약 40분간에 걸친 의전행사를 가진 뒤 숙소로 출발했다.

朴 대통령 부부는 이스타나 네가라 궁에서 여장을 푼 뒤 오후 8시에는 국왕 부처를 예방하고 무궁화대훈장을 수여했다. 오후 9시부터 테타무 궁에서 열린 만찬에서 샤 국왕은 환영사를 통해 "양국이 비슷한 경험에 직면하였으며, 다같이 호전적인 공산주의와 싸우지 않으면 안 된다"고 강조했다.

당시 대한민국의 국민소득은 1인당 100달러 정도로 아시아 最貧國(최빈국) 수준. 말레이시아는 풍부한 지하자원(고무 · 주석 · 석유 자원 등)을 수출해 연간 소득이 1인당 323달러나 되어 아시아에서 일본 다음으로 잘사는 국가였다. 이 나라는 영국과의 방위조약에 의존한 채 육 · 해 · 공군을 다 합쳐 2만 명에 불과한 규모를 유지하고 있었다.

박 대통령이 말레이시아 방문 직전 월남에 추가 파병 결정을 하여 아시아에선 유일하게 사단급 전투부대(한국=4만 5,000명, 필리핀=2,000명, 호주=4,500명, 뉴질랜드=150명, 태국=17명)를 파병한 나라가 되었다는 점 때문에 박 대통령과 수행기자들은 잘사는 말레이시아에 대하여 열등감을 느끼지 않았다.

다음날 아침 朴 대통령은 교포들과 조찬을 가진 뒤 오전 11시 30분에 공식 수행원 전원을 데리고 말레이시아 국가개발 상황실을 방문했다. 박 대통령은 라자크 부총리로부터 그해 말에 끝나는 제2차 말레이시아 경제개발 5개년 계획의 추진 상황에 관한 보고를 받았다. 박 대통령은 수첩을 꺼내 메모를 해가다가 외자도입 부분이 나오자 라자크 부총리에게 그것의 활용 방법을 질문하기도 했다.

이날 박 대통령은 말레이시아의 주택 정책에 깊은 감명을 받았다. 당시 말레이시아 정부는 도심에서 떨어진 숲 속이나 오지에 집을 짓도록 유도하고 집을 지으면 정부가 도로를 내주는 정책을 썼다. 교통 문제를 해결해 주니 사람들이 여기저기로 모여들기 시작했고. 그러다 보니 그 부근이 저절로 개발되더란 것이다.

라자크 부총리는 말레이시아의 고민도 토로했다. 고무·코코넛 등 대농장의 83%, 주석 생산의 63%, 무역의 70%에 달하는 실권을 영국인이 쥐고 있을 뿐 아니라 다수의 본토인들보다 상술에 뛰어난 화교들이 경제력을 장악하고 있다는 사실을 설명했다.

동행했던 〈부산일보〉 김종신 기자는 "이 설명을 듣고 나서는 '말레이시아는 언젠가 정치적인 폭발이 있을 것' 이란 생각이 들더라"고 회고했다.

박 대통령이 말레이시아 국가개발 상황실을 방문하는 동안 육영수 여사는 결핵병원과 고아원을 시찰하고 3,000말레이시아 달러씩을 기증했다. 한복 차림으로 나선 육영수 여사에게는 말레이시아 정부가 배치한 여자 경호원이 그림자처럼 따라다녔다.

이날 오후 한국의 기자단 17명은 압둘 라만 말레이시아 공보상의 초청을 받았지만 말레이시아 정부가 언론을 강력하게 통제하는 통에 기자들이 공보상을 상전 모시듯 한다는 이야기를 듣고 초청을 거절해버렸다. 대신, 말레이시아 기자들이 보는 앞에서 한국 기자들은 홍종철 공보부 장관과 격의 없이 대화하는 모습을 보여주었다.

오후 5시, 박 대통령은 말레이시아 국회의사당 맞은편에 세워진 독립현충기념탑 제막식에 참석했다. 말레이시아는 1948~1960년 사이, 영국의 특수부대 SAS의 지원을 받아 밀림 속에서 활동하던 공산게릴라들을 소탕하는 데 성공했다.

이 전투에서 쓰러진 용사들의 영령을 기념하기 위해 세워진 18m 높이의 동상 앞에서 라만 총리는 "박 대통령이 참석한 가운데 제막을 보게 된 것을 영광스럽게 생각한다"며 군중으로부터 박수를 유도했다.

박 대통령은 제막식이 끝난 뒤 이동원 외무장관에게 "말레이시아 국립묘지와 현충탑이 참 멋있는데, 아, 우리도 이래야 하는데…그동안 너무 소홀했어"라며 회한에 찬 말을 했다. 귀국 후 박 대통령은 동작동 국립묘지 단장을 지시했다.

박 대통령이 말레이시아를 방문하면서 눈여겨본 것은 국회의사당이었다. 동상 제막식 도중 건너편의 초현대식 의사당 건물을 바라보던 박 대통령은 "역시 민주주의를 위해서는 상징적 의미나마 국회의사당만큼은 멋지고 봐야 해"라고 했다.

박 대통령을 수행했던 이만섭 의원은 귀국한 뒤 쓴 수행기에서 말레이시아 국회의사당을 부러워하며 이렇게 말했다.

'무엇보다 부러운 것은 의원 각자가 방 하나씩을 갖고 있었는데, 우리나라도 경제적 여유가 허락하는 한 지금의 극장으로부터 새로운 의사당으로 옮겨 모든 의원들에게 방 하나씩을 주어 연구하는 분위기를 만들고, 茶房(다방) 정치를 지양해야겠다는 절실한 생각이 들었다.'

崔圭夏 대사

1966년 2월 8일 밤 8시 30분, 라만 총리 관저에서 열린 만찬에 참석한 박 대통령은 63회 생일을 맞은 총리에게 선물을 전달했다. 만찬이 무르익을 즈음 케임브리지 대학교 법학박사 출신의 라만 총리는 朴 대통령에게 많은 조언을 해주었다. 라만 총리는 이날 오전 라자크 부총리가 설명한 말레이시아의 고민에 대해 "우리가 앓고 있는 병은 곧 완쾌될 겁니다. 그때까지는 선진국 문명이라는 약을 써야 합니다"라고 말하면서 한국을 거론했다.

"우리나라는 다행히 고무나무가 많아서 그럭저럭 살고 있지만 천연자원이란 한계가 있다는 점이 걱정입니다. 오히려 한국은 풍부한 인적 자원이 있어 그것이 부럽습니다. 특히 한국 여성들이 근면하고 성실하기로 소문이 났던데 이들 인적 자원을 잘만 개발하면 괜찮을 겁니다. 한국이 경제개발을 하려면 돈이 필요할 텐데, 돈 빌리는 것은 두려워할 필요가 없습니다. 빚도 가지고 오면 내 재산이고, 특히 돈 빌리는 재주는 더 큰 재산이지요. 그러니 유능한 외무부 인재들을 잘 활용해 세계의 돈을 끌어다 쓰십시오."

"라만 총리 각하, 임기가 끝나면 한 번 더할 생각이십니까?"

"아닙니다. 남들은 날 國父(국부)라고 부르며 오래 하라고 하지만 내가 학교에서 배운 바에 의하면 장기 집권은 神(신)에 의한 것이라 할지라도 바람직하지 않다는 겁니다. 그래서 나는 물러날 생각입니다."

"그럼, 물러난 뒤엔 뭘 하실 생각이십니까?"

"옛날엔 독립운동을 하느라 시간이 없었지만 저는 학창 시절부터 해보고 싶은 두 가지가 있었습니다. 하나는 축구감독이고, 다른 하나는 영화감독입니다."

박 대통령은 라만 총리의 이 말을 정치적인 쇼라고 생각한 모양이었다. 만찬이 끝난 뒤 총리 관저를 나오면서 박 대통령은 이동원 외무장관에게 비꼬듯이 이렇게 말했다고 한다.

"라만 총리, 그 양반 말 참 재밌게 하네. 후에 정말 재미있는 영화 만들겠어."

이동원은 그의 회고록 《대통령을 그리며》에서 이렇게 후기를 쓰고 있다.

〈라만은 끝내 약속을 지켰다. 1973년 총리 자리에서 물러난 그는 은퇴 후 감독은 아니었지만 축구단장으로, 또한 직접 시나리오를 쓰며 영화를 제작하는 등 학창 시절의 꿈을 이루었다. 우린 여기서 박 대통령과 라만의 정치의식 수준을 알 수 있다. 그러나 중요한 것은 후진국의 경우 정치와 경제 중 어느 것이 먼저냐 하는 점인 것 같다. 만일 당시 라만과 박 대통령이 서로 바뀌었더라면 오늘의 한국은 어땠을까. '개발독재'를 비난하면서도 이 점 곰곰이 생각해 볼 일이다〉

2월 9일, 말레이시아 방문 사흘째를 맞은 박 대통령은 오전 10시부터 말레이시아 국회의사당 특별실에서 라만 총리와 공식회담을 가졌다. 한국 측은 장기영 부총리, 이동원 외무장관, 김성은 국방장관, 홍종철 공보부 장관, 이후락 비서실장, 최규하 駐(주)말레이시아 대사 등이 참석했고, 말레이시아 측에서는 라자크 부총리를 비롯하여 재무·문교·상공·공보상 및 재무 차관 등이 참석했다.

약 두 시간 동안 계속된 이 수뇌 회담에서 양국 지도자는 월남 문제를 중심으로 동남아 정세 전반에 걸친 의견을 나누었으며 월남 국민을 지원할 필요성에 합의했다.

이 회담이 끝난 뒤 별도로 열린 양국 경제각료 회담에서는 ①말레이시아의 제3차 경제개발 5개년 계획에 대한 한국의 적극적인 참여와 한국의 제2차 경제개발 5개년 계획에 대한 말레이시아의 지원 ②천연자원이 풍부한 말레이시아와 노동력이 남는 한국 간의 합작투자로 공장을 건설하는 문제들을 의논했다.

오후 1시, 박 대통령 부부는 라만 홀에서 열리는 한국미술전시회를 관람한 뒤 1시 30분경 駐말레이시아 대사관저에 도착, 한식의 오찬을 나누었다. 하루 전 박 대통령은 이후락 비서실장에게 한식을 먹고 싶다는 표시를 했고, 교민이 많지 않은 당시 말레이시아에서 이 실장은 최 대사의 관저에 한식 오찬을 마련토록 했던 것이다.

이날 오찬을 즐긴 박 대통령은 다음날 이동원 장관에게 이런 말을 했다고 한다.

"내 어제 최 대사 집에 가지 않았소. 헌데 최 대사 정말 애국자야. 글쎄 그 친구 집에 가보니 술이나 안주가 몽땅 한국 거더라구. 게다가 날 접대한다고 고무신 신고 이리저리 뛰어다니는 걸 보니 꽤 부지런하던데…."

최규하는 외무부 대기대사로 근무하던 중 이동원 장관의 발상으로 아스팍(ASPAC·아시아 태평양협의회) 계획을 추진한 일등공신이었다. 李 장관은 최 대사의 공로를 인정해 박 대통령에게 영국 대사로 추천했었다.

"누구? 최규하라…. 난 잘 모르겠는데…. 아, 거 자유당 시절 외무차관 했던 그 사람? 안 되오. 그런 사람을 어떻게 혁명한 정부에서 쓰나."

박 대통령은 강력히 반대했지만 李 장관도 굽히지 않았다. 李 장관은 한국의 지위를 격상시키기 위해서는 외교관의 자질이 중요하다고 보고

가능한 한 군 출신 외교관들을 줄이는 중이었다.

"각하, 그럼 말레이시아 대사로 보내겠습니다."

"그럼 지금 있는 최홍희 대사는 어쩌고?"

짜증스런 말투였다.

"불렀다가 다음에 자리가 나면…."

"알아서 하시오."

박정희는 손을 내저으며 내뱉듯 말했다. 결국 최규하는 박 대통령의 곱지 않은 눈길을 뒤로 한 채 말레이시아 대사로 부임했다. 물러난 최홍희가 캐나다로 망명하여 反朴(반박) 운동을 벌이게 하는 계기가 되기도 했다.

駐말레이시아 대사관저에서의 오찬은 박 대통령이 최규하 대사에 대한 인상을 바꾸는 계기이기도 했다. 박 대통령은 털털하고 청렴 소박하며 천부적으로 성실한 최규하를 좋아하기 시작했다. 이후 그는 아스팍 초대 사무총장이 되어 박 대통령과 자주 독대하며 자신의 능력을 드러낼 수 있었고 외무장관(1967년), 대통령 외교담당 특보(1971년), 국무총리(1976년)에 이어 10 · 26 이후엔 대통령 자리까지 오른다.

1966년 2월 9일 오후 5시부터 이동원 외무장관과 라만 총리(외상 겸직)는 별도의 외상 회담을 갖고 ①자유아시아 지도자급의 공동방위를 위한 의견 교환 체제와 외상급 회의 ②한 · 말레이시아 경제-문화 관계 각료급의 정기적인 회담 ③아시아 · 아프리카 중립국에 대한 친선 외교의 상호 협력 방안 ④한 · 말레이시아 공동시장 설치 ⑤라자크 부총리의 방한 문제 등을 협의했다. 이 중 '자유아시아 지도자급의 공동 방위를 위한 의견 교환 체제와 외상급 회의'는 8개월 뒤 '월남참전 7개국 정상회담'으로 결실을 맺는다.

말레이시아에서의 마지막 날인 이날 밤 박 대통령 내외는 셀란고르 클럽에서 만찬을 열어 국왕 부처와 총리 부처 및 각료들을 초청, 감사를 표했다. 일행은 이튿날 오전 9시 30분 수방 공항에서 전세기로 다음 기착지인 태국으로 향했다.

태국에서

박 대통령 일행이 탄 특별전세기가 태국 상공에 진입하자 태국 공군의 세이버 편대가 호위비행을 하며 마중을 나왔다.

1966년 2월 10일 오전 10시 50분, 박 대통령 일행은 4일간의 태국 방문을 위해 방콕 부근의 돈무앙 공항에 도착했다. 부미볼 태국 국왕 부처와 전 각료 및 3군 수뇌들이 환영하는 가운데 의전 행사를 마친 박 대통령과 일행은 숙소로 출발했다.

태국은 1957년, 1958년에 걸쳐 두 차례 쿠데타를 일으킨 군부가 박 대통령 방문 당시까지도 계엄령을 펴 언론과 야당은 침묵하고 있었다.

이날 12시 30분, 숙소인 볼로마비만 맨션 궁에 도착한 박 대통령 내외는 오후 3시에 크리트라 라다 궁으로 부미볼 국왕을 예방, 무궁화대훈장을 수여했다. 태국 정부도 박 대통령에게 태국 최고훈장인 라머트 프레브혼 훈장을, 육영수 여사에게는 외국 원수 부인에게 수여하는 최고훈장을 주었다. 박 대통령은 이 자리에서 국왕 부부의 방한을 초청했고, 부미볼 국왕은 즉석에서 이를 수락했다.

오후 8시에 그랜드 궁에서 열린 태국 국왕 부부 주최의 만찬에서 국왕은 환영사를 통해 "태국 국민은 UN 회원국의 일원으로서 한국 국민이 쟁취하려는 이상을 실현토록 지원하고 있다"고 말했다.

12~13세기 무렵 중국에서 남하한 타이 族(족)이 건국한 태국은 역사상 한 번도 식민지가 되어 본 적이 없는 동남아시아의 유일한 국가이다. 인도차이나반도의 중앙부에 위치한 51만 4,000km²의 국토는 서쪽으로는 버마(現 미얀마), 동쪽으로는 캄보디아·라오스, 남쪽으로는 말레이시아 연방에 둘러싸여 있지만 주변 국가를 위압할 수 있는 강력한 국방력을 견지해오고 있었다.

1949년부터 한국과 외교 관계를 형성해 온 태국은 1950년 6·25 동란 때는 UN군의 일원으로 전투병력을 파병하기도 했다. 1966년 당시에도 1개 중대가 한국에 파견되어 있었다.

이날 만찬장에서 박 대통령은 "우리 한국이 공산 침략을 당했을 때 귀국의 용맹한 군대가 와서 우리를 도와준 그 은혜는 우리 국민이 영원히 잊을 수 없는 일로서 나는 이 자리를 빌어 감사를 드리는 바입니다"라고 화답했다.

박 대통령 방문 당시 태국의 1인당 국민소득은 우리보다 약간 높은 120달러. 군인과 승려가 특권계급인 태국은 국교인 불교의 영향으로 공무원이 되려면 10년간 승려 생활을 해야 한다는 것이 규범화되어 있었다. 아침이면 온 거리가 시주받는 승려들로 가득 메워질 정도였다. 불교의 영향을 받은 태국인들의 사상은 열대권의 풍토와 맞물려 근로정신이 희박한 면을 드러냈다.

박 대통령은 교포들과의 만남에서 이를 의식한 듯 "우리가 왜 지금까지 못살았는지 알았습니다. 우리나라는 어느 나라보다 기후 조건이 좋고 아름다운 나라여서 너무 자기 고장에만 애착심을 가지고 해외 진출을 안 했기 때문입니다"라고 말했다.

태국 방문 이틀째인 2월 11일 오전 11시, 태국 총리 관저에서 한·태 정상회담이 열렸다. 한국 측에선 장기영 부총리, 이동원 외무장관, 김성은 국방장관, 홍종철 공보부 장관, 이후락 비서실장과 張盛煥(장성환) 駐태국 대사 및 延河龜(연하구) 아주국장 등이 참석했다. 태국 측에서는 프라파스 부총리, 코만 외상, 선소른 경제상, 포데 개발상 등이 참석했다.

박 대통령과 타놈 태국 총리는 회담을 통해 월남을 공산 침략으로부터 방위하기 위해 적극적인 공동 지원이 필요함을 재확인하면서 한·태 양국은 군사적 협조를 지속하며 주한 태국군을 계속 주둔시킨다는 데 합의했다.

이날 오후 5시 30분부터 박 대통령 부부는 태국 정부 청사에서 타놈 키티카초른 총리 내외가 주최한 만찬에 참석했다. 이 자리에는 한국전에 참전한 태국 장성들도 섞여 있었다. 박 대통령은 이들과 일일이 악수를 나누며 한국으로 초청할 것을 약속했다.

2월 12일 오전, 박 대통령은 에라완 호텔에서 50여 명의 태국 교포들을 초청해 조찬을 함께 했다.

교민회장 李慶遜(이경손) 씨는 제2차 세계대전 직후 15명의 교포들이 문전걸식에 가까운 생활을 하며 처음 태국으로 들어온 뒤 피땀 어린 노력으로 안정된 생활 기반을 닦을 때까지 고생한 내용을 담은 태국 교민사를 낭독했다.

그는 박 대통령에게 "남산을 바라보실 때 그 너머에는 南洋(남양)이 있고, 남양에는 태국이 있고, 태국에는 당신을 따르고 존경하는 우리 교포들이 있다는 것을 잊지 말아 주십시오"라고 했다. 그는 목이 메어 말끝을 맺지 못했다. 박 대통령과 수행원들도 손수건을 꺼내 눈시울을 닦았다.

이날 교민들은 박 대통령에게 태국에서 가장 큰 虎皮(호피)를 증정하면서 "이 호피를 밟으실 때마다 태국에 있는 우리들을 생각해 주십시오"라고 했다.

라면

1966년 2월 12일 오전 11시, 박 대통령 부부는 부미볼 국왕 부부의 안내를 받으면서 태국 건축의 정수라 할 그랜드 궁과 태국 내 1,900개의 사원 중 최고로 꼽히는 에메랄드 사원을 구경했다. 부미볼 국왕은 에메랄드로 만들어진 불상 앞에서 "15세기에 조각돼 18세기 말에 여기에 안치된 이 불상은 태국의 국보입니다. 계절이 바뀔 때마다 국왕인 제가 부처의 옷을 갈아입힙니다"라고 설명해 주었다.

이날 밤 8시 박 대통령 부부는 살라 사하타이 궁에서 부미볼 국왕 부부와 타놈 총리 부부를 비롯한 태국 정부 각료 일동, 3군 수뇌 및 주방콕 외교사절 등 90여 명의 인사들을 초청해 만찬을 베풀었다.

박 대통령 부부는 적도에 가까운 국가에서 연이어 벌어지는 공식 만찬에 참석하느라 식사에 애를 먹었다. 찌는 듯한 더위에 눈살이 찌푸려지지 않도록 한복 차림에 검은 안경을 써야 했던 陸英修(육영수)는 출발 전부터 자신은 더위에 약하다며 가지 않을 수 없느냐고 박 대통령에게 사정하기도 했다고 한다. 현지에서 陸 여사는 더위뿐 아니라 신발이 맞질 않아 고충이 더 했다. 한복을 입으면 상체가 뒤로 약간 젖혀지는 것을 방지하고자 고무신이 아닌 굽이 약간 높은 구두를 신은 게 화근이었다.

당시만 해도 국산 구두는 신축성이 약하고 딱딱해 발이 약간만 부어도 신을 수 없을 정도였다. 종일 시찰과 방문, 공식 행사에 참석한 뒤 밤늦게 숙소로 돌아오면 육 여사의 발은 퉁퉁 부어 있었다. 육 여사는 부기가 가라앉지 않으면 다음날 신발을 신지 못할까 걱정하면서 찬물을 떠다 놓고 발을 담그곤 했다.

수행비서가 陸 여사에게 "사모님, 가게에 나가 편한 구두 한 켤레 구해 오면 어떨까요?"라고 하자 그녀는 "그게 무슨 소리예요? 내가 이곳에서 구두를 샀다고 소문이라도 나 봐요. 나라 체면이 어떻게 되겠어요?"라며 거절했다.

다음날 아침이면 陸 여사는 부기가 채 가시지 않은 발을 억지로 구두에 끼워 신고 일어섰다. 몹시 아픈 표정이 얼굴에 나타났지만 방문을 열고 나서면 편한 구두를 신은 것처럼 꼿꼿하게 걸었다.

陸 여사의 고충 가운데는 식사 문제도 있었다. 공식 오찬이나 만찬에선 으레 그 나라 특유의 별미나 성찬이 나오지만 음식 맛을 볼 심리적 여유까지는 제공되지 않았다. 채식을 즐기던 육 여사는 동남아 3국의 기름진 육류에 구미가 당기질 않아 먹는 시늉만 할 뿐이었다. 식사를 제대로 못한 채 숙소로 돌아오면 다음 일정에 맞추기 위해 의상과 머리 손질부터 먼저 해야 했으므로 과일 한 개도 먹을 여유가 없었다. 보다 못한 수행비서가 밖에서 냄비 하나를 구해와 호텔 방에서 라면을 끓여 드렸다. 단무지 몇 조각을 두고 라면을 맛있게 먹은 육 여사는 이마에 송골

송골 맺힌 땀을 닦으면서 "아, 이제 살 것만 같아. 어디, 또 가봐야지"라며 자리에서 가뿐히 일어서 나갔다.

수행원들은 조금 전에 벌어진 성대한 잔치에서 국왕이나 왕비를 상대로 상냥하게 담소를 나누던 의연한 陸 여사가 이마에 땀방울이 맺히도록 라면을 맛있게 먹는 모습을 보고 눈물겨워했다.

하루는 육영수가 수행원이 끓여준 라면에 손도 대지 않고 홱 나가더란 것이다. 그리고 잠시 후 박 대통령과 함께 나타나 두 사람이 라면을 맛있게 들었다. 이때부터 수행원들은 라면 2인분을 끓이게 된다.

외국에서 박 대통령 부부가 나눠 먹던 라면은 1963년 9월 삼양식품에 의해 처음 등장했다. 1966년 무렵엔 개발시대의 서민 대중에게 요긴한 대체식량으로 확산되던 시기였다. 이해 가을 삼양식품의 全仲潤(전중윤) 사장은 저녁 늦게 청와대에서 걸려 온 전화를 받았다. 수화기를 들어보니 박 대통령이 "야식으로 라면을 먹다가 전화를 걸었다"면서 "정부의 분식장려정책에 협조해주어 고맙다"고 치하를 한 뒤 "거, 전 사장. 라면에 아무래도 고춧가루를 좀 넣는 게 좋을 것 같습니다. 한국 사람은 아무래도 국물이 얼큰해야 하니까요"라고 말했다.

어릴 때부터 결벽증이 있었던 육영수는 외국을 방문할 때면 수행원들에게 "아무리 작은 실수일지라도 범해서는 안 되고, 아무리 사소한 허물이라도 잡혀서는 안 된다"고 강조했다. 호텔에서 출발할 때면 육영수는 자신의 방뿐만 아니라 수행원의 방까지 점검하여 들어올 때와 똑같은 상태로 해두려 했다. 비서들이 침구를 손질해 두면 육영수는 꼼꼼히 살펴보다가 "아냐, 그렇게 안 돼 있었어요"라며 고쳐놓곤 했다. 이런 정리 정돈 습관은 박 대통령도 마찬가지였다. 육영수는 현지에서 갈아입을 의상에 소용되는 색실과 바늘, 옷핀 등을 손바닥만 한 상자 속에 넣고 다니다 준비를 못 한 수행원을 놀라게 하기도 했다.

1966년 2월 13일 오전 10시, 박 대통령 일행은 태국 돈무앙 공항에 도착해 離泰(이태) 성명을 낭독했다.

박 대통령은 21발의 예포가 울려 퍼지는 가운데 의장대를 사열한 뒤 일행과 함께 특별기에 올라 비공식 방문국인 홍콩으로 출발했다. 홍콩 방문은 대만 정부와 일정을 맞추기 위해 부득이 취해진 조치였다.

방콕에서 홍콩으로 비행하는 도중 박 대통령 부부와 일행이 탄 특별기는 월남의 퀴논 상공을 통과했다. 박 대통령은 창밖을 통해 정글로 뒤덮인 육지를 내려다보다가 "우리 장병들이 있는 곳인데 내가 들르지 못하다니 참…"하며 혀를 찼다. 한국 정부 측이 방문 의사를 타진했으나 월남 정부 측은 국내 정세와 의전 문제를 들며 난감함을 표시해 월남을 방문할 수 없었다.

박 대통령 일행이 홍콩에 도착한 것은 오전 11시. 홍콩 총독 데이비드 트렌치 卿(경)이 마중 나와 국가원수로서의 예우를 갖춰 환영했다. 중국과 연접한 탓으로 200여 명의 정·사복 경관들이 공항을 엄중 경비하고 있었다. 공항에는 200여 명의 교포와 때마침 촬영차 와있던 申相玉(신상옥) 감독, 崔銀姬(최은희), 金勝鎬(김승호), 韓銀珍(한은진) 등 영화인들도 나와 눈길을 끌었다.

박 대통령은 다음날 아침 교민들과의 조찬석상에 이들을 초청했다. 이날 공항에 미리 와 대기하고 있던 채명신 주월 한국군 사령관에게 박 대통령은 100여 개의 전기면도기를 전달하면서 "참호 속에서 싸우는 장병에게 전해 달라"고 부탁했다.

트렌치 경은 박 대통령 부부를 안내하며 숙소인 만다린 호텔까지 동승했다.

박정희와 蔣介石

1966년 2월 13일 정오 무렵 박 대통령 부부는 만다린 호텔에 여장을 푼 뒤 공식 일정 없이 이틀간을 보냈다. 박 대통령은 호텔에서 공관장 회의를 주재하고 신상철 주월 대사, 유양수 駐필리핀 대사, 洪聖郁(홍성욱) 駐캄보디아 총영사, 채명신 주월 한국군 사령관으로부터 보고를 받고 월남사태를 중심으로 한 동남아 정세를 검토했다.

박 대통령은 공관장 회의에서 이번 여행의 결과를 설명하면서 아시아 지역 지도자회의 개최문제에 대해 주재국의 협조를 얻을 것과 경제외교 강화 방안들을 지시했다. 회의가 끝난 뒤 박 대통령은 별도로 채명신 사령관과 자리를 함께하고 약 두 시간 동안 월남사태를 검토하기도 했다.

2월 14일 오전, 박 대통령 부부는 만다린 호텔로 교포 대표 30여 명과 신상옥 감독 등 영화인 10여 명을 초청해 조찬을 가졌다. 이 자리에서 박 대통령은 "국내에서 우리는 인구가 많다고 늘 부담을 느껴 왔는데, 이렇게 해외에 나와 보니 그 많은 인구가 우리의 재산입디다"라고 했다.

2월 15일 오전 10시, 박 대통령 일행은 홍콩 카이탁 공항을 출발해 약 한 시간 뒤 중화민국 상공에 들어섰다. 자유중국 또는 國府(국부·국민 정부의 준말)로 호칭되던 대만 정부의 정식 국명은 중화민국이지만 현실적 영역의 속성을 나타내는 대만으로 불리곤 했다. 오전 11시, 마중 나온 중화민국 공군기 편대가 호위하는 가운데 박 대통령의 특별기는 松

山(송산) 군용비행장에 도착했다. 섭씨 22도의 청명한 날씨. 박정희 대통령은 蔣介石(장개석) 총통과 만감 서린 악수를 나누었다. 49세의 박정희와 79세의 장개석은 생애의 여러 지점에서 교차했다.

가난한 소작농의 막내로 태어난 박정희처럼 장개석은 1887년 10월 31일 중국 浙江省(절강성)의 한 농가에서 태어났다. 그는 1906년 일본 육군사관학교의 전신인 東京(동경) 무관학교에 입교해 1910년 일본군 소위로 다카다(高田) 야포연대에서 근무, 박정희와 같은 포병 장교 출신이기도 하다. 장개석이 박정희와 다른 점이라면 무관학교 시절에 중화민국의 창시자이자 혁명 전략가인 孫文(손문)을 스승으로 만난 뒤 淸朝(청조)타도, 삼민주의(민족·민권·민생주의)를 내건 손문 정신의 뒤를 잇는 삶을 살았다는 점일 것이다.

장개석은 1911년 군을 무단이탈해 上海(상해)로 귀국한 뒤 100명의 결사대를 조직해 杭州(항주)로 진격, 淸軍(청군)과의 전투에서 혁혁한 공을 세웠다. 손문이 본토에서 민족주의 기치를 내걸고 창설한 국민당은 1925년 3월 12일 그의 사망을 계기로 장개석에게 지휘권이 넘어갔다. 그는 이해 4월 南京(남경) 국민정부를 수립하고 12월에는 절강성의 재벌인 송 씨 가문의 셋째 딸 宋美齡(송미령)과 결혼했다. 박정희가 충청도 거부 육종관의 딸 육영수와 결혼한 것과도 비교되는 대목이다.

장개석은 1937년 일본군의 침략에 맞서 중국 공산당과 공동전선을 편 國共(국공) 합작을 주도, 일본군을 저지하는 데 주력했다. 이 기간 박정희는 만주군관학교와 일본 육사를 거쳐 만주군 장교로 근무함으로써 장개석과는 대치했다.

1945년 8월 15일 일본의 패망으로 두 사람은 다시 접근하기 시작한다. 박정희는 초췌한 몰골로 장개석 휘하의 광복군을 찾아 신변의 안전을 도모한 뒤 귀국했다. 한편, 국공합작으로 일본과 대항하던 장개석의 국민당은 毛澤東(모택동)을 중심으로 한 중국 공산당에게 본토를 넘겨 준 채 1949년 12월 7일 대만으로 자리를 옮겨야 했다.

공항에서 악수를 나누던 朴·蔣 두 원수는 한동안 말을 잊은 듯 붙잡은 손을 놓지 못했다. 당시 외무장관으로 수행했던 이동원은 "박 대통령이 생전에 가장 신세를 많이 지고 좋아했던 사람은 존슨 미 대통령이었고, 마음속으로 가장 존경했던 사람은 장개석 총통이었을 것"이라고 했다.

공항에서 蔣 총통은 환영사를 통해 "한·중 양국은 공산주의와의 투쟁에서 선봉적인 역할을 하고 있으며 번영성쇠의 공동운명체"라고 했다. 박 대통령은 "중국의 본토 수복과 우리나라의 국토통일이야말로 양 국민의 염원"이라고 말한 뒤 "비록 오늘, 아시아의 일부가 공산주의에 물들고 있다 하더라도 이는 극히 잠정적임에 불과한 것이지 전통적 아시아의 윤리와 의지는 언젠가 이를 구축하고 통일된 중국, 통일된 한국을 되찾고야 말 것"이라고 했다.

공항에서의 환영식이 끝난 뒤 양 원수는 자동차에 동승해 숙소인 臺北(대북) 시내의 그랜드 호텔로 향했다. 연도는 20만 이상으로 추정되는 인파로 가득했고 태극기와 청천백일기가 펄럭였다. 대북 시의 그랜드 호텔은 일제가 대만을 통치할 당시 신궁으로 사용했던 곳으로, 대북 시가지가 한눈에 내려다보였다.

이날 자유중국 정부 측은 朴 대통령의 자유중국 방문을 기념하는 우표를 발행하는가 하면 이 날짜 우편물에는 한·중 양국 국기와 '한국대통령 방문기념'이라는 소인을 찍었다. 자유중국 정부는 육·해·공군의

영관급 장교 세 명을 박 대통령의 연락장교로 파견하고 주한 중국대사
관 무관 출신의 杜慶(두경) 대령을 의전수석 부관으로 임명했으며, 육영
수 여사의 수행비서로는 자유중국 의전실장의 부인인 夏(하) 여사를 배
치했다.

자유중국은 국제연합(UN)에서 영국 · 미국 · 프랑스 · 소련의 4강과
함께 상임이사국의 자격으로 거부권을 행사할 수 있는 위치에 있었지만
1966년 현재 자유중국을 승인하고 있던 국가는 57개국에 불과했다.
1964년 6월로 중단된 15년간의 미국 원조자금으로 성장하기 시작한 대
만 경제는 1961년부터 시작된 제3차 경제개발 계획에 힘입어 1963년 하
반기부터 국제수지 면에서 흑자를 나타내기 시작해 1965년 현재 1인당
국민소득이 168달러에 달해 한국(약 100달러) 보다 한발 앞서고 있었다.

蔣介石의 충고

박 대통령 부부의 동남아 순방을 수행 취재하던 한국 기자들은 자유중
국 정부로부터 냉대를 받았다. 말레이시아 정부가 언론을 강력하게 통
제하고 있었고, 태국 정부는 계엄하에서 단 한 줄의 정부 비판기사를 쓸
수 없게 했음에도 한국 기자단들에게 세단 승용차를 제공하는 등 비교
적 귀빈 대접을 해주었다. 자유중국 정부는 공항에 내린 수행기자단에
게 한국의 시골에서 흔히 볼 수 있는 버스 한 대를 제공했다.

한국 기자단을 더욱 불쾌하게 만든 것은 보안을 이유로 공항 도착 사
진을 촬영하지 못하도록 한 조치였다. 자유중국의 언론계는 정부로부터
오랫동안 통제받고 있어 정부 관리의 하인처럼 취급되곤 했다. 이런 관

행은 한국 기자들에게도 그대로 적용되어 약간 거슬리는 장면을 촬영하려 하면 관리들이 달려와 한국 기자들에게 호통을 치며 카메라까지 빼앗으려 했다.

자유중국 국방부 보도과장인 전투기 조종사 출신의 공군 소장이 한국 기자단을 초청한 파티가 열리자 김종신 기자가 "자유중국에는 언론의 자유가 없다"며 항의했다.

보도과장은 "거리에 예쁜 아가씨가 걸어가는데 어떤 놈팡이가 집적거리며 농을 걸기에 나무랐더니 언론의 자유라며 대들더군요"라며 김 기자의 말을 비꼬았다.

김 기자가 화를 내며 "여보시오. 당신은 자유와 방종을 어떻게 구별하는 거요"라고 대들자 그는 얼굴을 붉히며 더 이상 말을 하지 않았다.

수행기자단장이던 〈코리아 타임스〉 정치부 차장 金泰雄(김태웅)의 회고.

〈우리가 탄 버스가 길이 막혀 서 있었을 때 거리는 서울운동장에서 축구 경기가 막 끝난 것처럼 복잡하기만 했다. 헌병·순경·특무대원들이 곳곳에서 호루라기를 불며 설쳐댔다. 그들은 장 총통의 영도하에 '본토 수복', '공비멸살'이란 대목표 아래 전시체제에 있었다. 모든 것이 군대식이고 모든 행사가 군인이 주인이었다〉

박 대통령을 수행했던 이만섭 의원은 뒷날 "우리가 방문했던 동남아 3개국 중 한국보다 민주주의를 잘 실천하는 나라는 없었다"고 회고했다.

1966년 2월 15일 오후 3시, 박정희 대통령은 숙소인 그랜드 호텔에서 여장을 푼 뒤 장개석 총통을 예방하고 훈장을 교환한 뒤 정상회담에 임했다. 이날 저녁 8시에 박정희 대통령 일행은 장개석 총통이 총통부에서 주최한 만찬에 참석했다.

　박 대통령은 아시아의 젊은 반공 지도자로 평가받을 만한 웅변조의 연설을 했다.

　"혹자는 자유중국과 대한민국을 가리켜 자유의 방파제라고도 합니다. 우리는 이러한 비유를 받아들일 수 없습니다. 어째서 우리가 파도에 시달리면서도 그저 가만히 있어야만 하는 그런 존재란 말입니까! 우리는 전진하고 있습니다. 폭정의 공산주의를 몰아내고 자유세계의 구현을 위하여 앞으로 앞으로 전진하고 있는 것입니다. 우리야말로 방파제를 때리는 파도입니다. 이 파도는 머지않아 北京(북경)이나 평양까지 휩쓸게 될 것을 확신합니다."

　2월 17일 밤 박 대통령은 장개석 총통의 특별 요청에 의해 일정을 바꾸어 대북 교외에 있는 총통부에서 만찬을 겸한 두 번째 정상회담을 가졌다.

　장개석 총통은 중국 전통에 따라 젓가락으로 음식을 박 대통령 앞까지 건네주며 자신의 통치 철학을 말했다.

　"지도자란 사람을 잘 써야 합니다. 그리고 사람을 쓸 땐 반드시 주위보다는 좀 먼 곳을 살필 줄 알아야 합니다. 내 경험에 의하면 묘하게도 국가적으로 가치 있는 인재는 꼭꼭 숨어 있어 찾기가 힘듭디다. 나랏일이란 역시 사람이 가장 중요한 게요. 또한 훌륭한 인재는 오래 일할수록 유익하니 그가 능력을 발휘할 수 있도록 충분한 시간과 여건을 뒷받침해줘야 합니다."

　"예, 알겠습니다."

　"아시아에서는 국민을 다스리려면 지도자에게 권위가 있어야 합니다.

그러나 권위를 내세운답시고 함부로 칼을 뽑는 건 절대 금물입니다. 칼의 권위란 뽑는 데 있는 게 아니라 꽂혀 있는 상태에서 빛을 발하는 법이지요. 지도자의 얼굴엔 항상 덕망이 넘쳐야 하며 사생활도 깨끗해야 하는 게요."

"예, 잘 알겠습니다."

"그리고 또…, 참된 반공은 총칼로 하는 게 아니오. 국민을 위한 복리 증진이 더 효과적일 거요."

이동원 장관이 곁에서 지켜보니 이날 박정희는 장개석의 조언에 깊은 감명을 받은 듯했다고 한다. 그날 밤 숙소로 돌아온 박정희 대통령은 시종 숙연한 얼굴로 별 말이 없었다는 것이다.

2월 18일 한·중 지도자는 공동성명을 통해 '중공은 아시아에 있어서 모든 분쟁의 근원'이라고 비난하고, '안전·경제·문화 등 여러 분야에 있어서의 공동 관심사에 관한 협의를 위하여 양국 간, 또는 필요에 따라 자유아시아 지도자들 간의 최고위급 회담을 개최할 것'에 합의했다. 성명은 이어 '월남공화국 국민을 원조할 긴급한 필요를 인정하고 양국 간의 기술 협력과 통상 관계를 강화하고 문화 교류를 증진한다'는 점에 합의했음을 밝혔다.

이날 송산 비행장에서 21발의 예포가 울려 퍼지는 가운데 박정희 대통령은 장개석 총통과 나란히 의장대를 사열한 뒤 이별의 악수를 나누었다. 장개석 총통은 몇 번이나 손을 잡았다 놓곤 했다. 박 대통령과 일행이 탑승한 특별기가 이륙하자 자유중국 공군기 2개 편대가 영해 밖까지 호위 비행을 했다.

春三月 素描

동남아 순방을 마치고 귀국한 박정희 대통령은 2월 22일 낮 청와대에서 정부·여당 연석회의를 주재하면서 동남아 순방 소감을 피력했다.

"우리가 방문한 세 나라 모두가 우리보다 일찍 개발에 눈을 떠 우리보다 잘살고 있었습니다. 이 나라들이 급속히 발전한 이유는 정부가 추진하고 있는 건설 사업에 대해 야당이나 일부 언론이 말썽을 안 부렸기 때문입니다. 정부와 여당은 국가와 국민을 위해 깨끗한 일이라면 강력히 밀고 나갈 것이며, 그러기 위해서는 우리도 자세를 가다듬어 부정부패를 뿌리 뽑아야 하고, 그렇게 되면 국민도 납득하고 건설도 잘 될 것입니다."

이동원 당시 외무장관의 회고에 따르면 동남아 순방을 마친 박 대통령은 장개석 총통의 충고를 받아들여 온화한 지도자가 되려고 애쓰는 모습이었다고 한다.

동남아 순방을 마친 지 보름쯤 지난 1966년 3월 6일 일요일 오전. 청와대 정보비서관 권상하는 집에 머물다 장기영 부총리로부터 전화를 받고 부총리실로 나갔다. 장 부총리는 자신이 경영하는 한국일보사에서 몇 년 전 경기도 여주 남한강변에 이탈리아 포플러나무를 심었는데 기대 이상으로 잘 자라 앞으로 전국에 보급할 계획이라며 박 대통령께 보여드리고 싶으니 주선해 달라는 것이었다. 권상하는 "마침 일요일이고 하니 저와 함께 청와대로 들어갑시다"라며 그 길로 청와대로 들어갔다.

박 대통령과 대구사범 동기생인 권 비서관이 청와대 내실로 들어가니 박정희는 아들 지만 군과 함께 국수로 점심을 들고 있었다.

"권 비서, 마침 잘 왔어. 국수 한 그릇 같이 먹지?"

"예. 그런데 각하, 오늘 오후 일정이 어떻게 되십니까?"

"안 그래도 무료해서 말이지. 야외라도 나가볼까 하는데…"

"각하, 좋은 코스가 있습니다."

잠시 후 박 대통령과 장 부총리, 권 비서관 세 사람은 약속이라도 한 듯 양복 상의를 벗고 점퍼 차림으로 청와대 현관으로 나갔다. 검은색 유리창의 지프 한 대가 기다리고 있었다. 민정 시찰로 잠행할 때 박 대통령은 검은 안경을 쓰고 점퍼 차림에 박 사장으로 행세하는 것이 관례였다. 운전석 옆자리에는 박 대통령이 타고 뒷자리에는 장 부총리와 권 비서관이 탄 채 차가 출발했다.

박 대통령은 검은색 유리창 밖으로 시가의 정황을 살피는 중에 차는 시내를 빠져 나가 팔당, 양수리, 양평, 이천, 여주를 거쳐 남한강변 포플러 단지에 도착했다. 박 대통령은 쭉쭉 뻗어 올라간 나무들 사이로 이리저리 둘러보다가 막 물이 오르기 시작한 포플러 둥치를 끌어안고 흔들어보았다. 박 대통령은 무척 만족한 표정이 되어 "야, 이건 대성공인데. 우리 국토에 쓸모없는 閑遊地(한유지)가 많으니 이런 速成樹(속성수)를 많이 보급시켜 수익성 있는 국토녹화를 해야겠어"라고 말했다.

시간은 오후 4시가 넘어 해가 저물기 시작했다. 3월이었지만 먼 산에 눈이 하얗게 덮여 있었고 날씨도 쌀쌀했다. 귀로에 오른 차량은 여주를 벗어나기 시작했는데 길가에 한적한 주막이 나타나자 박 대통령이 "저기 좀 들렀다 가지"라며 차를 세웠다.

들어서니 낮은 천장에 전깃불도 없이 컴컴한데 메주 냄새가 물씬 났다. 환갑이 지났을 성싶은 주모 할머니가 따뜻한 방으로 안내해 박 대통령은 아랫목을 차지하고, 장 부총리와 권 비서관이 윗목에 앉았다. 방에서도 안경을 벗지 않은 박 대통령은 "날도 쌀쌀하니 막걸리 따끈하게 해서 한잔 주시오"라고 주문했다. 잠시 후 할머니는 찌개 안주와 데운 막걸리를 한 상 차려 방으로 들여온 뒤 손님들에게 한 잔씩 권했다.

"박 사장님, 이거 맛이 괜찮은데요."

권 비서관이 너스레를 떨자 대낮부터 약간 취해 있던 주모는 점퍼 차림에 왜소하게 앉은 박 사장이란 사람의 무릎을 탁 치면서 일동을 긴장시키는 말을 했다.

"아이고, 이 양반이 꼭 박정희 닮았네. 신문에서 본 그대로야. 똑같애. 어쩌면 이렇게 생겼지?"

박 대통령이 그 말을 받아 넘겼다.

"주모! 내가 왜 박정희를 닮아? 모두들 박정희가 날 닮았다고 하데."

웃음이 술좌석을 휘감자 주모의 입에서는 욕설이 튀어나오다가 급기야 신랄한 정부 비판으로 이어졌다. 박 대통령이 주모에게 계속 술을 권하면서 변죽을 울리자 주모는 군수, 서장, 지서주임, 순경, 면장, 면직원 등 일선 공무원들의 작태를 적나라하게 나열하면서 욕을 퍼부었다. 급기야 주모는 "박정희는 새까맣고 조그만 것이 어찌 그리 간이 크노! 하도 다부져서 박정희는 돌로 쳐도 죽지 않을 거야"라며 쉬지 않고 떠들어댔다. 박 대통령은 연신 즐거워하면서 소리 내어 웃었지만 장 부총리와 권 비서관은 좌불안석이 되어야 했다고 한다.

해가 지고 어둠이 깔리기 시작하자 밖에서는 동네 청년들이 화투를 들고 한 판 벌이자며 술집으로 들이닥쳤다. 박 대통령과 일행은 황급히 자리에서 일어나며 술값으로 5,000원을 던져 주고는 차를 타고 황혼 길을 달렸다. 차중에서 권 비서관이 "각하, 죄송합니다"라고 하자 박정희는

"야, 이 사람아, 오늘 아주 유쾌했어. 참 재밌었어. 이것이 민심이란 걸 오늘 잘 알았네" 라며 흡족해했다.

다음날 오전에 청와대 정보비서관실로 여주 군수와 경찰서장이 찾아왔다. 전날 저녁에 황급히 주막을 떠난 것을 이상히 여긴 동네 청년들이 주모로부터 말을 전해 듣고는 대통령이 암행시찰을 했다는 소문을 내어 알게 됐다는 것이다. 이들은 권상하 비서관 앞에서 전전긍긍하면서 "어제 각하께서 오셨는데 전혀 몰랐습니다. 게다가 그 무식한 주모가 너무 실언과 실수를 많이 범해서 몸 둘 바를 모르겠습니다"라며 백배 사과를 했다. 권 비서관은 이들을 자리에 앉아 있게 한 뒤 대통령 집무실로 들어가 구두 보고를 했다.

박 대통령은 어제 일을 다시 생각하면서 환하게 웃더니 이렇게 말했다.

"내, 어제 여주에서 주모한테 民情(민정)을 잘 전해 들었고, 좋은 충고도 고맙게 받아들이겠다고 그 군수하고 서장한테 전해주게. 그리고 그 두 사람에게 그 주모를 잘 보살펴주도록 부탁한다고 해"라고 했다.

식은땀을 흘리며 기다리던 군수와 서장은 권 비서관으로부터 이 말을 전해 듣고는 용기백배하여 청와대를 나섰다.

《殉敎者》의 작가가 본 祖國

미국의 저명한 월간잡지 〈애틀랜틱〉 1966년 2월호에 재미작가 金恩國(김은국·리처드 김)이 쓴 '오 마이 코리아' 란 기사가 실렸다. 그 몇 년 전 《순교자》란 영문 소설을 써 유명해진 김 씨는 매사추세츠대학 영문학 교수로 재직하고 있던 중 1965년 6월에 한국을 방문하여 한일 국교정상화 반대 데모가 휩쓸고 있던 서울을 취재했다. 이 기사의 발췌문은 신문에 연재되기도 했고 全文(전문)은 잡지에 번역되어 실렸다. 지금 읽어보아도 문학가의 깊은 통찰력에 감탄할 만한 대목이 많다.

6·25 전쟁 때 국군 장교로 근무했던 김은국은 평양에서 같이 학교를 다녔던 대령 친구와 서울대 정치학과에 다니던 동생 사이에 있었던 대화를 실감나게 소개하기도 했다.

대령 친구는 김 씨에게 동생을 만나달라는 말을 하면서 "그놈이 무정부주의자 흉내를 내는 것은 참을 수 없어"라고 했다. 대령, 동생, 동생의 친구(대학생), 김 씨 네 사람은 중국음식점에서 만났다.

화제가 학생 시위와 군인의 역할에 미치자 동생은 대령에게 "형님은 그 군복 입은 것이 창피하지 않수?" 라고 말하는 바람에 언쟁이 시작됐다.

"네가 고아가 됐을 때 난 목숨을 걸고 전쟁터에서 싸웠단 말이야. 너희들을 위해서."

"누가 날 위해 싸워 달랬어요? 우린 새 세대예요. 기성세대의 일그러진 가치관, 부패한 사회엔 신물이 났어요."

"너희가 새 세대란 한 가지 이유만으로 자동적으로 사회의 심판관이 되는 게 아니란다."

김은국이 물었다.

"4·19 혁명이 성공한 후 학생들이 한 역할을 어떻게 생각하나?"

"무정부 상태였지"라고 대령은 말했다.

"부패를 쓸어내는 건데 바보 같은 군인들이 뛰어들었어요"라고 동생이 받았다.

"우린 이 비참한 나라에 새 질서가 세워질 때가 되었다고 생각했어.

국민들은 무정부 상태를 바란 게 아니야. 학생 봉기도 군사혁명도 한 번 씩으로 족해. 힘으로 정권을 교체하는 버릇을 만들면 우리나라가 라틴 아메리카 꼴이 난다는 것을 우리 장교들은 잘 알고 있어."

김은국은 학생들을 이렇게 묘사했다.

'그들은 혼란 상태에서 느낄 수 있는 짜릿한 감각에 선동되고 덧없는 영웅주의에서 스릴감을 찾으며 세상이 뒤죽박죽되는 것을 볼 때의 찰나적인 기쁨에 매혹되는 듯했다.'

그는 박 대통령을 만나 깊은 인상을 받았다고 했다.

〈그는 굉장한 자신감에 차 있어 아무것도 그의 신념을 흔들 수 없다. 그는 굳세고 어쩌면 신비롭기까지 했다. 신체적으로나 정서적으로 완전한 건강 상태라서 국가원수로서 그가 하는 일은 무엇이든 옳다는 자신감 속에 착 가라앉아 있는 듯이 보였다.

"학생들은 자기네들이 뭘 바라는지도 잘 모르고 있습니다. 야당은 이 학생들을 조종하고 있어요. 곧 잠잠해질 겁니다."

그가 이 나라의 밝은 미래에 대해서 설명할 때 그의 자신감과 침착함은 나에게 전염되어 오는 듯했다〉

김은국은 '추하고 수치스런 옛날을 영광스런 역사라고 과장하고 초라하고 보잘것없는 것을 찬란한 문화유산이라고 기만하는 태도를 버리고 환상, 망상, 자기기만에서 깨어나면 거기에 엄숙한 현실이 있다' 고 충고했다.

〈수세기 동안 권력의 압박을 받았고 정치 사기꾼의 달콤한 말에 속아왔으며 공산주의자들에게 유린당하고 사이비 민주주의자들에게 이용당해 절망의 끝까지 밀려나온 가난하고 비참하고 고통스런 민족이란 현실이 드러나는 것이다. 그러나 미약하나마 희망은 있다. 20여 년간 자유민주주의 체제 아래에서 살아왔다는 것, 이러한 경험에서 무엇인가 얻은 게 있으며 이것이 장기적으로 이 나라를 구할 가능성도 있다〉

김은국은 한국인이 민주주의란 게임을 가장무도회처럼 즐기고 있다고 했다. 이 게임이 습관이 된다면 언젠가는 한국인들이 진지하게 게임을 받아들이게 될 것이고, 그렇게 된다면 환상과 기만에서 기적이 탄생할 희망은 있다는 것이다.

〈반대자의 날카로운 항의는 없는 것보다 낫다. 한국의 선동적이고 제멋대로인 신문도 없는 것보다 낫다. 규율 없이 하는 데모 학생도 길게 보면 조용하고 겁에 질린 학생들보다 낫다.

한국인의 삶에는 조잡하고 야생적인 것, 그러면서도 마음을 사로잡는 그 무엇인가가 있다. 이 때문에 사람들은 이 불행한 나라와 사랑싸움 같은 것을 계속할 수 있는가 보다. 서로 싸우는 것이 아무에게도 도움이 되지 않는다는 것을 깨달을 때 한국에 기적이 일어날 것이다. 자신들의 실존을 직시하고 존재하지도 않았던 황금기에의 망상을 버릴 때 가냘픈 희망은 열매를 맺을 것이다.

남한 사람들은 개인주의의 경직성과 신축성을 동시에 가지고 있다. 이것이 상호 불신과 자기중심적인 思考(사고)에서 생긴 것이라 해도 언젠가는 순수하고 성실한 생활의 바탕이 될 수 있을 것이다. 희망은 있다〉

金鍾泌의 낭만

박정희는 감상이나 낭만, 또는 겉멋을 애써 억제하면서 겉으로 딱딱

한 모습과 표정을 내세우도록 훈련받은 사람이었다. 詩心(시심)과 감상이 남다른 이였으나 그런 것들을 자기만의 것으로 삼고 남 앞에서 드러내지 않아야 한다는 일종의 의무감을 갖고 있었다.

김종필은 달랐다. 여유가 있고 때로는 화사했다. 예술·문학·취향을 정치의 현장에서 드러내는 것을 즐겨했다. 박 대통령으로서는 그런 김종필이 못마땅하기도 했다. 대중 앞에서는 부끄럼 타고 감정 표현을 쑥스럽게 생각해온 그는, 거침이 없고 그래서 대중적 인기도 모으는 김종필에 대해서 때론 열등감을 느끼기도 했다고 한다.

김종필의 일면을 보여주는 盛夏對談(성하대담) 기사가 1966년 8월 13일자 〈조선일보〉 1면에 실렸다. 음악평론가 朴容九(박용구)가 김종필을 찾아가 대화한 내용이었다.

김종필 의장은 격의 없이 대화를 이어갔다.

"저번 외유 때의 일이지요. 마침 탱글우드(미국 매사추세츠州 소재)에서 저 유명한 유진 올만디가 보스턴 심포니를 지휘해서 연주를 한다지 않아요. 그래서 350km를 달려가 들었지요. 그 레퍼토리 가운데 쇼팽의 피아노 협주곡 제1번이 있기 때문이기도 했지요."

"쇼팽의 제1번을 좋아하시나 보군요."

"나는 솔로보다는 콘체르토를 좋아해요. 피아노에선 쇼팽의 제1번, 바이올린은 멘델스존의 콘체르토이지요."

"솔로는 역시 개인 플레이에 그치는 것이고, 콘체르토는 솔로 악기와 오케스트라의 대화로 이루어지는 것이니까요."

"바로 그것입니다. 인간 사회가 염원하는 건 그런 대화지요. 그 대화 속에서 하모니가 빚어지면 더 말할 나위가 없지 않습니까. 내가 음악을 동경하는 건 어쩌면 정치에서 이룩해보고자 하는 이상이 그곳에 있기 때문인지도 모르지요."

"음악이 흐르는 정치, 참 좋은 이야기입니다."

"스웨덴에서 목격한 일입니다. 국왕이 소년 오케스트라에 끼어서 클라리넷을 불고 있더란 말입니다. 우리 정치인들은 메말라 있어요. 낡은 권위의식에 사로잡혀서 민중과 어울려 하모니를 만들 생각을 안 하니까 메마를 수밖에 없지요. 음악도 우리나라에선 전문가가 되면 그렇지 않습니까?"

"…"

"어머니가 극성스럽게 비싼 수업료를 바쳐가면서 피아노를 가르치지만 그 피아노가 생활을 부드럽게 해주고 있는 것 같지는 않습니다. 음악이 생활화하기 위해서는 이렇게 피아노를 배우는 아이가 회사에서 피로해서 돌아오신 아버지를 위해서 피아노를 들려준다든가 하여 가정의 하모니에 음악이 참여해야 하는데 그렇지 못한 것 아닙니까."

"소위 비틀즈라는 것 어떻게 생각하십니까."

"그건 안 됩니다. 나는 재즈를 부인하지 않습니다. 그러나 인간적인 경박에 흘러버린 것은 인간 사회의 하모니를 깨뜨리는 작용을 하게 됩니다."

김종필은 5·16 혁명 직후 예그린 악단을 만들었으나 두 차례의 외유로 해산됐다. 그는 당의장에 복귀한 뒤 악단을 재조직했다. 김 의장은 유럽을 외유할 때 유명한 교향악단의 심포니 연주를 담은 레코드판을 많이 사 모았다면서 "가끔 이화여고에 다니는 딸이 피아노를 치고 둘째 형님이 기타, 나는 아코디언으로 합주를 즐긴다"고 소개했다.

이 무렵 김종필은 고다마 사건에 휘말려 마음고생을 좀 했다. 일본 우익의 거물 고다마 요시오는 나중에 록히드 뇌물사건으로 유명해진 사람이다. 그는 김종필이 정보부장일 때부터 가까웠고 박종규 경호실장과도 의기투합하는 사이였다.

고다마는 한국에 와서 정일권 총리, 김형욱 정보부장, 박종규 실장과 술자리를 함께 했다. 이 자리에서 고다마는 김종필의 측근인 김용태(전 공화당 원내총무) 등과 만나 나눈 대화를 꺼내면서 "한국의 진짜 실력자는 박 대통령입니까, 김 의장입니까"하고 물었다.

이 말이 보고되자 박정희는 김형욱 정보부장에게 조사를 지시했다. 정보부에서 조사해보니 醉中放談(취중방담)으로 밝혀졌다. 조사 과정에서 김종필 측근의 방담이 녹음된 테이프가 등장하는 등 궁중 음모 같은 모습이 연출됐다.

김 의장의 직계로 알려진 예춘호 공화당 전 사무총장은 박종규 실장에게 부탁하여 박 대통령을 만나 김 의장이 직접 말할 수 없는 사정을 전달하고 김용태를 변호했다.

'박 대통령은 중류 정도의 가정집 같은 청와대의 작은 방에서 친형이 동생을 타이르듯 포근하고 따뜻한 마음을 느끼게 하였다'고 芮 씨는 회고했다. 대통령의 말씨며 표정은 격의 없게 말을 건넬 수 있게 해 주었고 육영수가 진로 소주, 돼지 족발, 오징어를 내와 소박하고 잔잔한 분위기였다.

거나하게 취한 박 대통령은 옛날 김종필 의장과의 만남, 김 의장의 장단점, 특히 무슨 일이 있을 때 직접 이야기하지 않고 꼭 남을 시켜 전한다는 불평을 말했다.

"예 총장, 팔은 안으로 굽지 밖으로 안 굽는단 말이야. 종필이에게 전하시오. 종필이는 주변의 못된 것들 때문에 큰일이오."

박 대통령은 몇 사람의 이름을 대며 큰 소리로 욕을 했지만 결코 부아가 치밀어서 하는 것 같지는 않았다. 芮 전 총장은 박 대통령의 말을 충실하게 김종필에게 전했다.

닉슨과의 惡緣

1966년 8월 13일 오후 닉슨 전 부통령이 유럽과 아시아 여러 나라를 여행하고 김포공항에 도착했다. 그는 1960년 대선에서 케네디한테 졌고 그 뒤 캘리포니아 주지사 선거에서도 패배한 뒤 정치적 낭인 생활을 하고 있었다.

윈스롭 브라운 주한 미국대사는 박정희 대통령 비서실에 닉슨을 위해 만찬을 베풀어줄 수 없느냐고 타진했다. 박정희의 반응은 냉담했다. 브라운 대사는 이동원 외무장관을 찾아가 지원을 요청했다.

李 장관은 박 대통령을 찾아가 이렇게 건의했다고 한다.

"각하, 언론에서는 닉슨이 끝났다고 냉대를 하지만 그는 아직 거물이고 차기 대통령 후보로 다시 출마할 가능성도 있습니다. 불우할 때 그를 후대한다면 후일 의리를 잊지 못할 것입니다."

"그 사람 이미 끝난 사람인데 구태여…."

"그래도 각하."

朴 대통령의 얼굴엔 찬 기운만 감돌았다.

부인을 데리고 오지 않았던 닉슨은 도착 직후에 청와대로 朴 대통령을 예방하고 커피 한 잔 얻어 마시면서 형식적인 잡담을 하는 것으로 그쳤다.

몸이 단 브라운 대사는 이날 저녁 한국의 장관들을 초청하여 닉슨과 합석시키는 만찬을 준비했다. 일이 꼬이려고 그랬는지 이날 저녁 박 대통령은 예정에도 없던 청와대 회식을 준비하여 장관들을 불러 가고 말았다. 이동원 장관만이 미국 대사관의 만찬장으로 들어서니 닉슨은 미8군 장성들과 앉아 있었는데 한국 측 요인은 두서너 명에 지나지 않았다.

李東元은 분위기가 너무 썰렁하여 식사 뒤 닉슨에게 제의했다.

"아직 초저녁인데 우리 요정에라도 갈까요."

닉슨은 좋다고 했는데 브라운 대사가 다른 일정 때문에 곤란하다고 발을 뺐다. 닉슨은 "그럼 우리 여기서 이야기나 더 합시다"라고 했다.

닉슨의 첫 인상은 어딘가 어두운 구석이 있었으나 말문을 열자 경륜과 집념이 느껴졌다. 그는 "미국이 월남에 개입한 것은 잘못된 일이지만 일단 발을 담갔으면 속전속결로 끝장을 내야 한다"고 말했다.

李 장관은 닉슨의 설득력에 감명하면서 '언젠가는 그가 대통령이 될 것이고, 이날 박 대통령의 푸대접은 비싼 대가를 치를 것이란 느낌을 받았다'고 썼다(회고록 《대통령을 그리며》).

당시 반공연맹 이사장은 국방장관을 지냈고 후에 총리까지 오른 김정렬(작고·국무총리 역임)이었다. 金貞烈은 닉슨이 아이젠하워 밑에서 부통령일 때 만난 적이 있었다. 닉슨은 김정렬을 예방하여 별로 중요하지도 않은 대화를 한 시간이나 하고 갔다. 김 씨는 '왜 우리 정부가 거물 요인의 일정을 저렇게 관리하나' 하는 의구심을 떨쳐버릴 수 없었다고 한다.

1968년 절치부심의 닉슨이 대통령에 당선되자 한미 관계는 껄끄럽게 되어갔다. 닉슨은 아시아의 분쟁에 미군의 개입을 제한하는 괌 독트린을 발표하여 주한미군 1개 사단(7사단)의 철수 길을 열어놓았다.

월남전 휴전협상 때, 그리고 마무리 때 박 대통령은 참전국으로 당연히 누려야 할 대우를 제대로 받지 못하고 겉돌았다.

1969년 8월 박 대통령은 샌프란시스코에 가서 한 호텔에서 닉슨과 회담했는데 이때 분위기가 냉담했다고 한다.

닉슨이 한국을 방문한 바로 그해 정치 낭인 신분으로 이스라엘을 방문했을 때의 이야기.

여기서도 그는 박 대통령에게 당한 것과 비슷한 홀대를 받았다. 그를 위한 만찬에 초청된 이스라엘 장관급 정부 요인 중 참석한 이는 이츠하크 라빈 참모총장뿐이었다. 라빈은 쓸쓸한 모습의 닉슨을 동정했다. 그를 다음날 부대로 초청하여 사열을 받도록 하면서 위로했다. 닉슨은 이것을 은혜로 생각했다. 1967년의 제3차 중동전쟁(6일전쟁)을 승리로 이끈 라빈은 주미 대사로 나갔다.

닉슨은 미국 대통령 선거에 공화당 후보로 지명됐다. 라빈이 닉슨 후보를 만났더니 닉슨은 과거의 환대에 대해서 여러 번 감사하다면서 이렇게 말했다고 한다(라빈 회고록에서 인용).

"그 고마움을 앞으로도 잊지 않겠습니다."

이 닉슨이 대통령이 되었으니 라빈 대사는 이스라엘의 국익을 지키는데 주재국 원수와의 친분을 충분히 활용했던 것이다.

美 CIA 보고서의 충격

1966년 3월 18일 미국 중앙정보국(CIA)은 '한일 관계의 장래'란 제목의 심층보고서를 작성, 미국 정부의 고위 정책입안자들에게 돌렸다. 이 보고서의 6페이지에는 충격적인 대목이 있다.

한국의 〈민주공화당이 일본으로부터 정치자금을 받고 있다는 비판은 상당한 근거를 갖고 있는 것 같다. 보도에 의하면 일본 회사들은 1961~1965년 사이 공화당 예산의 3분의 2를 제공했다고 한다. 6개 회사가 6,600만 달러를 제공했는데 각각 100만 달러에서 2,000만 달러씩을 주었다는 것이다. 김종필 당의장에 따르면 공화당은 1967년 대통령 선거를 위해 2,600만 달러가 필요하다는 것이다. 많은 일본 회사들이 김종필에게 한일회담을 추진하는 데 따른 감사의 표시로 돈을 준 것 외에도 한국에서의 독점적인 지위 유지를 위해서 돈을 냈고, 공화당은 이와는 별도로 일본에서 장사를 하고 있는 한국 회사들로부터도 돈을 받았다. 서로 연합한 8개 한국 회사들은 최근 정부가 방출한 6만 톤의 쌀을 일본에 수출하면서 공화당에 11만 5,000달러를 냈다고 한다〉

1975년에 당시 걸프석유의 한국사업 책임자 굿맨은 미 의회 조사에서 1960년대 후반의 정치자금 모금과 관련하여 이런 증언을 했다.

"1966년에 나는 이후락 비서실장으로부터 100만 달러를 현금으로 스위스 은행에 넣어 달라는 요청을 받았다. 미 국무성은 그때 한국 정부에 대해 선거를 미국식에 따라 私的인 정치 기부금을 모아서 치르도록 할 것을 권고했고, 주한 미국 회사들을 포함한 여러 기업체로부터 기부금을 거둘 것도 제의했다. 이에 따라 걸프도 기부한 것이다."

밥 도시 걸프 사장은 같은 시기 미 상원 청문회에서 이렇게 증언했다.

"나는 (1969년) 서울에 가서 金成坤(김성곤·당시 공화당 재정위원장으로서 정치자금 모집창구)을 그의 집에서 만났습니다. 그는 내가 평생 만나본 사람들 중 아마도 가장 다루기 힘든 인물이었을 것입니다. 그날처럼 제가 모욕을 당한 것은 난생 처음이었습니다. 그는 거칠고 깐깐한 자금 모집책이었습니다. 그는 1,000만 달러를 요구했으나 결국 300만 달러로 낙착되었습니다. 그 돈은 걸프 본사 자금으로 지출되었지만 일단 바하마에 있는 바하마 탐사주식회사로 돌려져 한국으로 건네졌습니다."

위에서 소개한 걸프 측 굿맨의 증언에서 흥미를 돋우는 것은 미 국무성이 한국 측에 대해 주한 미국 회사들로부터 기부금을 거두어 선거자금을 마련하도록 조언해 주었다는 대목이다. 이것은 1960년대의 동서 냉전과 밀월 관계에 있던 한미 양국의 사이를 이해하지 않으면 납득이 되지 않는 부분이다. 미국 언론과 의회가 미국 회사의 해외 활동에 대하여 도덕성을 요구하기 시작한 것은 1970년대에 들어서서였다.

위의 두 자료는 박정희 정권의 정치자금 모집 방법을 파악하는 데 있어서 길잡이가 될 만한 몇 가지 중요한 정보를 제공한다. 막대한 선거자금의 필요성, 일본 및 외국 회사들로부터의 모금(그에 따른 이권 배분) 관행, 스위스 은행 비밀계좌의 존재, 국제적인 돈세탁, 박정희 정권 경리부장役 이후락, 김성곤의 존재 등등.

걸프가 공화당과 정부 측에 100만 달러와 300만 달러를 각각 제공한 시기는 걸프가 정부로부터 중대한 利權을 얻은 시기, 그리고 선거를 앞둔 시기와 일치한다. 정치자금을 거둘 명분과 필요성이 있던 때란 이야기이다.

걸프는 油公이 울산 정유공장을 지을 때 25%의 주식 투자를 했다. 걸프는 여세를 몰아 진해화학(복합비료 등 생산)에는 1,050만 달러를 투자하여 50%의 주식과 함께 경영권을 인수했다.

걸프는 투자액의 150%를 뽑아 미국으로 송금할 때까지 경영권을 행사하기로 한 데다가 이익률을 최저 연 20% 정도로 보장하는 조항을 한국 측(충주비료)과의 계약서에 집어넣었다. 즉, 발행주식 600만 주 가운데 우선주 300만 주를 걸프가 차지하기로 하고 이 우선주에 대해서는 매년 이익이 생기면 200만 달러까지는 먼저 걸프 측에 이익 배당을 하도록 한 것이다. 진해화학에 대한 나프타, 인광석, 유황, 염화칼리 따위의 원료 공급권도 걸프가 가지게 됐다. 미국 정부는 걸프가 진해화학에 투자하도록 도왔다. 처음 우리 정부는 미국 국제개발처(AID) 차관으로 진해화학을 건설할 계획이었다. AID는 그러나 '미국 大(대)회사의 對韓(대한) 투자를 고무하기 위해 미국 대회사의 참여를 조건으로 AID 차관을 주겠다고 약속했다'(《진해화학 10년사》)는 것이다.

정치자금을 모으는 입장에서 보면 걸프는 거대한 利權 덩어리였다. 예컨대 걸프는 1966년에 5만 3,000톤급 유조선 네 척을 범양 전용선에 빌려주고 울산정유공장에 대한 원유 수송을 독점시켰다. 걸프가 책정해 준 운임 단가는 매우 높았고, 배를 빌리는 데 필요한 경비도 걸프가 대주었다. 이런 利權은 정치권력에 의하여 결정될 수밖에 없었던 것이 당시 상황이었다. 이 이권을 얻은 사람은 코리아게이트의 주인공 朴東宣(박동선)의 친형 朴健碩(박건석)이었다.

1971년에도 걸프는 新造(신조)된 초대형 유조선을 한국 측에 빌려준 뒤 장기 운송 계약을 맺고 울산정유에 들어오는 원유를 나르도록 하는

利權을 가지고 정부 쪽에 접근했다. 걸프의 굿맨이 경영층에 보고한 문서에 따르면 걸프는 이 利權을 김종필 당시 총리에게 가지고 갔다는 것이다. '김 총리는 한국 측 선주로 정태성을 추천했다' 는 것이다.

굿맨은 '정 씨는 간판일 뿐이고 그의 역할은 배의 운영에서 생기는 이익이 공화당으로 들어가는 것을 감시하는 것이다' 고 간파했다. 굿맨은 '김 총리의 영향력으로 유공(의 이권)에 접근하려던 다른 회사를 배제시켰고, 이번 거래로 우리의 한국 내 경영이 직면한 다른 문제들이 잘 풀리고 있다' 고 했다. 박 정권 측에 이권을 건네줌으로써 다른 반대급부를 얻었다는 고백이다.

이런 거래에 노련한 굿맨은 이 거래에 관계된 인물들이 한국의 정치상황에서 힘을 잃을 때에 대비하여 세운 일종의 함정에 대해서도 이런 취지로 쓰고 있다.

'계약갱신 약관에 따라 油公(필자 注-당시는 걸프가 경영권을 갖고 있었다)이 한국인 선주 측(필자 注-이용가치가 없어진 인물)에 운임 단가의 인하를 통보하면 그 선주는 이익이 안 생길 것이 뻔한 유조선을 돌려주고 손을 털고 말 것이다.'

스위스 은행 비밀계좌

1960년대 기름과 관계된 사업을 말할 때 빠뜨려선 안 되는 인물이 徐廷貴(서정귀)이다. 박정희의 대구사범 동기생이자 국회의원 출신. 그는 걸프가 투자한 油公과 칼텍스-럭키그룹의 합작인 호남정유 양쪽에 걸쳐 있었다. 1966년에 럭키그룹이 호남정유 사업권을 따내는 데 결정적인 역할을 한 것이 서정귀였다.

그는 한때 흥국상사란 석유판매회사를 세워 유공의 벙커C유를 팔았다. 그는 1967년 이 회사의 주식 25%를 151만 달러에 걸프에 팔았다. 2년 뒤에는 25%의 주식을 다시 걸프에 팔아넘겼다. 주식 인수 대금은 200만 달러로 결정됐다. 이후락 비서실장은 이 거래에 깊숙이 개입했다. 그는 걸프로 하여금 주식 인수 대금을 높게 책정하도록 한 다음 비자금을 뗐다.

1978년의 '미 하원 한미 관계 보고서'의 부록에는 이런 요지로 씌어 있다.

〈이후락은 걸프 측에 대해 주식 매입 대금 200만 달러 중 20만 달러를 떼어내 박 대통령의 미국 방문 경비로 건네줄 것을 요청했다. 1969년 8월 21일 피츠버그의 걸프 본사는 전신환으로 취리히 소재 스위츨란드 유니언 은행에 20만 달러를 보냈다. 수취인은 서정귀였고 계좌번호는 625,965,60D였다. 그해 12월 이 계좌에서 19만 9,750달러가 인출됐다. 이 돈은 이후락이 서정귀를 대신하여 서명함으로써 인출해간 것 같다〉

필자가 확인한 '미 하원 조사보고서' 부록에는 아주 흥미 있는 자료가 붙어 있었다. 1969년 9월 2일자로 유니언 은행이 정화섭이란 인물에게 보낸 서정귀 명의의 계좌명세서(Statements for the Account)이다. 여기에는 20만 달러가 입금되었다는 사실을 통지하는 내용이 적혀 있다. 이 정화섭은 누구인가. 그는 이후락의 사위이다. 이후락이 사위를 통해서 서정귀 명의의 스위스 은행 비밀계좌를 실질적으로 관리했다는 추리는 합리적일 것이다.

한미 관계 보고서는 1960년대의 박정희 정부 내 파워센터에는 네 명의 실력자가 있었다고 썼다. 金鍾泌 공화당 의장, 李厚洛 청와대 비서실장, 金炯旭 중앙정보부장, 金成坤 공화당 재정위원장. 朴 대통령은 이들가운데 세 사람을 연합시켜 김종필을 견제하여 균형을 이루게 하다가 3선 개헌을 앞두고는 김종필 세력을 거세했다. 김종필의 약화는 먼저 정치자금 조달 능력의 약화로 나타났다.

1964~1967년 사이 여권의 4대 정치자금 모집 창구는 이후락, 張基榮 부총리, 김성곤, 김형욱이었다. '미 하원 한미 관계 보고서'는 김성곤은 주로 수표, 김형욱은 현금, 이후락은 스위스 은행의 비밀계좌를 관리했다고 주장했다.

'한미 관계 보고서'는 또 이런 요지로 기록했다.

〈1970년에 청와대의 한 고위 관리는 이후락, 김성곤, 김형욱이 각기 1억 달러쯤의 개인 재산을 모았다고 주장했다. 미 하원 소위원회의 증언에서 김형욱은 김성곤이 끌어 모은 정치자금 가운데 75만 달러를 자신이 개인 용도로 가져가 썼다고 했다. 그는 또 김성곤이 박 대통령 부처, 정일권, 이후락 등에게도 私用(사용) 자금을 대주었다고 말했다.

박 대통령에게 제공된 자금에 관하여 본 소위원회가 여러 자료들을 종합하여 판단해볼 때 이후락은 이 자금을 모아 가지고 스위스 은행 계좌에 대통령용이란 명목으로 입금했을 가능성이 있다. 스위스 은행계좌의 실재는 은행 기록과 이후락의 아들 李東勳(이동훈)의 증언, 청와대 내 박 대통령의 측근들에 의하여 입증됐다. 이동훈은 소위원회 조사관에게 스위스 은행에 있는 돈은 대통령을 위한 자금이라고 했다.

그는 또 이후락이 이 자금을 관리하였으나 이후락의 개인 용도는 아니라고 말했다. 그는 또 일본에 아버지의 돈으로 200만 달러를 은행에 예치하고 있었다고 말했다. 박 대통령이 그런 비밀자금을 필요로 했던 이유에 대해서 그는 지지자들에게 돈을 주고 政敵(정적)들을 매수하기 위한 것이었다고 했다. 미국 정부의 어느 보고에는 '거의 모든 야당 국회의원들이 돈을 받았다'고 한 한국 기업인의 말이 실려 있다. 이 실업인은 대통령이 군부의 배신을 두려워한 나머지 1970년대에 들어와서는 더 많은 돈을 육군의 핵심 지휘관들에게 주고 있다고 한다〉

박 대통령은 가난한 소작농의 아들로 태어나 청렴한 장교 생활로 일관하면서 정치인과 군 장성들의 부정부패에 분노했던 사람이다. 소박한 박 대통령은 정권을 유지하기 위하여 정적, 지지자, 군 지휘관들을 상대로 돈을 써야 하고 그 돈을 만들기 위하여 기업인들에게 온갖 이권을 제공해야 하는 현실 속에서 고민했다. 그런 돈을 만드는 데 중심 역할을 한 이후락, 김성곤 등 측근들은 자금 동원력을 이용해서 한층 영향력이 커졌다. 박 대통령은 이들을 못마땅하게 생각하면서도 정권유지, 나아가서는 3選 개헌을 위해 이들의 협조가 절대적으로 필요하다는 점을 알고 있었고, 그들이 정권 비자금을 모집 관리하는 것을 눈감아 주었다.

박 대통령은 막대한 정치자금이 필요한 원인이 민주주의 때문이라고 생각했다. 선거를 위해 돈이 필요하고 선거 조직으로서의 정당 유지를 위해 또 돈이 드는 것에 대하여 박정희는 문제의식을 느끼고 있었다. 이런 문제의식에서 그는 유신 선포를 결심하게 된다. 이는 민주주의의 부작용인 부정부패를 일소하기 위해서 정치 자유를 제약한 셈이다.

1966년 어느 날 육군 방첩부대장 尹必鏞(윤필용) 준장은 육영수 여사의 부름을 받고 그녀의 오빠인 육인수 의원의 집으로 달려갔다. 尹 장군은 사단장 박정희를 참모로 모실 때부터 육영수와 친면이 있었다.

육영수는 "우리 두 사람이 만난 것을 각하께서 몰라야 한다"면서 이렇게 하소연하더란 것이다.

"김○○, 이○○, 장○○, 박○○, 이런 사람들이 하는 짓을 보고 있으면 이 나라가 망해야 하는데 그래도 농촌에 가면 아이들의 옷차림이 점점 좋아지고 있는 것은 웬일입니까."

"사모님, 우리가 동남아로, 월남으로 진출을 많이 해서 국력이 신장되고 있어 한두 사람이 부정을 해먹어도 표가 안 납니다."

"윤 장군님, 이건 절대로 여자의 시샘에서 하는 이야기가 아닙니다. 각하께 여자를 소개하면 소개했지 왜 꼭 말썽 날 탤런트들을 소개합니까?"

넉 달 늦은 特種

육영수는 박정희의 측근들 가운데 특히 李厚洛 실장을 싫어했다. 남편에게도 여러 번 이후락의 비행을 지적하기도 했다. 박 대통령은 측근에게 아내의 지적을 소개하면서 "본처가 첩을 내쫓으려는 것 같애"라고 말했다고 한다.

공화당 내 박정희 직계 세력 4인방이나 정치자금 모집 창구 4인방이 정치자금과 이권을 교환하는 바람에 경제가 정치의 영향을 많이 받았고 중복 투자 등 자원의 낭비도 많이 빚어졌다. 한 상공부 고관의 증언에 따르면 어느 부자는 "지금 이○○에게 정치자금을 내고 오는 중인데 이제는 무슨 기업을 해야 하지?"라고 묻더라고 한다. 상공부 고관은 기업이 잘 되지 않아도 국가에 손해를 덜 끼치는 시멘트업을 그에게 권했다.

이 사람은 이때 시작한 시멘트업을 잘 살려 대기업으로 키웠다. 이 상공부 관리 출신은 "우리가 정치를 의식하지 않고 국가를 위해 경제 논리에 충실한 자세로 일할 수 있게 된 것이 유신 선포 후였다"고 말했다.

박정희 정부가 민간 기업에 의한 차관 도입에 대해서 정부가 지불보증을 서주도록 한 것은 위대한 결단이었다. 이는 정부의 운명을 기업의 운명과 묶어버린 것으로서 정부가 기업의 경영에 책임을 지도록 했다. 기업이 부도나면 정부도 함께 부도난다는 절박감이 박정희와 관료들을 몰아붙였다. 반면 차관 도입은 그 자체로서 돈이 되는 특혜였다. 차관 도입을 허용해주고 그 기업으로부터 일정률의 정치자금을 떼는 것은 政界 실력자들의 일이었다. 나중에는 차관을 도입하여 이익을 내면 정치자금을 바치는 식으로 개선되었지만 차관이 들어오기도 전에 정치자금을 떼는 관례는 政經(정경)유착의 표본처럼 됐다.

1966년에 발생한 삼성그룹 계열 한국비료에 의한 밀수사건은 박정희 정권의 깊은 곳에서 형성되어가던 부패 구조의 일단을 드러낸 것이었다. 이 사건은 또 재벌과 정권 및 언론이 이권에 얽혀드는 과정을 극명하게 보여준 사례였다. 문제는 당시의 언론 보도와 수사는 이 사건의 진실과 본질을 건드리지 못했다는 점이다.

1966년 8월 하순 〈경향신문〉 편집국장 金光涉(김광섭·당시 54세·합동통신사 부사장·회장 역임)은 친지의 결혼식장에 늦게 도착해 앞마당에서 머물다가 이상한 이야기를 들었다.

"한국의 대재벌이 그럴 수가 있어? 밀수라니 말이 돼?"

"밀수까지 해서 치부해야 된다니 나도 사업하는 사람이지만 암만해도 알 수 없어."

대화를 나누던 사람들이 金 국장에게 의견을 물었다. 김 국장은 얼떨결에 "글쎄 말이야"라고 되받았다. 그는 '사실인 것 같은데 어째서 모든 신문들이 기사를 쓰지 않았을까' 하고 궁금해 했다. 그 길로 회사로 돌아온 金 국장은 오후에 열린 편집회의를 주관하면서 10여 명의 부장들에게 확인해 보기로 했다.

"나는 오늘 이상한 말을 들었습니다. 어느 재벌인지는 모르겠으나 재벌이 밀수를 했다가 들통이 났다는 겁니다. 여러분은 혹시 그런 이야기나 비슷한 말을 들은 일 없습니까?"

"…"

회의장 분위기는 이상할 만큼 무거운 침묵으로 채워졌다고 한다. 김 국장은 "틀림없는 사실인데 우리 신문 기자들만 모르고 있는 것 같으니 좀더 알아봅시다"라며 격려했다. 매일 오전, 오후 두 차례씩 회의가 열릴 때마다 김 국장은 똑같은 질문을 되풀이했고, 부장들은 국장의 말에 대답이 없었다. 보름쯤 지난 날 아침, 이날 기획회의에서도 김 국장은 "무슨 비슷한 정보가 입수된 것이 없는가" 하고 물었고 누구도 한마디 말없이 자기 자리로 돌아갔다.

朴在權(박재권) 경제부장만이 김광섭 국장 자리로 다가오더니 허리를 숙여 귓속말을 했다.

"국장님, 그거 정말 신문에 내실 겁니까?"

"무슨 소리요? 쓰지도 않을 걸 내가 이렇게 여러 사람 괴롭혔단 말이오? 알아냈소?"

"예, 재무부에 출입하던 기자가 어떤 국장으로부터 확인을 했답니다."

"그럼 빨리 써요."

1966년 9월 15일자 〈경향신문〉 초판(일부 가두 판매용, 일부 지방판) 사회면의 삼성 재벌 사카린 밀수사건 특종 기사는 이렇게 해서 보도됐다(김광섭의 언론회고록 《고백과 증언》에서 인용).

〈阪本(판본)방적의 밀수사건을 매듭짓기도 전에 또다시 삼성 재벌의 방계 회사인 한국비료에서의 밀수사건이 드러나 크게 주목된다. 15일 관계 소식통에 의하면 부산세관은 지난 6월 한국비료에서 사카린 약 2,000부대(43kg들이)를 건설 자재로 가장, 울산으로 밀수입한 것을 적발, 同(동) 물품을 압수하는 한편 이미 벌과금을 비롯한 기타 세금 약 2,000만 원을 부과 징수했다는 것이다. 이 소식통은 이미 부산세관에 前記(전기) 밀수입품 사카린 약 2,000부대 중 500부대는 시중에 유출되고 있어 나머지 1,500부대만 압수하고 있다고 전했다.(하략)〉

이날 석간신문인 〈경향신문〉 가판이 시내에 배포된 지 두 시간 뒤에 〈동아일보〉(석간)가 서울 배달판에, 여타 조간신문들은 다음날 아침부터 일제히 보도하기 시작했다. 이상한 점은 〈경향신문〉의 폭로 직후 다른 신문들은 확인 취재할 시간이 거의 없었음에도 불구하고 〈경향신문〉의 보도를 훨씬 앞선 상세한 내막을 게재하고 있다는 점이었다.

심지어 경향 측이 '사카린 밀수'로 표기한 것을 다른 신문들은 '사카린의 원료 OTSA 밀수'로 摘示(적시)하는 것은 물론 밀수 경로까지 상당히 구체적으로 즉각 보도하기 시작했다. 단, 〈중앙일보〉만이 '사카린 밀수, 사실과 다르다'는 제하의 기사와 사설을 실었을 뿐이었다.

며칠 뒤 김 국장은 지방 신문철을 뒤적이다가 진주에서 발행하던 〈경남일보〉가 5월 29일자로 삼성 재벌의 사카린 밀수사건을 다루었음을 발견하곤 아연실색했다.

김광섭 당시 편집국장은 최근 필자에게 이런 증언을 했다.

"〈경향신문〉은 '확인됐다'는 정도만 건드린 기사여서 톱기사로서는 불만스러울 정도로 내용도 빈약하고 기사 크기도 작았습니다. 그런데 뒤에 나온 다른 신문들은 우리 신문보다 깊게, 좀더 자세히 다루고 있었습니다. 그들은 이미 내막을 알고 있었지만 기사화하기엔 찜찜하니까 누군가가 터뜨려 주기를 기다린 겁니다. 그러니까 저만 모르고 특종이라 생각하고 기사화한 것이었지요."

〈경향신문〉 김광섭 편집국장은 이 폭로 기사를 社主(사주)와 상의 없이 냈다고 하여 한 달 뒤 편집고문이란 閑職(한직)으로 발령받았다.

한국신문윤리위원회는 11월 16일자 신문에 이런 요지의 경고문을 발표했다.

〈한국신문윤리위원회는 저간 사회에 큰 충격을 준 바 있는 세칭 '사카린 밀수사건'의 보도와 관련하여 일부 극소수 기자 간에 불미스러운 일이 있었다는 일부 보도와 항설이 있고, 또 5월에 발생한 사건이 9월 중순경에야 사회에 공개된 경위에 대하여 일반의 의혹이 있음을 중대시하고 본 위원회의 사명에 감하여 그동안 이를 신중히 조사해왔다.

본 위원회는 조사결과,

(1) 본 사건에 관하여 최초로 5월 29일자 〈경남일보〉의 사카린 밀수에 대한 대체적인 보도가 있었기는 하나 당해 세관을 비롯한 관계 당국의 이례적인 비협조 등으로 사건 진상의 취재가 곤란하였던 사실,

(2) 당해 세관 출입기자단의 일부 기자는 암암리에 물품 수입에 관한 모종의 부정이 게재되어 있지 않았나 하는 기미를 알고 있었음에도 불구하고 그 임무를 태만히 하여 능동적인 취재를 하지 않았다는 사실,

(3) 당해 세관 출입기자단은 그동안 집단적으로 또는 개별적으로 향응과 다소의 금품을 수수한 사실을 인정하였다.

이에서 보면 5월에 발생한 본 사건이 9월 중순에야 비로소 각 언론기관을 통해 보도되었다고 하여 그 경위에 있어 지탄받을 이유가 없다고 인정되는 바이나, 다만 관련 일부 기자들은 그 책임을 다하지 않고 그 품격을 유지하지 못함으로써 일시적이나마 언론계 전체에 대한 사회의 의혹을 사게 한 책임을 면할 수 없다.

이는 신문윤리강령 품격장 및 同(동) 실천요강 품격장 제1장에 위배되는 것이다. 따라서 본 위원회는 본건 관련 기자들에게 대하여 소속 언론기관이 응분의 조치를 취할 것을 요청하며 아울러 언론의 사회적 사명의 중대성에 비추어 금후 이러한 사례가 재발하는 일이 없도록 경고하는 바이다〉

李孟熙의 고백

〈경향신문〉의 특종에 의하여 촉발된 韓肥(한비·한국비료) 밀수사건은 움직일수록 세력이 커지는 태풍이 됐다. 언론이 민심을 자극하고 정치권을 격발시켰다. 여론에 떠밀린 박 대통령은 9월 19일 大檢(대검)으로 하여금 밀수사건을 전면적으로 재수사할 것을 지시했다.

李秉喆(이병철)은 해명 광고를 내고 1년 전에 창간한 〈중앙일보〉를 내세워 저항을 시도했으나 다른 언론들의 일제 공세를 유도한 셈이 됐다. 이병철 측은 이 사건은 회사의 직원 몇 사람이 개인적으로 저지른 범죄에 불과하고 그에 따른 처벌도 이미 받았으므로 이 문제를 다시 수사하는 것은 一事不再理(일사부재리) 원칙에도 어긋난다고 주장했던 것이다.

박 대통령은 9월 21일 "이번 삼성사건을 보고 재벌이 언론을 독점, 私物視(사물시)하는 폐단을 막을 필요성"에 대해서 성명을 내기도 했다. 언론-정치권-정부-대통령의 연합 총공세에 직면한 이병철은 9월 22일 한국비료를 국가에 바치기로 했다고 발표했다. 그는 또 사업에서 손을 떼고 2선으로 물러나겠다고 약속했다.

대검은 이틀 뒤 이병철의 차남인 한국비료 상무 李昌熙(이창희) 등 밀수 관계자들을 구속하고 이병철을 불러 신문했다. 〈동아일보〉를 필두로 한 언론은 집중 취재를 벌여 '사카린 밀수는 빙산의 일각이고 건설 자재란 명목으로 세탁기, 양변기, 전화기, 텔레비전 등도 밀수했다'고 보도했다. 검찰은 그러나 사카린 밀수에 한정해서 수사를 진행하여 10월 초에 마무리지었다.

10월 21일 〈동아일보〉는 한국비료가 양변기까지 밀수했다면서 그 증거로서 목격자들의 구체적인 증언들을 소개하기도 했다. 야당도 증인들을 불러 조사했으나 검찰은 증거가 없다면서 수사를 확대하지 않았다. 이로써 이 사건은 '직원들이 개인적으로 저지른 사카린 밀수'란 선에서 종결됐다. 그 후 한국비료에서 밀수품들을 땅에 파묻어버렸다는 소문이 간간이 흘러나오기도 했다.

그로부터 20년이 흐른 1986년에 나온 이병철의 《湖巖自傳(호암자전)》. 여기서 이병철은 한비 밀수사건이 억울한 일이었다고 주장했다. 그는 '이 사건이 정치 문제화되고 일부 매스컴이 이에 가담하여 끈질긴 삼성 공격을 되풀이했던 이면에는 당시의 복잡한 정계 사정이 있었다'고 썼다.

그는 또 'OTSA(필자 注-밀수된 사카린 원료) 문제가 일사부재리의 원칙이 무시된 채 강제수사를 받게 되었던 배경에는 몇몇 정치인의 공작이 숨어 있었다. 삼성이 마치 국가적 범죄라도 저지른 것처럼 몰아붙이는 것은 정도를 넘는 일이었다. 입을 열면 모두 변명으로밖에 받아들이지 않는 분위기였다'고 썼다.

이병철은 또 'OTSA는 요소비료 공정에 쓰이는 것으로 사들인 것인데 어떤 현장담당 사원의 부주의로 당국의 허가 없이 6톤(당시 5만 달러)을 처분했다. 이 과오로 벌금을 물고 일단 해결된 사건이었는데 몇몇 정치가의 의도적인 作害(작해)공작으로 말미암아 또다시 재연된 것이다'는 입장을 취했다.

다시 그로부터 7년 뒤인 1993년 이병철의 장남으로서 한국비료 건설에 핵심적으로 참여했던 李孟熙(이맹희)는 《회상록─묻어둔 이야기》를 펴냈다. 이 책에서 그는 한국비료 밀수사건에 대해 구체적·체험적으로 길게 언급했다. 그 내용은 아버지의 주장을 정면으로 뒤엎는 것일 뿐 아니라 1966년의 검찰 수사 결과를 웃음거리로 만들고 오히려 당시 언론의 보도(사카린 밀수는 빙산의 일각이란 주장)를 뒷받침하는 것이었다.

만약 이맹희가 이런 고백을 1966년 당시에 했더라면 아무리 강력한 박정희 정권이라 하더라도 무너졌을지 모르겠다는 생각이 들 정도의 충격적인 내용이다. 그러나 이 고백도 건망증이 심한 언론의 주목을 끌지 못하고 조용하게 넘어갔다.

이맹희는 요컨대 '한비 밀수사건은 박정희와 이병철의 공모 아래서 정부 기관들이 적극적으로 비호하는 가운데 광범위하게 이루어진 엄청난 규모의 조직적인 밀수였다'고 주장한 것이다.

당시 삼성이 한비 건설을 위해 일본 미쓰이 그룹으로부터 빌리기로 한

4,200만 달러의 차관은 현금이 들어오는 것이 아니라 미쓰이 측이 주로 기계와 설비를 한비 측에 파는 것에 대한 대금이었다. 이에 따라 미쓰이는 기계를 파는 편에서 관례대로 삼성 측에 100만 달러의 리베이트를 제공하게 되었다는 것이다.

'아버지는 미쓰이 측에서 제공할 리베이트 100만 달러를 이용하여 정치자금 문제, 한비 건설자금의 부족분 보충, 그리고 울산공단 건설용 기계류를 들여오는 문제를 동시에 해결하는 방법을 생각했다'는 것이 이맹희의 주장이다.

100만 달러의 불법적인 리베이트를 합법적으로 국내로 반입하는 것이 어려운 형편임을 알게 된 박 대통령은 "그렇게 돈을 가져오는 것이 힘들면 물건을 사와서 여기서 처분하면 될 것 아닌가"라고 했다는 것이다. 100만 달러어치 물건을 밀수해 와서 시중에 내다 팔면 대강 4배 정도를 벌 수 있다는 계산이 나왔다고 한다.

이맹희는 물가 인상률을 감안하면 '400만 달러는 피부에 와 닿는 감각으로는 지금의 2,000억 원에 해당하는 돈이었다'고 했다.

이맹희는 요컨대 '삼성이 정권 측과의 합의하에 리베이트 100만 달러어치의 물건을 밀수하여 암시장에 내다 팔고 그중 일부를 정치자금으로, 나머지는 한비 건설에 內資(내자)로 쓰기로 했다'는 이야기를 하고 있는 것이다.

정권과 재벌이 결탁한 조직적인 밀수

이맹희는 한비가 울산에서 밀수한 품목을 '정부와 협의한 부분'과 '정부와 협의하지 않고 몰래 한 부분'으로 나누었다. 양변기, 냉장고, 에어컨, 전화기, 스테인리스판 같은 것은 '정부와 협의한 밀수품'이었다고 한다. 이병철은 OTSA가 요소비료 제조공정에 필요한 것이었다고 주장했으나, 이맹희는 처음부터 암시장에 내다 팔 목적으로 계획적으로 도입한 것이라고 말해 아버지의 주장을 뒤엎었다.

〈아버지는 '우리 회사의 설탕 판매량에 타격을 줄 사카린의 재료를 우리가 왜 밀수했겠는가' 라고 했지만 설탕과 사카린은 그 용도가 다르다. OTSA를 시운전용 재료로 들여왔다고 하는 코멘트도 있었는데 화학을 아는 사람이 들으면 웃을 일이다. 그것은 비료공장과는 아무 관계가 없다. 이미 30년이 흐른 일이지만 사실은 사실대로 밝혀야겠다고 생각하기에 털어놓는 말이다〉

1966년 〈동아일보〉가 의문을 제기한 양변기 밀수도 사실이었다는 것이 이맹희의 고백 내용이다.

〈암시장에서 15만 원 하는 양변기를 외국에선 한화로 3만 원 정도면 구입할 수 있다는 사실을 알고, 우리는 화장실 양변기도 (밀수)품목에 포함시켰다. 우리가 울산을 통해 들여온 양변기 100개를 남대문 암시장에 푸니까 갑자기 가격이 10만 원으로 떨어졌다〉

밀수 스테인리스판을 암시장에 내놓으니 값이 한 장당 3만 원에서 2만 원으로 떨어졌고, 냉장고나 에어컨 값은 절반이나 3분의 1로 떨어지더란 것이다. 그래서 '이러다간 400만 달러는커녕 100만 달러도 못 건지겠다' 고 퍽 초조하게 생각했다는 것이 이맹희의 증언이다.

그는 또 '정부에서 파견된 기관들은 감시는커녕 우리의 밀수를 돕고 있었다' 고 했다. 밀수된 사카린 원료가 적발된 것은 정부 기관의 비호가 거두어져서가 아니라 사카린 원료를 사들이기로 했던 금북화학에 납품을 하고 있던 회사 측에서 한비 측의 트럭을 미행하여 붙든 것이라고 했다. 그는 또 이 사건을 벌금 물리는 정도로 흐지부지한 것도 '우리를 감싸주었던 정부 내 세력 덕분이었다'고 한다.

이맹희는 이러한 '정부와 협의한 밀수품' 외에 '정부 몰래 한 밀수'가 따로 있었다고 자신의 회상록에서 폭로했다. 그것은 박 정권 측이 정치자금 조성을 위해 밀수를 권하는 이 기회를 이용하여 삼성은 他(타)공장 건설용 기계류를 덤으로 밀수했다는 것이다. 他공장 건설용 기계류란 것은 나중에 울산공단 내 다른 공장들을 건설하는 데 써먹기 위한 것이었다고 한다. 이맹희는 1만분의 1mg까지 잴 수 있는 정밀저울이나 두꺼운 강판을 굽힐 수 있는 기계들을 그런 식으로 밀수했는데 한비가 국가로 헌납된 후에 고철로 팔리는 것을 보고 가슴 아팠다고 쓰고 있다.

이런 이맹희의 고백이 사실이라면 1966년의 요란했던 한비 수사는 결국 삼성이 회사 차원에서 저지른 대규모의 조직적인 밀수를 덮어버리고 '빙산의 일각'인 사카린 원료 수사에만 국한한 축소·은폐였다는 결론에 도달한다. 정부로서는 수사를 더 깊게 하면 삼성과 공모한, 정치자금을 위한 밀수와 비호 사실이 드러날 것을 두려워했고, 삼성으로선 사카린 원료가 밀수품이 아니라고 버티다간 본질적인 부분이 노출될 것이기 때문에 '사카린 밀수 시인, 한비의 국가헌납' 선에서 타협을 본 것이란 뜻이다.

과연 이맹희의 이 엄청난 고백은 사실인가. 기자는 검증에 들어간다.

1966년 대검 특별수사반의 반장은 대검 차장검사이던 金炳華(김병화·별세)였고, 부반장은 李宅珪(이택규·당시 서울고검 검사)였다. 법률신문사 회장 李 변호사는 이병철 신문 담당이기도 했었다. 그는 이렇게 말했다.

"1966년 5월에 지방 신문에 보도되었지만 언론들이 쓰지 못한 데는 당시 〈중앙일보〉 측의 엄청난 財力(재력)에 다른 신문들이 겁을 먹고 못 쓴 것이었지요. 물론 세관 출입기자 중 금품을 수수한 기자가 나오기도 했지만 이 사건과는 직접 관련이 없는 경우였습니다. 그런데 〈경향신문〉이 쓰니까 이때다 싶어서 모두들 달려든 겁니다. 언론끼리 전쟁을 한 셈이었지요.

울산의 한비 건설 현장에 수사차 도착해 보니 사카린 원료인 OTSA가 담긴 부대 말고는 아무것도 보이지 않았습니다. 언론에서 주장하는 다른 물품은 눈을 씻고 찾아봐도 없었지요. 수사 결과, 삼성이 비료공장을 짓기 위해 일본으로부터 차관을 얻는 데 성공했지만 內資(내자)가 없어 물품을 밀수, 되팔아 내자로 사용하기 위한 것이란 윤곽을 알게 됩니다.

그해 9월 29일 이병철 씨를 신문했는데 딱 잡아떼더군요. 그는 '사카린 원료인 OTSA는 비료공장에서 사용할 재료로 구입한 것이고 부하 직원이 유용한 것'이라고만 했어요. 그 후 다시 한 번 신문을 하게 됐는데 목이 쉬어 말을 못 할 정도가 되었습니다. 계속 추궁하니까 쉰 목소리로 '삼성을 어떻게 보고 그렇게 말합니까. 내가 그렇게 밀수까지 할 필요가 어디 있소'하며 저에게 따지던 기억이 납니다.

서류를 추적해 가니 차남 李昌熙(이창희)의 도장 결재는 보이는데 이병철 씨의 것은 없어 법적인 책임을 묻기 어려웠습니다. 결국 증거 확보에 실패한 채 차남을 구속시키는 선에서 사건이 매듭지어진 겁니다."

이택규 씨는 이어서 놀라운 증언을 했다.

"1972년에 제가 초대 관세청장으로 근무할 때입니다. 이때 한국비료 측에서 연락이 온 겁니다. 물론 삼성 측이 손을 뗀 다음이니 삼성과 직접 관련이 없었겠지요. 내용인즉, 한비 공장 앞마당을 파 보니 콘크리트 지하실이 발견됐는데 그 속에 외제 물건들이 산더미처럼 쌓여 있는 것을 발견했다는 겁니다. 가서 보니 전화기, TOTO 양변기 등 전부가 돈이 되는 것들이었지요. 한국비료 측에서는 국무회의에서 이것을 팔기로 의결했으니 절더러 통관을 시켜달라는 것이었습니다. 알아보니 사실이더군요. 그러면서 오래된 물건이니 고물 취급을 해 달라는 겁니다. 저는 일언지하에 거절하고 가져올 때 새 것이었다는 이유를 들어 관세 전액을 물렸습니다.

하지만, 6년 전 검사 시절에 수사를 하면서 내가 왜 이걸 놓쳤나 하는 부끄러움과 자괴감이 한동안 날 괴롭혔지요. 그때 수사란 것이 너무나 형식에 매달렸다는 반성과 함께 사카린 원료 OTSA 밀수사건은 언론이 지적한 대로 '빙산의 일각'이었구나 하고 가슴을 쳤습니다."

요소비료 연간 생산량 33만 톤 규모의 한국비료 건설을 허가할 때 상공부에서 기술 검토를 했는데 담당국장은 吳源哲이었다. 뒤에 중화학공업담당 대통령 수석비서관을 지낸 그는 경제기획원에서 보내온 기술검토 의뢰서를 읽어보고 건설자금 총계가 마음에 걸렸다고 한다.

〈당시 4,390만 달러였다(후에 4,800만 달러로 증액). 너무 비싸다. 진해 제4비료 건설비는 부대비 396만 달러를 포함해서 3,593만 달러였다. 공장의 규모는 거의 동일하다. 제4비료는 복합비료 공장이고 한국비료는 단일제품 공장이므로 더 싸야 한다. 의문이 생길 수밖에 없었다. 그날 퇴근시간쯤 되어서 전화가 왔다. 장기영 부총리였다.

"오 국장, 비료사업이 중요한 것은 다 알고 있지. 한국비료의 기술 검토를 오늘 중으로 끝내고 내일 보내시오."

나는 하도 어이가 없어 "자료가 없어 검토할 수 없습니다"라고 하니 전화가 탁 끊겼다. 그런데 10분도 안 되어서 상공부 차관실에서 전화가 왔다. "오 국장, 내일까지 끝내시오"라고 하지 않는가. 그래서 담당과장에게 "기술 검토하기에 자료가 불충분하니 '검토 불가'라고 써서 보내시오"라고 지시했다〉(오원철, 《한국형 경제건설 제1권》에서 인용)

오원철은 필자에게 "한비 건설비가 제4비료공장보다 절대로 비쌀 수 없다"는 입장을 되풀이했다. 그렇다면 이것은 이맹희가 고백한 대규모 밀수와 어떤 관계가 있는 일인가. 박정희는 과연 이병철과 밀수를 공모하여 정치자금을 떼려고 한 것일까.

李秉喆의 生前 변명

1987년 李秉喆의 사망 직전에 나온 그의 자서전 《호암자전》은 한국비료 공장 건설과 관련하여 박정희 대통령을 걸고 들어가는 기술 방법을 택했다. 박정희 대통령은 李秉喆에게 농민들에게 값싼 비료를 공급하기 위한 공장을 꼭 지어 달라고 간청하는 입장이었다고 한다. 발단은 1964년 봄으로 거슬러 오른다.

朴 대통령은 청와대를 예방한 이병철에게 이렇게 말했다는 것이다.

"이 사장은 이제 일을 피하지 말고 새 사업을 일으켜 경제재건에 적극 참여해주시오."

이렇게 운을 뗀 朴 대통령은 농약공장을 지어달라고 했다. 이병철은

"기술·자금·시장성을 아직 검토해보지 않아 뭐라고 말할 수 없다"고 회피했다는 것이다.

"그렇다면 이 사장께서 오랫동안 구상하신 비료공장은 어떻습니까."

李秉喆은 그 제의에도 即答(즉답)을 피했다. 朴 대통령은 "이 사장은 우리 정부에 협조할 생각이 없군요"라고 했다는 것이다.

"그렇지 않습니다. 다만 역부족일 뿐입니다."

"이 사장이 역부족이라면 다른 사람은 더 논할 것도 없지요. 그러지 말고 정부가 적극적으로 뒷받침할 테니 비료공장을 지어주시오."

"대통령이 혼자 애써준다고 해서 될 일이 아닙니다. 행정부는 물론 거족적인 뒷받침이 필요합니다. 행정부의 적극적인 협조 없이는 이와 같이 큰 사업은 성사되기 어렵습니다."

박 대통령은 즉석에서 장기영 부총리를 불러들이더란 것이다.

"장 부총리, 이 사장이 비료공장을 짓기로 했습니다. 장 부총리가 전 책임을 지고 뒷받침하시오."

"최선을 다해서 지원하겠습니다."

이병철은 확답을 하지 않고 물러 나왔는데 張 부총리는 그 뒤 여러 번 공장을 건설해달라고 간청해왔다고 한다. 張 부총리는 "대통령의 뜻도 그러하지만 나도 내 임기 중에 비료 문제만은 해결하고 싶다"고 했다.

張 부총리와 이병철은 부산 피란 시절부터 서로 잘 아는 사이였다. 그 때 장기영은 한국은행 부총재로 근무하고 있었고, 이병철은 제일제당을 경영하고 있었다.

이병철은 "그가 가는 곳에는 항상 활기가 넘쳤다. 어찌나 분주한지 세상을 마치 혼자서 다 사는 것 같았다"고 회고한 적이 있다.

이병철은 장기영 부총리에게 조건을 달았다고 한다.

"연산 30만 톤 규모의 비료공장을 짓는 데는, 첫째 정부시책이 朝令暮改(조령모개)가 안 된다는 전제조건이 있어야 하고 대외 교섭 등 모든 권한을 삼성에 일임한다는 정부의 공한이 필요합니다."

張 부총리는 한마디로 이를 수락했다는 것이다. 며칠 후 박정희는 이병철을 불렀다.

"결심해 주셔서 고맙습니다. 어차피 이 공장은 이 사장이 짓는 것이니 서둘러주십시오."

박정희는 그렇게 말한 뒤 동석한 장기영에게 "이 사장이 일단 약속한 이상 안심해도 됩니다. 그 대신 정부가 지원할 일이 있으면 적극적으로 뒷받침하시오"라고 거듭 당부했다고 한다.

이러한 한국비료 건설 결정 방식에 대해서 당시 상공부 공업국장 오원철은 《한국형 경제건설 제1권-엔지니어링 어프로치》란 회고록에서 아주 비판적으로 기술했다.

당시 농업 인구가 전 국민의 약 70%일 때 비료의 중요성은 산업화 시대 철강의 중요성과 같았다. 박정희 정부는 농민들에게 비료를 싼 값에 충분히 공급하기 위해 1962년부터 시작된 제1차 경제개발 5개년 계획 기간에 제3, 제4비료공장을 건설하기로 했다.

미국에서 차관을 비는 과정에서 박 대통령은 많은 수모를 겪었다. 울산에 제3, 진해에 제4비료공장을 건설하는 데 들어갈 돈은 각각 4,420만 달러였다. 이 중 각 2,000만 달러가 자본금인데 한국 측과 미국 회사(제3비료는 스위프트, 제4비료는 걸프)가 각 1,000만 달러씩을 출자했다. 나머지 각 2,420만 달러는 미국국제개발처(AID)에서 차관으로 들여

오기로 했다.

AID 차관의 조건은 좋았다. 최초 10년간은 연 1%, 그 후 20년간은 연 2.5%의 장기 저리 차관이었다. 경제기획원은 AID로부터 이런 차관을 얻어놓곤 제3비료 공장에 대해서 3년 거치 15년 상환에 이자 5.75%로 빌려주기로 했다. 말하자면 돈 장사를 하려고 한 것이다.

이런 전략을 간파한 미국 회사는 무리한 요구를 내세우기 시작했다. 자연히 경제기획원은 미국 측 편을 들게 되고 공장 건설 담당부서인 상공부는 고립되었다고 오원철은 비판했다.

약소국 대통령의 悲哀

울산 제3비료(영남화학)에 출자하기로 한 스위프트 사는 먼저 15년간의 경영권을 내놓으라고 요구했다. 우리 측도 50% 출자를 했고 비료원료인 인광석, 유황, 염화칼리를 스위프트 측으로부터만 사주기로 했는데도 이런 요구를 한 것이다. 시장도 뺏고 회사도 가져가겠다는 말과 같았다.

한미 양쪽은 격론 끝에 직접 투자액(자본출자금)의 150%를 회수할 때까지만 스위프트 측에 경영권을 주고 그 후는 공동 경영하기로 타협했다. 스위프트 사는 또 제품이 나오면 전량을 한국 정부에서 사주고 그 대금은 즉각 지불해줄 것을 요구했다. 이것은 받아들일 수밖에 없었다.

이 회사는 또 투자분에 대한 이익 보장을 요구했다. 그들의 타산은 투자한 돈에 대해서 매년 20%씩 이익을 거두어 5년 만에 원금을 회수한다는 것이었다.

이 조건을 충족시키기 위해서 비료 값을 매길 때의 공식을 제시했다. 즉, 생산비가 얼마 들든지 간에 판매 가격은 '미국과 일본의 국내 비료 판매 가격 평균에다가 수송비를 가산한 가격'으로 정할 것을 요구했다.

비료는 어느 나라나 수출 가격이 국내 가격보다 싸다. 그런데 미국 측은 비싼 국내 가격을 산정 기준으로 삼은 데다가 미국에서 비료를 사오는 것으로 가정하여 수송비까지 덧붙이더라는 것이었다. 비료를 수입하는 것보다 비쌀 것이 뻔했다.

우리 정부는 약간 수정하여 이 요구도 수용했다. 경제기획원은 협상 과정에서 이상한 조건을 붙였다. 제3비료가 연간 20% 이상, 즉 연간 400만 달러 이상의 수익을 올릴 경우, 그 잉여 이익의 10%를 정부에 내어놓고 나머지는 스위프트 사와 한국 측 합작회사(충주비료공장, 나중엔 한국종합화학회사)가 갈라먹기로 한 것이다.

제4비료공장에 투자하기로 한 걸프 사는 그래도 油公에 합작 투자를 하고 있었던 관계로 해서 스위프트 사처럼 지독한 이익 보장을 요구하지는 않았다. 걸프가 제시한 조건은 제3비료보다는 우호적이었다. 걸프 측은 또 연간 400만 달러 이상의 이익이 나면 20%를 정부에 내겠다고 했다.

건설 주무부서인 상공부의 오원철 공업1국장은 "미국 측의 요구 조건이 해도 너무 한다는 생각이 들고 우리를 깔보는 것에 분통이 터졌다"고 한다. 그는 농림부와 손잡고 경제기획원을 상대로 문제를 제기하기로 했다. 그리하여 박 대통령을 모시고 경제기획원 회의실에서 대책회의를 열었다.

'왕초'란 별명을 가진 장기영 부총리는 오원철의 문제 제기에 대해선 가만히 듣고만 있었다. 농림부 쪽에서 한국 측에 불리한 합작조건에 대해서 보고를 하자 신경질을 냈다.

"여보 김 과장, 답변하시오. 비료 값이 좀 비싼 것이 낫소, 아니면 비료가 없는 것이 낫소."

"김 과장, 답변하시오. 비료공장 안 지어도 좋아요?"

이렇게 다그치자 농림부에서 나온 사람은 얼었다.

"그래도 비료공장은 필요합니다."

"그럼 됐소."

이렇게 결론을 내린 장기영은 박 대통령에게 "각하, 조건은 좀 불리합니다. 그런데 대안이 없습니다"라고 했다.

박정희는 무섭게 오원철을 노려보았다. 吳 국장도 시선을 피하지 않았다. 朴 대통령의 눈은 분노로 차 있었다. 오 국장은 처음에는 기합인 줄 알았다. 朴 대통령의 눈에서는 분노와 함께 비애 같은 것이 느껴졌다. 한 2분의 침묵.

朴 대통령이 입을 뗐다.

"그 안을 시행하시오."

오원철은 "나는 지금도 나를 무섭게 노려보던 그때 그 사령관의 눈동자를 잊을 수 없다. 평생 못 잊을 것이다. 약소국 대통령의 슬픈 표정을 읽을 수 있었기 때문이다"라고 회고했다.

울산에 지은 제3비료공장의 건설비는 3,647만 달러, 진해에 지은 제4비료공장은 3,593만 5,000달러로 확정했다. 제3, 4비료공장은 가동하자마자 엄청난 이익을 냈다. 효율적인 공장운영 덕분이기도 했고 투자회사 측에 일방적으로 유리한 계약 조건 때문이기도 했다.

걸프가 투자한 제4비료, 즉 진해화학의 경우 1968년의 순이익은 596만 달러, 이듬해엔 780만 달러, 1973년엔 1,218만 5,000달러의 순이익을 냈다. 2,000만 달러의 자본금으로 이렇게 많은 이익을 내니 언론과 야당으로부터 비난이 쏟아졌다.

미국식 경영법과 한국식 관행의 충돌

미국 회사 스위프트가 경영권을 쥐게 된 울산의 제3비료공장, 즉 영남화학의 경우, 미국식 경영이 무엇인가를 한국 측에 가르쳐주는 계기가 됐다.

공군참모총장 출신인 金昌圭(김창규) 사장은 실권이 없었다. 미국인 부사장 호프웰은 철두철미하고 냉정한 미국식 경영자였다. 미국 투자회사를 위하여 자신의 명예를 걸고 한 치의 양보도 없었다고 한다(오원철, 《한국형 경제건설 제1권-엔지니어링 어프로치》에서 인용).

사무실 배치부터 달랐다. 다른 회사는 부장부터 방을 따로 썼다. 이곳에서는 이사실도 방문을 없애고 벽으로 차단한 정도였다. 부사장도 아예 자신의 문을 열어놓았다. 김 사장도 그렇게 하지 않을 수 없었다. 손님이 와서 차를 한 잔 마시더라도 사생활은 있을 수 없었다. 노크도 필요 없게 만들었으니 언제 누가 들여다보고 들어올지 모르게 만들어 私的인 한담은 할 수 없었다.

미국 경영층은 표준원가제도를 우리나라에서 처음으로 도입했다. 전기 값, 물 값, 원료 값, 부대비 값의 표준을 정해놓고 매달 따지고 들었다. 자연스럽게 절약운동이 시작됐다. 水災(수재)가 났을 때 회사 이름으로 기부를 하자고 해도 미국인에겐 통하지 않았다. 그것은 회사가 아니고 정부가 할 일이라고 못 박았다. 부득이 사전에 지출한 것도 검토해서 사리에 맞지 않으면 개인 변상을 시켰다. 공무원을 접대한다는 것은 있을 수 없는 일이었다. 정치자금은 어림없는 이야기였다.

이렇게 원가를 절감하고 합리적인 경영을 한 덕분에 제3비료(영남화학)는 제4비료(진해화학)보다 1969년엔 17%, 다음해엔 20%나 이익이 더 났다. 이렇게 되니 진해화학에 비상이 걸렸다. 진해화학도 경영 합리화를 위해 애쓴 결과 이익차가 줄어들었다. 경쟁이 가져온 결과였다.

영남화학의 이런 미국식 경영법이 좀더 오래 계속되었더라면 한국의 기업 풍토를 개선하는 데 모범이 되었을 것이라고 아쉬워하는 사람들도 있다. 1971년 호프웰 부사장이 돌아가고 플래트란 사람이 후임으로 온 뒤에는 경영 방식이 다시 한국식으로 변했다는 것이다. 그는 친한적인 인사였고 한국 여인과 결혼할 정도였다.

이성적인 미국식 경영법과 감성적인 한국식이 충돌한 사건이 1968년 추석 때 영남화학에서 일어났다. 호프웰 부사장은 종업원을 모집할 때 한 사람, 한 사람을 불러 과거 근무하던 회사에서 받은 봉급을 물어보았다. 본봉 외에도 보너스, 추석 떡값, 가족 수당 등 10여 개의 항목이 나오는 경우가 대부분이었다.

그는 이렇게 복잡한 임금 체계는 곤란하다면서 총액을 계산해내고 거기에 일정액수를 더하여 본인의 동의를 받은 후 연봉제로 계약했다. 그리고는 연봉 총액의 12분의 1을 월급으로 지급하게 됐다. 한국인 측에선 연봉의 18분의 1씩만 월급으로 주고 18분의 6은 떼어놓았다가 때에 맞추어 보너스나 명절 떡값으로 주자고 했다.

합리적인 호프웰 부사장은 종업원의 월급을 이자도 붙여주지 않고 보관했다가 나중에 주는 것은 종업원의 이익에 반하는 것이라면서 반대했다. 이론적으로는 맞는 말이다. 호프웰 부사장은 종업원을 위한다면서 보너스 제도를 없애버렸다. 그런데 종업원들은 다른 회사는 추석 보너스를 받고 있으니 우리도 달라면서 파업을 하고 말았다.

오원철은 이렇게 썼다.

〈호프웰 씨는 한국인은 도저히 이해하기 어려운 사람들이라고 생각했을 것이다. 김창규 사장은 그를 호프레스(Hopeless)라고 불렀지만 물론 호프웰 씨는 한국인의 가치관에 대해서 호프웰(Hopewell)이라고 생각하지는 않았을 것이다〉

제3, 제4비료공장 건설의 상공부 측 실무책임자였던 오원철 당시 공업1국장은 제5비료공장, 즉 한국비료 건설이 박 대통령과 장기영 부총리의 강권에 의해 시작됐다는 이병철의 주장에 의문을 제기한다.

장기영이 경제기획원 장관으로 부임한 것은 1964년 5월 10일. 한국비료공장의 사업 승인 안건이 국무회의에서 가결된 날짜는 4일 후인 5월 14일. 바로 다음날, 한국비료 건설 계획이 외자도입촉진위원회에서 전격적으로 통과됐다. 이병철의 자서전에 쓰인 대로 이 4일 사이에 과연 '장기영이 여러 번 나를 찾아와서 간청하고' 그 자신은 마지못해 응낙하여 서류를 작성한 뒤 그 안건이 국무회의를 통과할 수 있었을까 하는 의문이 든다는 것이다.

제2의 의문은 제1차 경제개발 5개년 계획에 들어 있지 않은 대규모 공장 건설이란 점이다. 1970년까지의 비료 수요를 기준으로 하여 제3, 4비료를 짓기로 하고 기본 계약을 체결하기도 전에 요소비료 33만 톤 규모의 세계 최대 공장을 또 짓기로 한 것은 정상이 아니란 지적이다. 한국의 요소비료 생산량은 4개 기존 비료공장이 가동할 때를 기준하면 총 33만 8,000톤이 된다. 한국비료가 생기면 요소비료 생산량이 倍(배)가 된다. 국내시장이 포화 상태가 되면 어떻게 할 것인가. 삼성은 '남으면 수출한다'는 조건을 붙였다.

제3의 의문은 절차의 무시. 한비 건설 안건은 국무회의를 통과한 뒤에 경제기획원의 승인을 받았다. 비료공업을 책임지고 있던 상공부와 비료 수급을 책임지는 농림부는 바지저고리가 됐다.

"나는 누가 주동을 했는가 지금도 의문을 갖는다. 여하간 삼성의 비료 공장에 대한 강한 집착과 그 치밀한 밀실 계획을 짐작할 뿐이다"라고 오원철은 회고했다.

정보부 全在球 증언

제4의 가장 큰 의문은 너무 비싸게 책정된 공사비. 제4비료공장은 한비와 규모는 비슷하지만 단일비료공장이 아닌 복합비료공장으로서 건설비는 단일공장인 한비가 더 싸야 한다. 그런데 한비 건설비가 제4비료 공장보다도 수백만 달러나 더 높게 매겨진 것이다.

이 의문을 요약하면 이병철은 장기영을 통해서 한비 건설에 필요한 정부의 전폭적인 지원을 끌어내고 공사비를 높게 책정한 뒤 일본으로부터 물자 차관 형식으로 여러 가지 물품을 많이 도입하여(이때까지는 합법적) 이것들을 시중에 내다 팔아(이때부터 불법) 내자를 조달하려하지 않았나 하는 것이다. 이병철의 장남 이맹희는 자서전에서 "사카린뿐 아니라 양변기, 전화기, 냉장고, 텔레비전과 공장 건설 장비까지도 밀수하여 그 일부를 시중에 팔았다"고 말했다.

이맹희의 증언과 오원철의 의문 제기는 묘하게 통한다. 이택규 당시 수사 검사가 실토한 대로 한국비료공장 지하에는 많은 밀수품들이 파묻혀 있었다. 회사 차원의 조직적인 밀수였다. 이런 사실을 과연 이병철이 모를 수 있었을까. 그가 알았다면 말년에 쓴 《호암자전》의 변명은 무엇인가.

김정렴 전 대통령 비서실장(1969~1978년 재직)은 '이맹희 씨의 주장처럼 박 대통령이 과연 삼성그룹의 밀수를 비호해주었는가' 라는 질문에 대해서 강하게 부정했다.

"밀수와 탈세를 망국병이라고 해서 대통령 특명으로 밀수합동단속반까지 만드신 양반인데 어떻게 밀수를 하라고 합니까. 그 양반이 돈에 대해서는 기가 막히게 결백했어요. 뇌물은 생리적으로 맞질 않았어요. 정치자금 모금은 필요악이니 김성곤 공화당 재정위원장한테 맡겨두었다가 유신 이후에는 나한테 맡으라고 하셨어요."

박정희 대통령은 한비 밀수사건이 터지자 이 공장의 건설에 차질이 빚어질까봐 무척 걱정했다고 한다. 그는 정보부의 李秉斗(이병두) 차장과 全在球(전재구) 3국장을 불렀다고 한다(全씨 증언).

"세계에서 가장 큰 비료공장을 지어 농민들에게 값싼 비료를 공급하려고 했는데 밀수사건이 터져 차질이 우려된다. 밀수사건 수사는 검찰에 맡기고 건설은 어떤 경우에도 중단 없이 해야 한다. 임자들이 울산으로 내려가서 현장 사람들을 안심시켜주게. 어떤 일이 있더라도 공사는 중단하지 않도록 정부가 책임진다고 말하고 와."

그런 당부를 하면서 박 대통령은 두 사람에게 여비까지 보태주었다. 두 사람은 울산의 한국비료공장 건설 현장에 내려가 인부들을 불러 모아놓고 흔들림 없이 공사에 임해줄 것을 당부했다. 1968년 한비 밀수사건이 일단락되고 2년이 지난 어느 날 박 대통령은 김형욱 부장을 통해 전재구 국장에게 이 사건의 진상을 정보부가 조사해서 보고할 것을 지시했다. 한비 밀수와 관련해서 뜬소문이 끊이질 않아 대통령도 진상을 궁금해 하는 모양이었다.

전재구의 기억에 따르면, 정부가 삼성에 한비공장 건설을 허가한 서류들을 살펴보니 '공장 건설에 필요한 시설 및 자재 일체에 대한 도입 허가'라고 되어 있었다는 것이다. 이런 포괄적인 허가 조건을 악용하여 공장에 필요 없는 물건들까지 들여와 시중에 내다 팔아 내자를 조달하려다가 사고를 냈다는 것이 전재구 팀의 조사 결과였다는 것이다.

이런 식의 허가를 내준 정부는 사실상 삼성에 밀수 면허를 내준 셈이 된다. 상공부 공업1국장으로서 한비공장 건설 허가에 이견을 제시했던 오원철은 "박 대통령이 모르는 사이에 삼성과 정권의 실력자들이 일을 꾸몄을 가능성이 있다"고 말하면서 "돈에 대해서 결벽증이 있는 그분께서 직접 한국비료로부터 정치자금을 뜯었다느니 밀수를 허가했다느니 하는 식의 주장은 잘 모르고 하는 소리다"라고 했다.

金斗漢 의원의 분뇨 투척

'한비 사카린 밀수사건'은 1966년 9월 15일자 〈경향신문〉 보도를 발단으로 거의 모든 언론사의 취재 경쟁에 불을 붙였다.

당시 〈동아일보〉 편집국장 金聖悅(김성열)은 〈경향신문〉 가판 기사를 읽고 "5월 말 진주의 〈경남일보〉가 보도한 것이 사실이구나"라며 무릎을 쳤다고 한다.

"이 사건은 5월 말 〈경남일보〉가 첫 보도를 했는데 대재벌이 사카린 따위나 밀수한다는 지방지의 보도가 쉽게 믿기지 않았던 겁니다. 중앙지 기자들은 반신반의한 채 사태의 추이만을 지켜보고 있던 중 〈경향신문〉 가판 기사가 난 겁니다."

언론은 여론을 격랑처럼 출렁거리게 했다. 제58회 정기국회(제6대) 회기 중인 9월 22일부터 10월 6일까지 국회에서도 '특정 재벌 밀수 사건'이란 안건으로 이 사건을 다루게 됐다.

정일권 국무총리와 장기영 경제부총리, 関復基(민복기) 법무장관, 김정렴 상공장관 등 관계 장관이 출석했다. 9월 22일의 발언 순서는 공화당의 이만섭 의원, 민중당의 김대중 의원, 무소속의 金斗漢(김두한) 의원 차례였다. 이만섭 의원은 "천인공로할 밀수사건을 국회가 철저하게 파헤쳐야 할 뿐 아니라 이병철 씨를 즉각 구속해야 한다"고 주장했다.

金佐鎭(김좌진) 장군의 아들이며 광복 이후 반공 투쟁에 앞장섰던 김두한 의원은 다혈질의 열혈남아였다. 이날 그는 신문지로 포장하고 노끈으로 묶은 석유통을 들고 일찍 국회에 등원해 있었다.

평소 친하게 지낸 이만섭 의원이 김두한 의원 옆에 앉아 있다가 "김 의원, 그게 뭐요?" 하고 묻자 그는 굳은 표정으로 "응, 이거 사카린이야, 이 의원"하고 대꾸했다.

"그래요? 나는 말로만 들었지 사카린은 구경도 못 해 봤는데 어디 한번 봅시다."

"지금 보면 안 돼. 나중에 보게 될 거요."

앞줄에 앉아 있던 상공부 오원철 공업국장도 이 대화를 듣고 있었다. 잠시 후 김두한 의원이 석유통을 들고 단상으로 올라갔다. 그는 질문 아닌 연설을 시작했다.

다음은 국회속기록에 담긴 내용이다.

〈…그렇기 때문에 시간이 없어서, 나는 대통령이 여기에 나왔으면 호되게 한 번 따지고 싶지만, 국무총리가 여기 대통령을 대리하고, 여기 장관이 나와 있으니까 나는 이 사람을 내각으로 보지 않고, 오늘날 삼 년 몇 개월 동안 부정과 불의를 하는 것을 합리화시켜버린 하나의 피고로서 오늘 이 시간부터 다루겠습니다(웃음소리). 이것이 도적질해 먹는, 국민의 모든 재산을 도적질해서 합리화하고 합리화시키는 이 내각을 규탄하는 국민의… 국민의 사카린올시다. 그러니까 이 내각은 고루고루 맛을 보아야 알지…〉

단상 위 국무위원석에 앉아 있던 김정렴 당시 상공부 장관은 그 순간을 이렇게 회고했다.

"그날 김두한 의원을 보니 표정이 좀 이상해요. 본회의장 발언대에 들어오는 것도 이상하고, 아주 격렬한 연설을 하는데 보니까 '저것이 뭔가 있다'는 느낌이 듭디다."

다시 국회속기록을 보자.

〈"똥이나 처먹어 이 새끼들아(장내 소란)".

("산회 선포해요" 하는 이 있음).

부의장(李相喆): 오늘은 이로써 산회를 선포합니다(오후 1시 6분 산회)〉

이때 오물을 제일 많이 뒤집어 쓴 사람은 김정렴 장관이었다.

"뭐가 날아오는데, 날아오는 걸 보니까 똥이야. 순간적으로 이건 피하면 안 되겠다는 생각이 들었어요. 매일 주무장관인 내가 답변도 충분히 못하는 판에 기자들은 연일 사표 내라고 아우성이었지요. 그런 판에 저걸 피하면 안 되겠다 싶더군요. 나는 떡 앉아서 정통으로 뒤집어썼지. 속죄하는 셈 치고 정통으로 맞았죠. 화장실에 가서 대충 씻고 집으로 가서 옷 다 벗고 몇 번을 물 데워서 씻고, 그래도 냄새가 안 나가요. 한참을 했죠. 그날 오후에 정일권 총리에게 사표를 냈어요. 정 총리가 '수습을 하고 난 다음 내야지 도중에 내느냐. 나한테 맡겨라' 하시더니 받고 넘기셔요. 26일 저녁에 해임됐어요."

국회 오물 투척사건이 발생한 다음날 丁一權 내각은 일괄 사표를 제출했다. 다음날 박 대통령은 김두한 의원 사건을 개탄하는 특별 공한을 국회에 보내기도 했다. 국민들에게는 속 시원한 일로 회자되었지만 김두한 의원은 국회의원의 품위를 지키지 못한 의원이 되어 제명 처분됐다.

金炯旭의 모함

며칠 뒤 이만섭 의원은 박 대통령으로부터 저녁식사 초대를 받아 청와대로 들어갔다. 정일권 국무총리, 장기영 부총리, 엄민영 내무장관, 이후락 비서실장, 김형욱 정보부장도 와 있었다.

식사 도중 반주가 몇 순 배씩 돌자 김형욱 정보부장이 대통령에게 이렇게 말하더란 것이다.

"각하, 이번에 김두한이 오물을 뿌린 것은 김종필이가 시켜서 한 짓이

틀림없습니다."

"그럴 리가 있나? 김 부장이 잘못 알았겠지."

"틀림없습니다. 사카린 밀수사건을 처음 보도한 것이 〈경향신문〉인데 그것은 JP계열인 김용태 의원이 정보를 흘려주었기 때문입니다. 그리고 김두한이 구속되어 형무소에 갈 때도 JP 라인인 김택수가 5만 원짜리 수표를 건네주었습니다. 연설 내용을 보아도 이후락 실장과 장기영 부총리는 공격하면서도 김종필은 동정하는 투였습니다."

옆에 있던 다른 사람들도 김 부장의 이야기를 거들면서 사건 배후 인물로 김종필을 지목했다고 한다. 박 대통령도 김형욱 부장의 말을 믿기 시작하더라고 한다.

"김 부장, 그러면 김두한이를 끝까지 다그쳐서 자백을 받아내."

앉아 있던 이만섭 의원은 '이것 큰일 났구나. 대통령 주위에 이런 사람들이 둘러싸고 있으면 결국 대통령도 오판하게 마련이구나' 하는 생각이 들더란 것이다.

저녁식사 후 한 사람씩 대통령과 악수를 하고 헤어질 때 이만섭 의원은 일부러 맨 마지막까지 남아 박 대통령과 서재에서 독대했다.

"각하, 저는 JP 라인도 아니고 공화당에 입당한 것도 대통령 한 분을 믿고 들어왔습니다. 오늘 나온 이야기는 사실과 전혀 다릅니다. 〈경향신문〉에 기사가 난 것은 JP 계열에서 흘려준 것이 아니고 울산지국을 통해 취재해서 보도한 기사입니다. 김택수 의원이 김두한 의원에게 돈을 준 것도 같은 건설위원회에 속해 있던 김 의원에게 私食(사식)이라도 사먹으라고 인간적으로 준 돈입니다. 그리고 김두한 의원이 남에게 사주를 받아 연설할 사람도 결코 아닙니다."

박 대통령은 묵묵부답이 되어 심각한 표정만 짓고 있었다.

"각하, 제 말씀이 진실입니다. 몇 사람이 짜고 각하께 거짓말하는 것을 그대로 볼 수 없어 이렇게 감히 말씀드리는 것입니다."

"알았소."

이만섭 의원이 보기에는 박 대통령도 자신의 이야기를 믿는 것 같았으나 김형욱 부장에게 한번 지시한 것을 번복하고 싶지는 않은 것 같았다고 한다(이만섭 회고록 《證言臺(증언대)》에서).

며칠 뒤 이만섭 의원이 식당에서 우연히 김두한을 만났더니 혹독한 수사를 받은 때문에 건장하던 사람이 몰골은 초췌해지고 말도 제대로 못할 정도가 되어 있더라고 한다.

이 무렵 김종필 공화당 의장은 미국 웨스터민스터대학을 방문, 명예박사 학위를 받은 뒤 귀국하는 도중에 월남을 방문하고 있었다.

1986년에 김종필은 이렇게 증언했다.

"월남에서 국내 소식을 들어 보니 그 야단이 났더구먼. 내가 돌아온 뒤 나중에 김두한 의원이 나한테 얘기를 해요. 그런 음모가 있더라구. 그런 식으로 진술하라고 강요까지 하고 그랬는데 뭐 이런 사람이 다 있느냐고 그래요. 그래 내가 세상에 할 일이 없어서 그런 짓을 했겠어요. 그때 조사했던 검사도 세상 떴지만, 속으로 나한테 퍽 미안해하면서 갔을 거요."

한비 사카린 밀수사건은 이병철의 차남 이창희가 구속되고 한국비료공장 주식의 51%를 정부에 헌납한다는 약속을 함으로써 일단락지어졌다.

한비 주식 헌납 문제와 관련해 이만섭이 박 대통령으로부터 직접 들은 이야기가 있다.

장기영 부총리가 처음 이병철의 주식 헌납 결재서류를 들고 청와대로 들어왔을 때에는 한비 전체 주식의 51%가 아닌 이병철 개인 소유의 주식 중 51%만 헌납한다는 내용이었다고 한다. 박 대통령은 "이건 약속 위반 아닌가. 나를 속이려는 거야!" 하고 노발대발했다고 한다. 한비 주식의 51%는 1967년 10월 4일 정부에 헌납되었고, 삼성은 49%의 주주로만 남아 있게 됐다.

　　우여곡절 끝에 1967년부터 가동하기 시작한 한국비료는 요소비료를 값싸게 생산하는 우수한 공장이 됐다. 1967년의 톤당 생산 원가는 65달러. 외국의 95달러보다 30%나 싼 가격으로 국내에 공급할 수 있게 되었다.

　　한국비료는 1968년부터 본격화되는 農工竝進(농공병진)정책의 든든한 발판이 되어준다. 1967년 한국비료는 톤당 81달러로 수출하게 돼 164만 달러를 벌었다.

제26장

"언론자유를 보장하는
독재정권?"

朴正熙

'陸朴戰' 끝에 단신으로 마닐라行

1966년 10월 중순경, 李東元(이동원) 외무장관은 청와대 대통령 집무실에서 박정희 대통령에게 10월 24일부터 이틀간 필리핀의 수도 마닐라에서 열리는 월남참전 7개국 정상회담과 관련한 일정표를 설명하고 있었다.

"이번엔 7개국 정상뿐 아니라 7개국 영부인들이 다 모이기 때문에 아시아에서 아주 큰 외교 행사가 될 것입니다."

"나, 저 사람(육영수) 안 데려가겠어. 이번엔 혼자 가겠어."

李 장관이 놀라 박 대통령의 인상을 살피니 썩 좋지 않았다. 근자에 들어 청와대에서 자주 朴 대통령과 陸 여사 간의 불화설이 나돌고 있었음을 기억한 李 장관은 朴 대통령을 설득했다.

"각하, 그래도 국가 간의 외교 절차도 있잖습니까. 남들이 다 부인을 동반하는데 각하만 혼자 가시면 우리가 후진국이란 인상을 받을지도 모릅니다."

"월남도 들러야 하는데, 목숨 걸고 싸우는 장병 위문에 마누라 데리고 간다는 것도 그렇고…, 혼자 가겠다니까."

朴 대통령은 신경질적으로 말했다.

"영부인께서 건강이 나쁘시다든가, 밖으로 내세우기 부끄럽다면 몰라도 어딜 가나 환영받는 분인데…. 월남 방문이 정 걸리시면 마닐라만이라도 함께 가셔야 할 텐데요."

"아니, 거 왜 남의 가정 문제까지 간섭하려 해? 내가 대통령으로서 나라 일에 충실하면 되지, 외무장관이 왜 간섭이야? 왜 안 데려가는지는 자기도 잘 알면서 왜 자꾸 그래?"

朴 대통령의 신경질을 듣고 난 李東元 장관은 집무실을 나오면서 난감했다고 한다. 당시 박 대통령과 육 여사 간 부부싸움의 주제는 대통령의 술자리 문제였다.

李東元 전 외무장관의 회고.

"박 대통령은 혈기왕성한 40대 후반의 남자였는데 육 여사는 그렇게 이해하지 않으신 채 대통령으로서 근엄하게 지내시기만을 바라셨겠지요. 저도 비서실장으로 3년 동안 청와대에서 근무해 보았지만 그곳은 밤낮으로 일만 하는 곳일 뿐 외롭고 적막한 곳입니다. 요즘이니 스트레스라는 말도 있고 그걸 푼다는 말도 관용적으로 인식되곤 하지만 그 시절에, 특히 육 여사의 사전에는 그런 말이 없었습니다.

두 분의 충돌이 잦으면 청와대 부속실에서부터 이야기가 조금씩 새 나와 아는 장관들은 다 알고 있던 시절입니다. 각하께서 저에게 '자기도 잘 알면서…'라고 하신 말씀은 부부싸움이 소문이 되어 돌고 있음을 각하 자신도 알고 있었다는 뜻이었지요."

李 장관은 그 길로 육영수 여사를 만나 설득했다고 한다.

"웬만하면 각하의 말씀을 제스처라고 봐주시고 함께 가시지요. 각하께서 기생들과 술 마시는 것보다 사모님께서 홧김에 국제 행사에 참석 안 하시는 것이 국익에는 더 해롭습니다. 국가원수의 부인으로서 사모님도 함께 가셔야 합니다."

陸 여사는 불편한 심기를 감추려 애쓰며 먼 곳을 응시한 채 이렇게 말하더란 것이다.

"본인이 가자고 해야 가는 것이지, 제 마음대로 간다고 갈 수 있는 거예요?"

당시 청와대에 근무했던 한 인사는 다음과 같은 목격담을 갖고 있었다.

"그 무렵 무슨 일로 제가 청와대 2층엘 올라가게 되었는데 대통령 침실 쪽에서 육 여사의 몹시 격한 음성이 들려오고 있었습니다. 순간 긴장이 되어 조심스럽게 고개를 돌려보니 방문이 조금 열려 있더군요. 눈길이 자연스럽게 그쪽으로 가는데 각하께서 담배를 뻑뻑 피우시다가 별안간 재떨이를 확 집어 던졌습니다. 육 여사의 얼굴에 맞았다는 것은 낭설이고 벽을 향해 집어 던지면서 화풀이를 하신 것이었지요.

그 후 마닐라 정상회담에 박 대통령 혼자 참석하게 되자 밖으로는 월남이 전투 지역이기 때문에 영부인이 동행하지 않았다는 그럴싸한 발표와 함께 재떨이 사건도 소문이 되어 돌고 있었습니다."

부속실에 근무한 또 다른 인사는 이런 설명을 했다.

"육 여사의 입장에서는 속이 많이 썩었을 겁니다. 특히 1965년 전후로 박 대통령은 목숨 건 혁명 이후 국가 발전이 어느 정도 궤도에 오르자 자신감이 충만해 있을 때였습니다. 업무가 끝난 뒤엔 마땅히 갈 데도 없는데, 측근인 이후락 비서실장, 박종규 경호실장, 김형욱 정보부장, 장기영 경제부총리들이 각하를 모시고 자주 요정 같은 술집엘 드나들었지요. 육 여사는 이분들을 미워했어요. 이분들도 육 여사를 무서워 피하고, 2층 부속실로 올 일이 있으면 까치발로 살금살금 들어와 부속실 직원에게 속삭이듯 '사모님 계시나?' 하고 묻곤 했지요. 특히 이후락 비서실장은 거짓말을 하거나 자신이 좀 잘못한 일이 있으면 '사, 사, 사모님 계, 계시나?' 하고 말을 심하게 더듬었어요."

재치도 있고 고집도 센 陸 여사는 직언보다 가능한 남편을 존중해 여러 가지 예를 들거나 돌려 말하곤 했는데, 때로는 이런 대화법이 박 대통령의 아픈 곳을 더 자극하는 결과가 되기도 했다. 가령, 조용한 음성으로 "혁명하신 분이 혁명정신을 잊으셨어요? 케네디나 나폴레옹을 닮으시려 하지 마시고, 여자들과 술 드시는 것보다…"라고 하면 박 대통령은 화를 내기 시작했다는 것이다.

陸 여사는 특히 張基榮(장기영) 부총리가 운영하던 한국일보사에서 매년 실시한 미스 코리아 대회에 반감이 심했다고 한다. 대회 참가자 중 일부가 대통령의 술자리에 참석한다는 소문을 들은 陸 여사는 부부싸움 중에 이 문제를 종종 거론하기도 했다는 것이다.

"여자들이 수영복 차림으로 부끄럼도 없이 나서는 건 여자들을 상품화하는 것 아녜요. 정부나 언론이 이런 걸 모범으로 삼는 것은 잘못이라고 봐요. 그걸 좋아하는 남자들 심리를 이용하는 천박한 여자들이 자기네들 신분의 상승 기회로 이용하는 걸 왜 호락호락 용납하느냐 말이에요. 그리고 꼭 세계 미인대회에 한국이 나서야 하나요. 동양 여자의 아름다움은 따로 있는 것이지 쌍꺼풀 수술을 아무리 해도 서양 사람들이 알아주지도 않아요. 그런 걸 사진 찍고 방송으로 내 보내는 걸 보면 한심해요. 혁명하신 분이 그런 애들과 술을 드시면…"

이쯤 되면 줄담배를 피우던 朴 대통령의 눈에 불꽃이 일어났다고 했다.

"육 여사는 눈치가 보통이 아니었습니다. 경호관들에게 부드러운 음성으로 '어젯밤엔 각하 모시고 어디 갔어요?'라며 물어보시지만 안테나는 이미 경호관의 마음을 읽고 있었으니까요. 경호관들은 둘러대느라 진땀을 흘리곤 했지요. 그 다음부터 육 여사가 저만치서 걸어 오는 모습이 보이면 숨는 데 바빴습니다.

陸 여사는 민원을 해결하는 데 많은 시간을 할애하셨습니다. 자신의 힘으로 안 되는 안타까운 사건들은 박 대통령에게 부탁을 하곤 했지요. 그러나 어디 박 대통령이 자기 부인의 부탁이라고 쉽게 들어 줄 분입니까?"

陸 여사는 가끔 박 대통령에게 "민원 하나 들어주세요"라며 자신에게 들어온 내용을 말하곤 했다. 박 대통령이 탐탁지 않게 생각하고 "누구한테 들었소?"하고 되묻고는 묵묵부답이 되면 육 여사는 아픈 곳을 건드리기도 했다고 한다.

"소실이나 두고 첩질하는 재벌들과 어울리실 시간을 조금만 양보하시고 제 민원 하나 들어주세요."

이런 말은 박 대통령의 가슴에 불을 붙이는 결과가 되어 재떨이가 날아다니게 되었다고 한다.

1966년 10월 중순에도 청와대에서는 陸 여사와 박 대통령 간의 '육박전'이 치러지는 바람에 朴 대통령은 단신으로 마닐라 정상회담에 참석하게 된다.

월남 방문

1966년 10월 21일 오전 10시, 박정희 대통령은 4박 5일간의 일정으로 월남을 거쳐 마닐라에서 열리는 월남참전 7개국 정상회담에 참석차 김포공항을 출발했다. 노스웨스트항공사(NWA)의 보잉 707기를 전세기로 사용했다. 수행원으로는 이동원 외무부 장관, 김성은 국방부 장관, 홍종철 공보부 장관, 김형욱 정보부장, 이후락 비서실장, 박종규 경호실장,

장창국 합참의장, 曹相鎬(조상호) 의전비서관, 이범석 외무부 의전실장, 姜永奎(강영규) 아주국장, 張相文(장상문) 歐美(구미)국장 등 12명이 동행했다. 신상철 주월남 대사와 유양수 주필리핀 대사는 현지에서 합류하게 되어 있었다.

박 대통령 일행은 21일 오후 2시 홍콩에 도착, 홍콩 총독의 영접을 받으며 1박 한 뒤 22일 오전 9시 30분 홍콩을 출발, 오전 11시 15분에 월남 다낭 공항에 도착했다. 비가 쏟아지는 다낭 공항에는 구엔 반 티우 의장과 구엔 카오 키 월남 총리, 카오 반 비엔 월남군 총참모장 등을 포함한 월남 정부 요인들과 신상철 대사 및 채명신 주월군 사령관이 영접을 나왔다. 박 대통령 일행은 채명신 사령관이 마련한 세 대의 UH-1H 헬기편으로 1년 전 파병된 맹호사단의 사령부(퀴논)로 출발할 예정이었다.

비가 계속 쏟아지자 채명신 사령관은 걱정이 앞섰다.

"각하, 비가 많이 와서 헬기가 제대로 뜰 수 있을지 모르겠습니다. 베트콩들이 대공 사격을 할지도 모르고…."

박 대통령은 아무렇지도 않게 "뭐, 여기까지 왔는데 안 갈 수 있나"라며 앞장서 헬기 쪽으로 걸음을 옮겼다. 채 사령관은 게릴라들의 對空 사격을 피하기 위해 고공비행을 지시했다. 헬기가 낮게 깔린 비구름 위로 비행한 덕분에 게릴라들의 대공 사격을 걱정할 필요가 없었다. 퀴논 상공에 도착하자 하늘은 맑게 개어 헬기는 무사히 착륙할 수 있었다. 맹호사단 천막 사령부에 도착한 박 대통령은 채명신 사령관으로부터 맹호사단의 작전 경과를 보고 받았다.

1965년 10월 파병 이래 맹호사단은 4차 작전까지 큰 희생자 없이 무사히 마친 상태였다. 미군이 월맹군을 상대로 '확인 및 섬멸(Search &

Destroy)' 작전 개념을 구사하는 동안 6·25 전쟁을 통해 비정규전의 신화를 만든 채명신 사령관은 독창적인 작전을 수행하고 있었다.

그는 월맹군 지도자 지압 장군이 모택동의 '인민은 물, 게릴라는 고기'라는 전술 개념을 이용한다는 점에 착안해 물(인민)과 고기(게릴라)를 분리한 뒤 고기만을 섬멸한다는 '분리 및 섬멸(Cut & Destroy)'이란 작전 개념을 세워 밀고 나갔다.

박 대통령에게 채 사령관은 이렇게 보고했다.

"지난 1년간 월남에서 근무해 보니 가장 무서운 적은 여자, 노인, 그리고 어린이들 가운데 있었습니다. 월맹군은 이들을 이용해 아군에게 접근, 테러를 가합니다. 그만큼 민간인을 잘 이용하고 있습니다. 그런데 미군은 무조건 섬멸원칙을 세워 B-52 폭격기까지 동원하지만 저렇게 해서는 미국이 월남전이란 수렁에서 헤어 나오지 못할 것입니다. 우리는 게릴라들을 민간인들로부터 유리시키는 작전을 수행 중입니다. 현재 사단 예하 전 중대를 각 마을마다 배치하는 중대 전술 기지화 작전이 거의 끝나가는 중입니다."

"음. 잘 하고 있어."

고개를 연신 끄덕이는 박 대통령은 기분이 아주 좋아 보였다. 보고를 받은 박 대통령은 인접한 천막에서 맹호 사단이 작전 중 노획한 적 장비를 살펴보았다. 박정희는 "야, 그동안 무기들 많이 빼앗았네" 하며 환하게 웃었다.

1966년 10월 당시 우리의 월남파병 규모는 4만 2,500명으로 총인구(2,800만 명) 대비 622 대 1. 미군은 31만 명이 파병(나중에는 58만까지 파병됨)돼 총인구(1억 9,300만) 대비 622 대 1로, 한국과 우연히 일치하고 있었다.

이 무렵 미국은 우리 측에 추가 파병을 여러 번 요청해 오고 있었다. 마닐라 정상회담도 미국을 중심으로 아시아 국가들이 단결된 힘을 공산 진영에 보여주자는 목적이 있었다.

월남 전선을 방문 중이던 박 대통령은 채명신 사령관에게 추가 파병과 관련한 어떤 말도 하지 않았다. 이 때문에 채 사령관은 한국 정부가 추가 파병을 긍정적으로 검토하고 있다고 믿을 정도였다.

채명신 사령관의 회고.

"한국군의 월남파병은 주한 미군의 파월을 저지한다는 의미가 컸습니다. 미국으로서는 나토군을 파병할 수도 없고 본토의 미군을 동원하기에는 선전포고도 없이 치러진 전쟁이라 한계가 있었습니다. 그들로서 가장 동원하기 쉬운 사단은 한국에 주둔한 미 제2, 7사단뿐이었습니다. 당시 남북한 군사력의 격차는 6·25 직전과 별 차이가 없었을 때입니다. 주한 미군이 빠져 나간다는 것은 그만큼 우리 안보에 부담이 컸을 때였기에 박 대통령 입장은 미국이 강권하면 추가 파병을 하지 않을 수 없는 입장이었을 겁니다."

채명신 사령관은 '박 대통령이 조만간 추가 파병도 하겠구나' 하고 생각했다는 것이다.

이동원 외무장관의 이야기는 조금 다르다.

"미국은 이미 5만 병력을 파병한 우리에게 추가로 5만을 요구했고 이것은 우리로서는 불가능에 가까웠습니다. 우선 북한이 외교가를 통해 '너희 남조선 괴뢰들이 제국주의를 도와 민족진영을 공격하는 일을 멈추지 않으면 우리가 또 남침하겠다' 는 경고를 공공연히 보내왔습니다.

때맞추어 중공과 소련은 '북한이 남침하면 우리는 북한을 지원하겠다'고 선언하고 있었습니다. 이런 상황에서 한국군에서 다시 5만 명을 뽑아낸다면 안보에 치명적인 영향을 받는다는 계산이 나왔던 겁니다. 박 대통령도 이를 알고 있었고, 저도 미국에 이런 배경을 설명하면서 '만약 한반도에 전쟁이 터지면 미국이 월남전과 한국전이란 두 개의 짐을 떠맡게 된다'고 설득했습니다."

추가 파병은 불가능함을 익히 알고 있던 박 대통령이지만 戰場에 나간 장수에게 사기를 꺾는 말은 하지 않았던 것으로 보인다. 맹호사단 사령부를 방문 중이던 박 대통령은 집합한 파월 장병들을 격려한 뒤 다시 다낭을 거쳐 이날 (22일) 저녁 8시 홍콩으로 돌아왔다.

마르코스 필리핀 대통령

1966년 10월 23일 일요일 정오 박정희 대통령 일행은 홍콩을 출발, 오후 3시 30분 마닐라 국제공항에 도착했다. 동체에 성조기 마크가 선명하게 그려진 노스웨스트항공사의 전세기는 조종석 창문에 걸어둔 작은 태극기를 휘날리며 환영 행사장 앞 붉은 양탄자 앞에 멈추어 섰다. 페르디난드 에드랄린 마르코스 필리핀 대통령과 나르시소 라모스 외상 등 필리핀 정부 요인들이 기다리고 있었다. 유양수 주필리핀 대사와 필리핀 외무성 의전실장이 기내로 올라가 박 대통령에게 인사를 한 뒤 환영 행사 일정에 관한 보고를 했다.

박 대통령이 의전실장의 안내를 받으며 계단을 내려오자 150여 명의 교포들이 환영했다. 계단을 내려온 박 대통령과 마르코스 대통령이 악수를 나누며 포옹을 했다. 뒤따라 내려오던 이동원 외무부 장관은 두 사람의 포옹 장면을 보고 "저렇게 닮았을 수가…" 하며 놀랐다고 한다.

〈물론 이목구비 하나하나까지 복사판은 아니었으나 마르코스의 분위기는 영락없는 박 대통령이었다. 까무잡잡한 얼굴, 날카로운 눈매에 작은 키, 아담한 체구, 게다가 카랑카랑한 목소리까지 내겐 분간 못 할 혼란이었다. 특히 도도하고 당당하게 걷는 걸음걸이는, 뒷모습이라면 누구든 쌍둥이라 할 정도였다〉(이동원 회고록 《대통령을 그리며》에서).

박정희와 마르코스의 닮은 점에 대해서는 당시 외교가의 화제이기도 했다. 두 사람은 외모에서만 닮은 것이 아니었다. 1917년생으로 같은 己巳生(기사생·뱀띠)인 것은 물론, 그때까지의 인생역정 또한 비슷했다.

필리핀은 300년 이상 스페인의 식민 통치를 거쳐 19세기 말부터 40여 년간 미국의 지배를 받아온 나라이다. 미국의 식민시대에 마닐라에서 태어난 마르코스는 필리핀 법대에 재학 중 국회의원 말룬 다산의 암살 혐의로 기소되었으나 무죄를 주장해 1940년 석방됐다. 필리핀이 제2차 세계대전 중 일본군에 의해 점령되자 루손 섬 북쪽에서 게릴라 지도자로 활동하다 일본군 포로가 되기도 했다. 맥아더가 필리핀을 재수복한 뒤 마르코스는 미국으로부터 최고 명예훈장을 받는 등 종전할 때까지 도합 27개의 훈장을 받은 군인으로 명성이 높았다.

종전 후인 1949년 마르코스는 루손 섬에서 하원선거에 출마해 전국 최다득표로 당선되는 기록을 세웠다. 1959년 상원에 진출할 때에도 전국 최연소 최다득표라는 기록을 세웠고, 이어서 상원의장에 출마해 최연소 의장으로 당선되기도 했다. 마르코스는 1965년 11월 필리핀 대통령 선거에 출마, 당선됨으로써 국가 지도자로서의 길을 걷기 시작한다.

마르코스는 필리핀의 경제적 위기 극복과 국내 질서의 회복에 노력하면서 미·일 등 선진 우방국들과의 관계 설정에도 많은 노력을 기울였다. 그는 1969년에 대통령으로 재선, 1973년에는 3선 개헌을 위해 비상사태를 선언하고 개헌을 추진했다.

1966년 당시 한국의 1인당 GNP가 130.8달러였을 때 필리핀은 269달러로 동남아시아에서 선두 그룹에 들어 있었다.

마르코스는 필리핀을 아시아에서 일본 다음가는 부강한 국가로 이룩하겠다는 꿈과 패기와 긍지를 갖고 있었다. 뿐만 아니라 이웃 나라 지도자들과의 경쟁의식도 강했다.

육군 소장으로서 최고회의 외교국방위원장을 역임했던 柳陽洙는 월남참전 7개국 정상회담이 열리던 무렵엔 4년째 필리핀 대사로 근무 중이었다. 그는 마르코스에 대해 이렇게 회고했다.

"1966년 초 박 대통령의 동남아 순방외교를 준비할 때 저는 필리핀 정부에 박 대통령을 초청해줄 수 있느냐고 타진했지만 묵묵부답이었습니다. 미국을 중심으로 마르코스, 박정희 두 지도자 간의 경쟁 관계가 형성되면서 한국이 먼저 월남에 전투병력을 파병했다는 사실이 마르코스의 자존심을 건드린 것으로 파악되었습니다.

미국에 대한 마르코스의 입장은 한국과 조금 달랐습니다. 경제 발전을 위해서는 미국으로부터 긴밀한 원조가 필요했지만 48년간 필리핀의 植民母國(식민모국)이 미국이었기에 부담도 컸습니다. 필리핀에선 미국 식민시대의 독립운동가들을 찬양하면서 반미 분위기가 일상화되어 있었습니다. 역대 필리핀 대통령들이 미국으로부터 독립하겠다는 노력을 해온 만큼 마르코스도 필리핀의 자존심을 세우려는 노력을 하고 있었습니다.

그의 부인 이멜다도 필리핀 문화부흥운동에 앞장서고 있을 때였지요.

반면 필리핀 내부의 인민공산당들은 중공으로부터 무기를 지원받아 마르코스의 발목을 잡으려 하고 있었습니다. 마르코스는 미국의 월남전 지원 요청에 응했지만 병참과 군수부대 위주의 지원에 그쳤지요. 6·25 당시 미군을 제외한 참전국 중 가장 먼저 전투병력을 한국에 파병한 필리핀은 우리에 대해 우월의식을 갖고 있었습니다.

그런데 한국 정부가 월남에 전투병력을 파병했다는 사실이 마르코스에게 충격적이었습니다. 월남파병을 통해 한국이 미국으로부터 많은 원조를 받아낸다는 점도 마르코스에게는 아픈 곳을 찔리는 듯한 느낌이었을 겁니다. 제가 대사로서 마르코스 대통령을 만나면 표현은 하지 않지만 분명 뭔가 샘을 내는 듯한 느낌을 받곤 했지요."

월남참전 7개국 정상회담은 당시 이동원 외무장관의 구상에서 시작된 것이라고 한다.

"1966년 초가 되니 동아시아에는 월남참전을 주제로 국가별 서열이 정해졌습니다. 한국이 4만 2,500명의 병력을 파병해 선두였고 오스트레일리아 4,500명, 필리핀 2,000명, 뉴질랜드 150명이었으며 태국은 17명에 불과했습니다. 1966년 6월 14일 아스팍(ASPAC·아시아 태평양 협의회)이 서울에서 열렸을 때 월남참전국 대표들에게 우리끼리 한 번 모이자는 의견을 내어 만장일치로 찬성을 얻어냈습니다. 일종의 월남참전국 모임을 만든 것이지요."

頂上회담은 참전 각국에게 공통되는 여러 가지 정치적 이익을 가져올 수 있었기 때문에 이의를 제기하는 나라가 없었다. 이 모임을 주도할 국가는 한국이어야 한다는 데에도 이의가 없었다. 그런데 일주일쯤 뒤 라모스 필리핀 외상이 마르코스 대통령에게 이 사실을 보고하자 마르코스가 이 회의는 필리핀이 주최해야 한다고 우기기 시작했다고 한다.

이동원 장관은 서울에서 열릴 것에 대비해 준비를 하다 라모스 필리핀 외상으로부터 미안하다는 연락을 받았다. 그 직후 미 국무성의 번디 차관보가 급히 내한했다.

"번디가 부랴부랴 찾아온 것은 필리핀의 입장을 살려주자는 설득을 하기 위한 것이었습니다. 미국에게 한국은 믿을 수 있는 우방이었던 반면, 필리핀은 겉으로는 미국에 우호적인 태도를 보이지만 뒤돌아서서는 반미적인 발언을 하고 있어 이번 기회에 마르코스를 달래주자는 것이었습니다."

졸지에 주최국이 바뀌자 박정희 대통령은 평소 하지 않던 심한 욕설까지 하며 화를 냈다고 한다.

"마르코스, 이 나쁜 자식. 윤리도 도의도 없는 놈. 이거 우리가 제창했는데 날치기 아닌가."

회담은 결국 필리핀의 수도 마닐라에서 열리는 것으로 하되 회담 성명서는 한국 외무부에서 작성한 내용을 선택하기로 미국과 합의함으로써 이 문제는 일단락됐다.

심술

1966년 10월 23일 오후 4시, 박정희 대통령 일행은 필리핀 공항에서 의전행사를 마치고 숙소인 마닐라 호텔에 도착했다. 오스트레일리아, 뉴질랜드, 미국, 월남, 태국 등 각국 정상들도 같은 호텔에 들었다. 박 대통령에게 배정된 방은 566호실로, 제2차 세계대전 당시 맥아더가 숙소로 사용했다는 방인데 여느 정상들의 방보다 작았다. 존슨 대통령을 수행한 러스크 미 국무장관의 방보다 더 작았다.

이동원 장관은 마르코스의 의도적인 '한국 무시'라 느꼈다고 한다. 수행원들이 분개하자 박 대통령은 "괜찮아. 방이 크면 어떻고 작으면 어떤가. 난 오히려 작은 방이 더 정이 붙는데. 신경 쓰지 말게"라고 대범하게 말했다. 마르코스의 심술은 다음날에도 계속됐다.

1966년 10월 24일 월요일은 공교롭게도 국제연합(UN)의 날이기도 했다. 참전국 대사들이 합의하여 마련한 정상회담 순서는 첫날 국회의사당에서 개회식을 가진 뒤 대통령 관저인 말라카낭 宮(궁) 대회의실에서 1, 2차 본회의를 비공개로 갖기로 결정했다.

오전 9시, 필리핀 국회의사당 단상에는 오른편에서부터 오스트레일리아의 헤롤드 홀트 총리, 대한민국의 박정희 대통령, 뉴질랜드의 커드 홀리오크 총리, 필리핀의 마르코스 대통령, 태국의 타놈 키티카초른 총리, 미국의 린든 존슨 대통령, 월남공화국의 구엔 반 티우 의장과 구엔 카오 키 총리가 앉았다.

의사당에는 7개국 대표단원 약 200명과 외교단, 필리핀 국회의원, 각종 단체 대표 등 200여 명, 세계 주요 신문·라디오·텔레비전 기자와 보도진 400여 명이 자리하고 있었다. 동남아시아 사상 최대의 국제회의가 시작된 것이다.

당시 柳陽洙 駐필리핀 대사의 회고.

"사전에 참전국 대사들끼리 모여 시간표를 짜면서 개회사는 주최국 정상인 마르코스 필리핀 대통령이 하는 것으로 결정했습니다. 다만 主

戰國(주전국)인 월남과 미국에 비해 필리핀의 입장이 미묘할 것이라는 점을 두고 대사들끼리 토론한 끝에 형식적인 개회사를 하도록 10분으로 짧게 잡아두었습니다. 그런데 개회식에서부터 문제가 생긴 겁니다."

태국 총리의 사회로 개회 선언이 있은 뒤 뉴질랜드 총리의 제의로 주최국인 마르코스 필리핀 대통령이 만장일치로 이번 회의의 의장이 됐다. 의장의 개회사 순서가 됐다. 동시통역으로 진행되는 이 회의에서 마르코스는 스페인 억양이 강한 영어 연설을 유창하게 시작했다. 그는 사전에 합의한 대로 참가국 정상들을 환영한다는 대목에서 연설을 마무리 지어야 했다. 그런데 그의 연설은 브레이크가 없었다. 10분에 걸친 환영사에 이어 난데없이 평화론으로 이어졌다.

"평화와 자유는 모든 인류의 권리이며 소망입니다. 평화와 자유가 없는 곳에 인류의 번영과 행복은 있을 수 없습니다."

단상의 수뇌들은 월남에 대한 지원을 강화하자는 목적에서 참석했다가 갑자기 평화론이 나오자 표정이 굳어졌다. 마르코스는 연설을 멈추지 않았다.

"동남아 국민들은 평화와 자유를 박탈당하고 어두운 삶을 강요당한 쓰라린 역사의 경험을 갖고 있습니다. 지금 이 시간에도 월남에서는 야만적인 전쟁이 계속되고 있으며 부도덕한 파괴와 살인이 자행되고 있습니다."

개전은 케네디가 했지만 뒤처리는 존슨의 몫이 된 월남전. 존슨은 월맹을 협상 테이블로 끌어내기 위한 군사적 압박이 필요했고 그만큼 아시아 우방의 결속된 참전이 요구됐다. 그런데 마르코스가 평화론을 주창한 것이다.

청중을 향해 앉아 있던 존슨 대통령이 갑자기 의자를 돌리더니 단상의 마르코스를 향해 앉았다. 그리고는 보통 사람의 얼굴만큼 큰 손을 번쩍 들더니 마르코스를 향해 박수를 쳤다.

"이것은 인류 문명의 파괴이며 인간 양심에 대한 반역이고 신의 섭리에 대한 죄악입니다."

존슨 대통령은 더욱 열렬히 박수를 쳤다. 청중들은 마르코스와 존슨을 번갈아 보며 침을 삼켰다. 오른쪽에서 두 번째 자리에 앉아 있던 박정희 대통령의 얼굴은 심각하게 굳어졌다.

단상 아래에서 지켜보던 柳陽洙 대사의 회고.

"저를 포함해 단상 밑에서 보고 있던 참전국 외교관들은 경악하는 중이었습니다. 존슨은 마르코스를 향해 앉아서 '평화'라는 단어만 나오면 박수를 쳐댔습니다. 그것은 칭찬이 아니라 怒氣(노기)의 표현이었습니다. 마르코스는 10분 예정인 환영사를 무려 30분이나 하고 내려왔습니다. 그동안 존슨은 혼자서 수십 번이나 박수를 쳤던 겁니다."

기이한 개회사에서 마르코스는 평화와 자유를 외쳤지만 그것을 지키기 위한 방안은 한마디도 언급하지 않았다. 마르코스와 존슨의 대결은 이날 오후에 열리는 2차 본회의장으로 옮겨갔다.

오전에 개회식이 끝난 뒤 대통령宮에서 열린 제1차 본회의에서는 월남 총리 구엔 카오 키의 월남 현황 설명이 있었고 웨스트모어랜드 주월미군 사령관의 월남전 전황에 대한 설명이 있었다. 오후 4시부터 열린 제2차 본회의는 각국 원수의 연설로 진행됐다.

커다란 U자 형태의 원탁에 7개국 정상이 알파벳 순서대로 앉고, 각국 정상들 뒤로 수행 참모들이 앉았다. 마르코스 필리핀 대통령의 사회로 오스트레일리아에 이어 한국의 박정희 대통령이 기조연설을 시작했다.

"우리는 인간의 존엄성과 자유를 신봉하는 세계 인류의 염원을 구현하고자 하는 사명감으로 이 회담에 임하고 있습니다. 이 회담을 통해 참전국들은 불의와 결연히 대결하며 정의를 위하여 기꺼이 희생할 수 있는 용기 있는 사람들이란 것을 세계만방에 재천명함과 동시에 침략자들에게는 침략을 포기하게끔 압력을 가해야 합니다."

계속해서 박 대통령은 휴전 전에 외국 군대 철수 반대, 월맹의 베트콩에 대한 지원의 즉각 중지, 월남에서 월남공화국 외 정치권력 불인정, 휴전 후 월남의 독립 보장 등을 주장했다. 그의 발언은 참가국 정상 중 존슨을 만족시킨 유일한 내용임이 회의가 진행될수록 확연해져갔다.

뉴질랜드에 이어 필리핀 순서가 되자 U자 테이블 중앙에 앉아 있던 마르코스는 예의 평화론을 개진했다. 여기서도 존슨은 의자를 돌려 앉은 뒤 다시 박수를 치기 시작했다.

U자형 테이블을 따라 순서가 바뀌면서 이윽고 존슨 미국 대통령의 차례가 됐다. 러스크 국무장관 등이 배석하고 그 뒤로는 10여 명의 참모와 수행원들이 앉아 있었다. 참모 한 사람이 존슨에게 준비된 연설문 원고를 전달했다.

신랑 존슨, 신부 朴正熙

참모로부터 원고를 전달받은 존슨 미 대통령은 원고를 책상 위에 뒤집어 놓았다. 그리고 마르코스를 향해 의자를 돌려놓고 앉더니 그를 노려보면서 즉석 연설을 시작했다.

"평화는 그저 주어지는 것이 아닙니다(Freedom is not free). 책상 위에서 얻어지는 것도 아니며 더구나 예찬만으로 달성되는 것도 아닙니다. 평화는 쟁취하는 것이며 대가를 지불해야 하는 것입니다. 그리고 대가를 지불하기로 결심하고 행동함으로써만이 평화는 얻어질 수 있는 것입니다."

존슨은 마르코스를 향해 마치 교장 선생님이 학생에게 훈시하듯 기조연설을 시작했다. 마르코스 대통령과 필리핀 정부 각료들의 얼굴은 사색이 되어갔다. 아침에 있었던 마르코스 필리핀 대통령의 평화론에 대한 반격이자 미국의 필리핀에 대한 위압이었다.

이날 박 대통령 수행원으로 참석했던 유양수 주필리핀 대사는 그의 회고록 《大使(대사)의 일기장》에서 '굵직한 존슨의 음성은 듣는 이의 폐부를 찌르는 듯했다. 장내는 기침소리 하나 없이 긴장감이 감돌고 있었다. 천장에 매달린 선풍기만 천천히 장내의 공기를 휘젓고 있었다'라고 당시 상황을 기록해두고 있다.

존슨은 10여 분간에 걸친 훈시 같은 연설을 통해 참전 7개국 정상회담의 목적을 다시 한 번 상기시키고 월남전에 임하는 미국의 결의를 재천명하는 것으로 끝을 맺었다.

미국에 대들었다가 퉁바리맞은 마르코스를 지켜본 박정희는 냉정함을 잃지 않았다고 한다. 첫날 저녁, 마르코스가 박 대통령의 숙소를 예방하고 돌아가자 이동원 장관에게 박 대통령은 이런 말을 하고 있었다.

"이 장관, 저 친구 얼굴을 보니 알차게 생겼어. 분명히 쉽게 물러나지 않을 거야."

1966년 10월 24일 저녁엔 만찬이 열렸다. 각국 원수들이 검은 예복을 입고 참석한 반면 마르코스는 필리핀 전통의상인 흰 남방차림으로 만찬장 분위기를 이끌어갔다. 그는 박 대통령을 의도적으로 무시하는 행동을 많이 했다. 존슨 대통령이나 다른 외국 정상들 앞에서는 큰 손짓을 해가며 열심히 말하다가도 박 대통령과 마주치기만 하면 입을 꼭 다물곤 가벼운 목례나 악수 정도만 하곤 지나쳤다.

이날 저녁 필리핀의 일간지들은 박 대통령의 월남파병을 비난하는 글을 싣고 '매파의 우두머리', '전쟁을 부추기는 전쟁광'으로 묘사하며 보도했다. 약이 오른 김형욱 정보부장은 "저 새끼, 입만 살아서 입만 점점 커지니…"라며 마르코스를 노려보았다. 만찬장에서 신문 보도 내용을 보고받은 박 대통령은 아무런 표정의 변화 없이 담배만 피워대고 있었다.

10월 25일 오전에 박 대통령은 한국 기자들과 만났다. 전날 있었던 웨스트모어랜드 주월 미군사령관의 군사력 강화 필요성 주장과 관련해 박 대통령은 "우리가 있고 남이 있지 않습니까. 우리의 월남파병은 현재로서 충분하며 더 이상 증파하지 않겠습니다"라고 잘라 말했다.

이날 오전 11시부터 제3차 본회의가 말라카낭 宮(궁) 소회의실에서 비공개로 속개됐다. 회의장은 전날의 씁쓸한 공기가 다 가시고 명랑한 분위기로 바뀌었다. 이날 회의는 예정에 없던 것이었다. 각국 정상들이 통역 한 명씩만 배석시킨 채 만나는 정상들만의 비밀회담이었다.

참전 7개국 수행원들은 모두 대회의실에 앉아 기다리고 있었다. 이들은 처음엔 사무적인 일로 움직이거나 무엇인가 대화를 나누거나 간밤의 숙취로 하품을 하는 등 각양각색의 행동을 하다가 시간이 점차 흘러가자 하나 둘씩 소회의실 문으로 시선을 두기 시작했다. 한두 시간이 지나도 소식이 없자 궁금증이 더 퍼지더니 세 시간째부터는 긴장감이 돌기 시작했다.

회담은 오후 2시가 지나서야 끝났다. 소회의실 문이 열리는 소리가 들렸다. 수행원들의 시선이 일제히 문으로 향했다. 잠시 후 키가 큰 존슨 대통령과 키가 작은 박정희 대통령이 맨 먼저 나타났다. 존슨 대통령의 오른팔이 박 대통령의 왼팔을 끼고 있었다. 두 사람 모두 만면에 미소를 띠고 천천히 걸어 나오고 있었다. 결혼 행진 같았다.

존슨은 장내를 향해 왼손을 들어 흔들기까지 했다. 모두 어리둥절한 표정이 됐다. 두 頂上 뒤로 다른 수뇌들이 한두 명씩 떨어져 걸어 나오고 있었다. 장내에서는 박수가 터져 나왔다.

당시 유양수 대사는 "우리가 국제무대에서 이렇게 성공할 수 있었나 하는 감격이 터져 나왔다"고 회고했다.

뒤에 밝혀진 사실이지만 이날 회담은 주로 존슨 대통령의 각국 정상에 대한 설득으로 시종했다고 한다. 필리핀은 약 2,200명으로 구성되는 필칵(Philcag)이라 불리는 공병과 의무 지원 이외에는 증원할 수 없다고 버텼다. '전투 임무는 절대 불가' 란 입장을 취했다.

존슨 대통령은 마르코스 대통령을 끈질기게 설득했지만 별 소용이 없었다는 것이다. 존슨과 박정희에게 마르코스는 평화를 추구하되 대가는 지불하지 않겠다는 입장으로 비쳐졌을 것이다.

존슨은 뉴질랜드, 오스트레일리아, 태국 세 나라로부터 상당한 규모의 원조와 병력을 증가시키겠다는 확답을 받아낼 수 있었다. 이 과정에서 한국은 존슨의 자랑이요, 모범 사례로 인용되곤 했다고 한다. 인구 대비 병력 파병 규모로 보나 파병 성격으로 보나 한국은 최선의 지원을 다하고 있는 국가로 소개됐다.

이 때문에 이날 회담에서 한국의 증파 문제는 거론될 여지가 없는 상황이 되어버렸다. 존슨 대통령은 이 회담을 진행하면서 한국에 대한 고마움이 새삼 각별하게 느껴졌던 모양이었다. 고마움의 표시로 존슨은 자신의 가슴에도 못 미치는 작은 키의 박 대통령과 팔짱을 끼고 혈맹의 유대를 과시한 것이었다.

이날 오후에는 공동 성명서 채택과 선언문 검토를 위한 4차 회의가 진행됐다. 오후 6시 30분, 7개국 정상들은 월남 문제의 해결과 아시아–태평양 지역 국가 간의 유대 강화 및 공동 번영을 위한 원칙들을 밝히는 공동 성명서, 공동 선언, 자유의 선언 3개 문서에 서명하고 이를 발표함으로써 마닐라 정상회담은 막을 내렸다.

1966년 10월 26일 귀국 길에 오른 박 대통령 일행은 오후 4시, 김포공항에 도착했다. 공항에는 李孝祥(이효상) 국회의장, 李相喆(이상철) 국회부의장, 정일권 국무총리, 3부 요인 등과 1,000여 명의 출영객이 기다리고 있었다. 육영수 여사도 아들 지만 군을 데리고 나와 機上(기상)으로 올라가 박 대통령을 영접했다. 육 여사가 "가셨던 일은 잘 되었어요? 고생 많으셨지요"라고 인사했고, 박 대통령은 웃음을 머금은 채 지만 군을 보듬어 안았다.

박 대통령은 도착 성명을 통해 "세계사의 중심 무대는 바로 우리가 살고 있는 이 지역으로 옮겨지고 있으며 우리의 발걸음이 세계사에 크게 남겨지고 있습니다. 남으로부터 도움을 받아오던 우리도 이젠 이웃을 돕는 成年(성년)국가로 발전했기 때문입니다"라고 했다.

그가 국군 의장대를 사열하는 동안 전투기들이 하늘에서 오색 연막을 뿌리며 가을 하늘을 화려하게 물들이고 있었다.

존슨 생애 최고의 날

한미 양국의 밀월기가 정점에 도달한 시점은 존슨의 한국 방문 때였다. 1966년 10월 26일 존슨 미 대통령 부부 일행은 마닐라 정상회담이 끝난 직후 필리핀을 떠나 월남, 태국, 말레이시아를 순방한 뒤 10월 31일 오후 3시, 김포공항에 도착했다. 3대의 비행기에 러스크 미 국무장관을 포함한 수행원 50여 명과 170여 명의 보도진들을 거느린 대식구였다.

한국 정부는 존슨 대통령 부부와 일행을 환영하기 위해 특별한 준비를 했다. 평소 근검하기로 유명한 박 대통령이 영접비로 1억 5,000만 원을 책정했다. 연도에 늘어서게 될 시민과 학생들에게 나눠 줄 태극기와 성조기 40만 장을 사들였다. 존슨 방한 기록영화 제작도 기획됐다. 5만 장의 포스터, 11개의 대형 아치, 19개의 대형 탑, 7개의 현판, 9개의 대형 플래카드와 연변에 놓일 국화 화분 5,000개. 특히 도로에 뿌릴 색종이 5만 부대와 6만 개의 고무풍선도 준비됐다.

서울 시청 앞에는 시민들이 대거 운집할 것을 예상하고 을지로 입구, 남대문, 덕수궁 내에서도 바라볼 수 있도록 로열박스와 연단을 만들고 '평화대' 라 이름 붙였다. 미국, 서독, 영국 등지에서 국빈을 맞을 때의 준비 상황과 기록 필름 등을 참조하여 준비한 이 평화대는 시민환영대 회장으로서 국무위원 이상 요인 100여 명이 양국 원수를 빙 둘러싸면서 앉게 해 두었다.

존슨 부부가 머물 숙소는 워커힐 호텔로 정했고, 한양대학교에서 워커힐에 이르는 비포장도로를 '밤을 새워' 아스팔트로 포장했다. 10월 31일과 11월 1일, 존슨 대통령이 2박 3일간 숙소로 사용할 워커힐은 외부 손님을 일절 받지 않기로 했으며, 존슨 대통령이 193cm의 거구인 점을 감안해 홍콩에서 큰 침대를 갖고 왔다.

국회에서는 존슨 대통령이 연설하게 될 때 부인을 어느 좌석에 앉힐 것인지로 고민하기도 했다. 서울과 경기도 일원의 각급 학교, 관공서는 물론 일반 회사와 부인회, 민간 단체, 정당 조직에까지 존슨 대통령이 도착하는 날 동원령이 떨어져 있었다.

10월 31일 오후 3시 정각, 말레이시아에서 전용기 편으로 김포공항에 도착한 존슨 대통령 부부 일행은 공항에서 박 대통령 내외의 영접을 받았다. 연옥색 한복 차림의 육영수 여사가 버드 여사에게 장미꽃다발을 안겨주었다. 양국 원수는 3군 및 해병대 의장대를 사열한 후 시청 앞 광장에서 베풀어질 시민 환영대회장으로 향했다. 박 대통령은 존슨과 함께 無蓋車(무개차)에 올랐고, 육영수 여사는 버드 여사와 함께 2호차를 탔다. 버드 여사는 "동남아 6개 나라를 다 방문해 봤지만 이런 환영은 처음 받아본다"며 놀라워했다.

30대의 경찰 사이드카를 선두로 150대의 자동차가 출발했다. 행렬의 길이는 300m에 이르렀다. 공중에서는 전투기 편대가 오색 연막을 뿌리며 날고 그 아래로 경호 헬기가 낮게 선회했다. 연도에는 양국 국기를 흔드는 인파 속에 'Wellcome! COW-BOY!' 'JOHNSON, SAY YOU LOVE US' 등 플래카드와 피켓들이 존슨 대통령의 눈길을 모았다.

존슨의 入京(입경)은 가깝고도 멀었다. 공항을 출발하자마자 대대적인 환영 인파를 경험한 존슨 대통령은 아홉 번이나 차에서 내려야 했다.

공항에서 박 대통령과 나란히 링컨 콘티넨탈 승용차에 앉아 오던 존슨 대통령은 연도의 환영 인파에 감격하더니 강서구 발산동 삼거리를 조금

지나자 차를 세우게 하고 박 대통령을 이끌고 연도로 내려섰다. 누렇게 익은 들판을 향해 걸어간 존슨 대통령은 물이 채 마르지 않은 논으로 들어가 벼이삭을 손으로 잡아보면서 박 대통령에게 "이것이 한국의 주산물이오?" 하고 물었다. 박 대통령은 영어로 "그렇지요. 우리나라에서는 벼라고 부르지요"라고 대답했다. 존슨 대통령은 구두와 바지에 진흙이 묻었다. 경호원들이 에워싼 가운데서도 인파들이 몰려들었다. 존슨 대통령은 경호원들의 제지를 만류하면서 학생들과 악수를 나누곤 다시 차에 올랐다.

양화교 앞에서도 차를 세운 존슨 대통령은 10여 분 동안 시민들과 기념 촬영을 즐겼다. 노량진 전차 정류장에서도 차에서 내린 존슨 대통령은 환영 인파 속의 농악대들에게 둘러싸였다. 농악 장단에 맞춰 박수까지 치는 존슨 대통령에게 1,000여 명의 군중이 몰려들자 경호원들이 당황했다. 영접위원장 장기영 부총리가 직접 앞에 나서 대열을 정리했다. 제1한강교 앞에서는 금란여중 학생들로부터 꽃가루 세례를 받으며 10여 m를 걷기도 하고 삼각지 교차로 부근에서는 한복 차림의 여학생들로부터 꽃다발을 받기도 했다.

세종로에 남녀 배우 200여 명이 궁중 예복을 입고 도열해 서 있자 존슨은 또다시 차에서 내려 이들과 어울렸다. 시내로 들어올수록 더 많은 인파가 몰려들었다. 존슨이 차에서 내리려 하자 경호원들이 "이건 너무합니다"라며 제지했다. 존슨은 차에서 1분 정도 대기하다가 다시 차에서 내려 경호원들을 제치고 환영 인파와 악수를 나누었다.

양국 원수가 탄 승용차가 남대문에 이르자 500마리의 비둘기가 발목에 오색 테이프를 달고 날아올랐다. 승용차가 남대문을 돌아서자 고층 건물에서는 색종이와 꽃가루를 뿌렸다. 거리에는 군악대와 학생 밴드가 줄지어 행진하며 존슨 대통령이 좋아한다는 '텍사스의 황색 장미'와 '고향의 봄' 등을 연주했다. 존슨은 무개차에서 양손을 번쩍 들고 환영객들에게 손을 흔들었다. 박 대통령도 손을 흔들었다.

차가 시청 앞에 이르렀을 때 군중은 거리를 꽉 메우고 있었다. 남대문, 소공로, 을지로 입구까지 약 35만 군중이 모여들었다. 사람들은 깃발을 흔들며 '존슨 대통령 만세'를 외치곤 했다. 존슨이 가는 곳마다 꽃바다에 행진곡이 울려 퍼졌다. 아름다운 축제를 시민들도 즐기고 있었다.

시민 환영대회장인 평화대 아래로 승용차가 멈춰 서자 양국 정상 부부가 나란히 차에서 내려 붉은 양탄자가 깔린 연단을 걸어 올라갔다. 양쪽에는 300명의 수도여자사범대학 부속고등학교 학생들과 진명여고 학생들이 국화 꽃잎을 뿌리며 '텍사스의 황색 장미'와 '아리랑'을 합창했다. 공항에서 시청까지 24km를 오는 데 2시간 45분이 걸렸다. 시속 8km로 달린 셈이었다.

박 대통령은 환영사를 통해 "우리는 오늘 가장 가까운 친구요, 가장 귀한 손님 한 분을 맞이했다"면서 "우리는 언제나 신세만 지는 국민이 아니라 남의 은혜에 감사할 줄 알고 남에게 신세진 것을 갚을 줄 아는 신의와 책임을 가진 민족임을 자각하는 바"라고 말했다.

존슨 대통령은 "여러분의 업적을 보고 용기를 얻었다는 사실과 월남에 제공하고 있는 용감하고 관대한 도움에 사의를 표하고자 왔다"고 하면서 한국의 발전과 마닐라 회담의 성과를 찬양한 뒤 "한국은 박정희 대통령의 영도하에 태평양 지역 사회에서 명예롭고 중대한 역할을 담당하고 있으며 본인의 나라는 이를 열렬히 환영하고 지지하는 바"라고 말했다.

환영대회가 끝나자 존슨 대통령은 박 대통령에게 고백하듯 이런 말을 했다고 한다.

"오늘은 내 생애 최고의 날이오. 사실 나는 한국민들이 이토록 뜨겁게 날 사랑할 줄 몰랐소. 만일 이런 경험도 없이 은퇴했더라면 난 무척 초라하고 슬펐을 겁니다."

박 대통령은 입술을 꼭 다문 채 수줍은 듯 웃고 있었다.

기생파티

1966년 10월 31일 오후 5시 40분, 시청앞 평화대에서 시민 환영대회에 참석한 존슨 대통령 부부는 중앙청에서 헬기로 갈아탄 뒤 숙소인 워커힐 에메랄드 빌라에 도착했다. 존슨 대통령 부부는 이날 저녁 8시 25분 헬기편으로 청와대로 다시 와 박정희 대통령 내외를 예방했다.

박 대통령은 육영수 여사 및 근혜(당시 성심여중 3학년) 양과 함께 청와대 현관에서 귀빈을 맞았다. 존슨 대통령은 근혜 양을 소개받고 그의 손등에 입을 맞추었다. 양국 원수는 박 대통령 서재에서 환담을 나누다가 중앙청에서 열린 박 대통령 초청 만찬회에 참석했다.

만찬장에서 존슨 대통령은 장기영 부총리에게 "오늘 나를 환영해 준 서울 거리의 군중들이 몇 명이냐"고 물었다. 장 부총리가 "320만 1,031명입니다"라고 답하자 존슨은 "내가 세어보니 320만 2,031명 같더라"며 파안대소했다.

존슨 대통령의 동남아 순방에 수행한 미국 기자들은 "다른 나라에서는 반미 데모나 '양키 고 홈' 같은 구호가 항상 있었는데 한국은 예외적인 나라여서 이상하다"고까지 했다.

존슨 대통령은 만찬장에서 부인 버드 여사와 춤을 추기도 했다. 만찬이 무르익어 박 대통령과 나란히 칵테일 잔을 들고 있을 때였다. 이동원 외무장관이 옆에 서 있었다.

존슨 대통령은 박 대통령에게 이 장관을 추켜올렸다.

"박 대통령 각하, 당신 옆에 있는 이 장관은 큰 일꾼입니다. 한일회담 성사시켰지요, ASPAC도 창설했지요. 내 밑에 이 장관 같은 사람이 있었다면 미국은 달라졌을 겁니다."

박 대통령은 빙그레 웃더니 "존슨 대통령이 정말 모르시는 게 있습니다. 이 이 장관은 낮의 외교도 잘하지만 밤의 외교에 더 익숙합니다"라고 농담을 했다.

존슨의 눈이 무슨 뜻이냐는 듯 크게 떠졌다. 박 대통령은 키가 큰 존슨에게 귓속말로 "나는 마누라에게 꽉 잡혀 있는데 李 장관은 밤만 되면 무법자지요"라고 말했다.

허리를 숙여 박 대통령으로부터 말을 들은 존슨 대통령이 李 장관을 장난기 어린 눈빛으로 쳐다보았다.

李 장관이 한마디 했다.

"존슨 각하, 사실 제가 가끔 대접차 기생집을 더러 가는데 그걸 박 대통령께서 질투하시는 겁니다."

존슨이 "거, 기생들이 무척 매력적이라고 들었는데…"라며 호기심을 보였다.

박 대통령이 "이 장관, 거 기생파티 한 번 열어드리지"라고 했다.

"존슨 각하, 그럼 기생집에 한 번 갈까요?"

존슨은 이 장관의 말에 부인 버드 여사가 저쪽에 떨어져 있는 것을 확인하고 "이 장관, 두말 하면 잔소리요"라고 했다.

李 장관은 즉시 이범석(뒤에 외무장관) 의전국장을 불러 다음날 저녁 워커힐 별채에서 기생파티를 준비하도록 일렀다. 별로 내세울 것이 없던 한국으로서는 외국 귀빈을 접대하기 위한 '미인 외교'가 있었다.

한국은 UN에 옵서버 형식으로 참석할 수 있었고 북한은 아예 자격이 없던 시절이었다. 옵서버 자격은 매년 UN 회원국들의 과반수 찬성을 받아야만 유지되는 신분이었다. 한국 정부는 UN의 표를 의식할 수밖에 없었는데, 아프리카나 제3세계 고관들이 한국을 방문했을 때 미인 외교라는 독특한 접대를 받지 못하면 UN에서 반대표를 던지는 현상이 종종 있었다. 이 때문에 '기생파티'는 외무부 의전국장이 담당하는 업무가 되고 있었다.

1960년대의 한국 사회는 미인들이 가질 직업이 거의 없어 유명한 요정마다 뛰어난 미인들이 요정 마담으로부터 각별한 훈련을 받아 '외교요원'으로 양성되곤 했다. 손님을 접대하되 본인은 취하지 않아야 한다거나 유행가를 아름답게 부를 수 있어야 한다거나 한복 아래 흰 양말을 신되 바닥이 조금만 더러워지면 즉시 갈아 신어야 한다는 등 나름의 예법을 지키게 해 가난했지만 풍류가 있었다.

이범석 의전국장은 서울 장안에 5대 요정의 간판 스타들을 자주 동원했다. 생전에 이범석 의전국장은 측근들에게 "그 무렵 기생들은 나름대로 애국심이 있었다"고 말하곤 했다고 한다.

다음날 워커힐에서 만찬이 끝난 뒤 존슨 대통령은 기생파티가 기다려져 안절부절못했다고 한다. 이동원 장관은 존슨 부부를 방안까지 모셨다. 李 장관은 존슨에게 "오늘 밤 월남 문제에 대해 더 깊이 얘기할 필요가 있다고 보는데요"라고 하자, 존슨은 "아, 나도 얘기하고 싶소. 같이 조용한 데로 나갑시다"며 자리에서 일어섰다. 바로 그 순간 버드 여사가 불쑥 "나갈 필요 없잖아요. 여기서 말씀 나누세요"라며 옆방 문을 소리나게 닫고 사라졌다. 순간 존슨의 얼굴엔 실망의 빛이 감돌았다. 이 장관과 존슨은 응접실에서 한동안 앉아 있었다.

이 장관이 말을 꺼냈다.

"모처럼 한국에 오셔서 기생파티를 하지 않고 가시면 섭섭해 하실까봐 준비했는데 의미가 없게 되어버렸군요."

"나도 기대를 많이 했소. 그런데 마누라 때문에 이 모양이오. 하지만 고마움만은 충분히 느끼고 있습니다. 이 장관, 박 대통령에게도 고맙다고 전해 주시오."

이동원 당시 외무장관의 회고.

"비밀리에 준비한 파티에 관한 정보를 버드 여사가 입수한 것 같았습니다. 이날 워커힐 만찬장에서 버드 여사는 존슨의 곁에 계속 붙어 다니곤 했거든요. 그래서 숙소까지 동행했지만 결국 갈 수 없었지요. 존슨 대통령이 돌아간 뒤 그가 기생파티에도 참석했다는 소문은 오랫동안 우리 사회에서 돌아다녔습니다. 한미 최대의 밀월시대에 있었던 웃지 못할 촌극이었지요."

존슨 동산

1966년 11월 1일 오전 9시, 이동원 외무장관은 방한 이틀째를 맞은 존슨 대통령 부부를 모시기 위해 워커힐 에메랄드 빌라를 찾았다. 30분쯤 시간이 있었다. 존슨 대통령은 이 장관과 아침 산책을 함께 했다. 이동원 당시 외무부 장관은 존슨이 산중턱에 올라 갈대밭 사이로 모래가 반짝거리는 한강을 내려다보면서 했던 말을 기억하고 있었다.

"이 장관, 저길 보시오. 저 갈대밭… 내 고향 텍사스를 보는 듯 하구려. 정말 서울은 살기 좋은 곳이오. 사실 워싱턴은 공포의 밤을 지내야 하오. 그러나 서울은 너무 평화스럽고 질서 있소. 난 진정 사람이 살 만한 곳인 이곳 서울, 특히 저 강 너머 갈대밭을 영원히 잊지 못할 것이오."

존슨 대통령 부부는 오전 10시에 헬기편으로 청와대에 도착했다. 양국 정상 부부가 나란히 아침 인사를 나누었다. 육영수 여사가 버드 여사를 안내해 경복궁에서 열리는 국전을 관람하고 이화여자대학교를 방문하는 동안, 박정희 대통령과 존슨 대통령은 청와대 집무실에서 정상회담을 가졌다. 예정 시간보다 40분이나 늦게 끝난 이날 회담에서 존슨은 마닐라 정상회담에서 마르코스 필리핀 대통령의 무례함을 거론하면서 한국 정부를 추켜세웠다. 존슨 대통령은 한국의 경제 발전과 정치적 안정에 만족을 표시했으며 한국 측은 제2차 경제개발 5개년 계획과 국방 현황 및 軍援(군원) 상황을 설명, 미국의 재정 지원을 늘려줄 것을 요청했다.

회담에는 양국 정상 외에 한국 측에서 정일권 국무총리, 장기영 경제부총리, 이동원 외무부 장관, 김성은 국방부 장관, 김형욱 중앙정보부장 및 이후락 청와대 비서실장이 참석했고, 미국 측에서는 러스크 국무장관, 번디 극동담당 국무차관보, 로스토 대통령 특별보좌관, 브라운 주한 미국대사 등이 참석했다.

회담이 끝난 뒤 양국 대통령은 서울역으로 향했다. 예정보다 40분 늦게 도착한 존슨 대통령은 12시 3분 박 대통령과 김성은 국방부 장관의 안내를 받으며 인천 방면 개찰구를 통해 미리 마련된 두 칸짜리 특별 기동차에 올랐다.

열차 안에서 梁鐸植(양택식) 철도청장은 존슨 대통령에게 終身(종신) 승차권과 철도 기념메달을 전달했다. 미국 대통령을 맞이하기 위해 철도청은 이화여대 4학년 유재숙 양 등 4명의 여승무원을 긴급 채용, 열차 내에서 접대를 하게 했다. 두 정상은 기차 안에서도 회담을 계속했다. 본스틸 유엔군 사령관, 정일권 국무총리 등도 함께 탄 특별 전망차는 서울역을 출발, 용산-서빙고-청량리-의정부역을 거쳐 12시 58분 주내역에 도착, 리무진으로 육군 제26사단 연병장에 도착했다.

차에서 내린 박 대통령은 연병장으로 걸어가면서 193cm의 존슨 대통령을 의식한 듯 빙그레 웃으며 徐鐘喆(서종철) 1군 사령관을 존슨 대통령 옆으로 끌어 세우곤 했다. 존슨 대통령과 비슷한 키의 서종철 사령관은 군모 때문에 존슨보다 더 커 보였다. 이를 의식한 존슨은 서 장군이 곁에 설 때마다 발돋움을 하며 좌중을 웃겼다.

양국 정상은 26사단 장병들의 태권도 격파 시범을 참관했다. 존슨 대통령은 장병들이 격파한 벽돌을 직접 만져보며 놀라워했다. 이날 존슨 대통령은 월남에서 전사한 고 이인호 소령의 미망인 이경자 여사에게 은성무공훈장을 전달했다.

오후 2시, 청와대로 향하는 박 대통령과 헤어진 존슨 대통령은 수행원들과 함께 헬기편으로 양주군 송산리에 주둔하고 있는 주한 1군단 제36

을 방문했다. 유엔군 사령부 의장대 사열을 받은 존슨 대통령은 150여 명의 미군 장병들과 오찬을 함께 나눈 뒤 헬기로 부대를 떠났다.

오후 3시 45분 존슨 대통령이 탄 헬기는 경기도 화성군 태안면 안녕마을의 안룡고등공민학교 운동장에 착륙했다. 3만여 명의 군민과 학생들이 태극기와 성조기를 흔들며 환영했다. 대기 중이던 경찰 백차에 올라탄 존슨 대통령은 20여 분 동안 마을을 순회하면서 열광하는 학생들의 손을 잡아보기도 했다. 주민들은 존슨 대통령의 방문을 기념하기 위해 마을 뒤에 있던 무명 동산을 '존슨 동산'이라 명명하고 동산 꼭대기에 존슨 기념비를 세웠다. 이날 존슨 대통령은 자신의 이름이 붙은 기념비를 손수 제막했다. 지금도 존슨 동산과 기념비가 있는 이곳은 1999년에 화성 군민의 이름으로 현충탑을 건립했다.

당시 국민학교 4학년이던 金典洙(김전수) 씨는 존슨 대통령이 탄 헬리콥터가 먼지를 일으키며 운동장에 착륙하는 순간 학교에서 나눠준 태극기와 성조기를 흔들며 동료들과 언덕 위에 서서 구경했던 추억을 더듬었다.

"아이스케키에 사용하던 30cm짜리 대나무 막대기에 풀칠해서 만든 국기를 들고 된소리로 '쫀슨 대통령'이라 부르며 뛰어다니곤 했습니다. 미국 대통령의 방문은 우리에게 외롭지 않고 든든하다는 자신감 같은 걸 주었습니다. 가난하고 못살았지만 세계 제일 가는 강대국 대통령이 직접 우리 마을에 와서 손을 흔들어 주고 노인들과 어울리는 모습은 지금 생각하면 동화 같은 느낌도 듭니다. 우리 마을엔 지금도 '쫀슨 동산'이 있습니다."

존슨 대통령은 李得龍(이득룡) 농림부 농정국장으로부터 안녕마을 개발공사에 대한 보고를 받던 중 군중 맨 앞자리에 갓 쓰고 남색 도포 차림으로 앉아 있던 최시종 노인에게 다가가 악수를 청했다. 존슨은 노인의 이름을 묻고 우리말로 "내 이름은 존슨입니다"라고 자신을 소개한 뒤 동네 주민들이 선물해 준 신랑 복장을 걸쳐 입고 최 노인과 사진 촬영을 했다. 존슨은 최 노인의 손을 잡고 헬리콥터까지 걸어간 뒤 최 노인을 번쩍 들어 헬기에 탑승시키고는 자신과 함께 수원 상공을 두 차례 선회한 뒤 지상으로 내려왔다. 기상에서 존슨은 농사일로 거칠어진 최 노인의 손을 잡으며 "미국에 오고 싶습니까"라고 물었다. 최 노인이 "한 번 구경하고 싶다"고 하자 "초청하겠습니다"라고 한 뒤 호주머니를 뒤져 볼펜과 자신의 이름이 새겨진 주머니칼을 선물했다.

이날 존슨은 동네 노인들에게 "나도 농촌 출신이기 때문에 여러분의 심정을 잘 압니다. 이 마을과 같이 아시아 전역이 발전하게 될 때 아시아에 평화가 깃들게 될 것입니다"라고 말하고 24인치 RCA社(사) 텔레비전 한 대를 기증한 뒤 숙소인 워커힐로 돌아왔다.

11월 1일 오후 6시 30분 존슨 대통령 부부는 워커힐 코스모스 홀에서 박 대통령 부부를 초청, 만찬을 베풀었다. 당시 민주당 의원이던 김대중 전 대통령도 만찬에 초대를 받아 참석했다. 金大中 의원은 이 날 만찬 도중 발생한 정전 사건을 자세히 기억하고 있었다.

〈마침 리셉션이 시작되었을 때 갑자기 전기가 꺼졌다. 우연한 사고였지만 약 1분 동안에 걸쳐 어둠이 계속되는 동안 이것은 혹시 암살 음모에 따른 것이 아닌가 생각하고는 걱정이 태산 같았다. 기나긴 1분이 지나 홀이 밝아졌을 때 존슨 대통령은 보이지 않고 그와 함께 있었던 박 대통령만이 그 자리에 서 있었다.

순간 우리는 깜짝 놀라면서 존슨 대통령의 신변에 어떤 이변이 생긴 것이라고 생각했다. 그런데 그것은 미국 경호원들이 미리 준비한 장치, 즉 벽에 회전문을 만들어 두고 있었는데, 전기가 꺼지자마자 경호원들은 존슨 대통령을 위로 덮치면서 그를 재빨리 이끌어 회전문 뒤쪽으로 숨겨버렸던 것이다. 우리는 존슨 대통령이 무사했다는 것을 알고 한숨 돌렸지만 미국의 우수한 '경호술'에 감탄했던 것이다〉(김대중, 《행동하는 양심으로》에서)

鄭求瑛의 염려

1966년 11월 2일, 방한 마지막 날 아침을 맞은 존슨 대통령 부부는 국립묘지를 찾아 헌화한 뒤 오전 9시 10분에 국회에 도착했다. 존슨 대통령 부부는 의장실에서 이효상 국회의장과 김종필 공화당 의장, 朴順天(박순천) 민중당 대표 및 김영삼 민중당 총무 등 의회 지도자들과 만나 선물을 교환하고 10여 분 동안 환담했다.

이 국회의장이 개회 선언을 하자 존슨 대통령 부부가 裵泳鎬(배영호) 국회 사무총장의 안내를 받으며 국회 본회의장으로 입장했다. 존슨은 의원들의 박수를 받으며 연단에 올라 30여 분간 연설했다. 존슨 대통령은 연설에서 "공산주의자들은 무력 수단에 의한 성공이 불가능하다고 깨닫게 될 때만 평화를 선택한다는 것을 보아왔다. 싸움을 걸어온 자가 싸움을 그만둘 때까지 우리는 강력해야 한다"며 한미 간 우호협력을 강조하면서 "유능한 한국 정부는 활발한 야당과 민주적인 대화를 해나가면서 국가를 근대화하고 있으며 새로운 아시아 공동사회를 만드는 데 있어서 지도적 역할을 수행하고 있다"고 한국을 찬양했다.

이어서 청와대를 방문한 존슨 대통령 부부는 離韓(이한) 인사를 겸해 예정 시간인 15분을 넘기고 약 30분 동안 정상회담을 정리하는 시간을 가졌다.

양국 정상은 이 회담에서 합의된 내용을 담은 공동성명을 발표했다. 12개 항으로 구성된 공동성명에는 '한국의 경제, 사회 및 과학 분야 발전을 위해 미국이 계속 지원할 것과 주한 미군을 현재 선 이하로 줄이지 않으며 한국에 대한 무력 공격이 있을 경우 미국은 즉각적이고 효과적인 원조를 하겠다'는 미국의 결의를 천명했다.

오전 10시 50분, 박정희 대통령은 존슨 대통령 부부와 함께 헬기에 동승, 김포공항에 도착하여 21발의 예포가 울리는 가운데 3군 의장대를 사열했다.

박정희 대통령은 환송사를 통해 "이곳에 체류하는 동안 우리 국민들이 각하를 얼마나 존경하고 또 얼마나 친밀하게 생각하고 있는가를 이해할 줄 믿는다"면서 "이번 방한이야말로 각하가 한국을 이해하는 데 큰 도움이 되었을 뿐 아니라 한미 양국 간의 전통적인 유대 관계를 더욱 강화함은 물론 태평양시대라는 새로운 시대를 맞이하여 우리가 서로 '태평양 맹우'로서 사명을 다시금 다짐한 데 큰 의의가 있다고 생각한다"고 말했다.

존슨 대통령은 離韓辭에서 "한국인의 따뜻한 환영에 감사하며 공산주의와 대면해서 자유 수호를 위해 싸우고 있는 한국민을 위해 미국 정부와 미국인은 영원히 어깨를 같이할 것이며 국민과 국토와 생활방식을 보존하기 위한 한국인의 노력에 미국은 언제나 돕고 지원하겠다"고 말했다.

1966년 11월 2일 오전 11시 30분, 존슨 대통령 일행은 한국을 마지막으로 동남아 7개국 순방이란 긴 여정을 마치고 김포공항을 이륙했다.

박정희 대통령과 존슨 대통령의 밀월관계는 미국의 강력한 對韓(대한) 지원을 보장해 주었다. 1965년부터 1969년까지 한국은 미국의 전폭적인 지원, 對日(대일) 청구권에 의한 무상자금 및 경제 차관, 월남파병에 의한 연간 1억~1억 5,000만 달러에 이르는 본국 송금, 베트남 군수호황 등으로 경제를 안정시킬 수 있었다.

이미 1966년 2월에 설립된 한국과학기술연구소(KIST)도 존슨의 지원에 의해 이루어진 것이었고, 비료공장, 원자력발전소, 전주 공단, 구로 수출공단, 경부고속도로 등 대한민국의 경제 기반은 대부분 존슨 대통령 재임 시 시작했거나 완성한 것들이다.

1966년은 무르익은 가을 들판의 곡식처럼 풍요롭게 저물어갔다. 제1차 경제개발 5개년 계획의 마지막 해에 대한민국은 13.4%라는 경이적인 경제성장률을 기록했다.

임기를 6개월가량 남긴 박 대통령에게 재선은 특별한 문제가 되지 않았다. 박 대통령의 고민은 그보다 더 깊은 곳에 자리하고 있었다. 초대 공화당 총재를 지낸 정구영(당시 당 총재 상의역) 의원은 박정희의 속을 내밀하게 들여다보려고 노력하던 사람이었다.

정구영의 생전 회고록 《실패한 도전》에 실린 그의 회고.

"1966년 가을부터 박 대통령의 재출마가 논의되었습니다. 박 대통령은 몇 가지 점에서 실책이 없지는 않았지만 경제 계획으로 2차 산업을 일으켰다는 점은 그분의 공적으로 평가할 수 있었지요. 그러나 2기 대통령에 출마하면서 박 대통령이 1971년 선거를 미리 전망하고 이 나라 정치 판도를 어떻게 이끌어나간다는 구상을 갖고 있지 않으면 그때 위기가 올지도 모른다는 걸 염려했습니다.

물론 항간에 논의되던 부정부패가 결점이기는 하지만 지난 4년간의 경제개발이 어느 정도 성공했다는 점, 대통령이 국정에 열성적임을 국민들이 인정하고 있다는 점에서 박 대통령이 2기 대통령에 당선될 것으로 보았습니다.

그러나 그 분이 1971년의 대통령 선거를 어떻게 할 것이냐에 대한 확고한 결의가 없이는 2기 통치 기간 중 정치는 혼란에 빠져들 것이란 점을 걱정했습니다."

3選 개헌의 예감

1966년 11월 28일 오후 4시, 73세의 정구영 옹은 청와대에 들어가 박 대통령과 세 시간이 넘게 이야기를 나누었다. 정구영 의원은 먼저 대한민국의 지상과제인 통일 문제에 대해 다음과 같은 요지로 많은 시간을 할애했다.

'전쟁에 의한 조국 통일은 불가능하다. 공화당 창당 선언에서 밝힌 대로 조국을 근대화해서 통일 기반을 구축해야 한다. 근대화를 통해 국가를 부유하게 하고 민주주의를 통해 국민이 고루 잘사는 나라를 만드는 것이 북한을 이기는 길이다.

그러므로 박 대통령은 재출마해 당선되면 지금처럼 조국 근대화를 추진하는 一方(일방), 이 나라의 민주주의가 뿌리 내리게 하여 공산당 치하보다 자유가 있다는 강점을 넓혀 나가야 한다. 국민의 그같은 확고한 신념이 있으면 선거에 의해서든, 혹은 다른 형태의 그 어떤 방법의 통일이건 우리가 공산당에 패배할 우려가 없다.'

박 대통령은 정 의원의 견해에 뜻을 같이 했다고 한다. 정구영은 '통일에 대비하는 정부 기구가 있어야 한다고 믿는 공화당 의원들이 많다'는 사실을 지적했다. 이 지적은 이듬해인 1967년 봄 통일백서가 국회에서 통과되고, 이어 정부 기구로 국토통일원이 탄생하게 되는 단초가 됐다.

통일 논의를 매듭지은 정구영은 다음과 같이 말했다고 한다.

"이런 대전제하에서 2기 대통령 선거에 출마하셔야 하며 당선되어야 합니다. 그러나 2기 대통령에 당선돼서 4년 임기 안에 통일을 이룬다는 것은 불가능한 일이 아닙니까. 그러니 2차 임기를 마친다면 그 이후 누구한테 공화당의 지도권을 넘겨줄 것이냐 하는 점을 생각하시고 출마하셔야 합니다.

그것은 다름 아니고 1971년의 대통령 선거에 있어서는 첫째 조건이 평화적 정권 교체입니다. 이것이 안 되면 아무것도 안 됩니다. 또 다시 5·16 이전의 상태로 되돌아가는 혼란이 오게 됩니다. 평화적 정권 교체를 으뜸의 지표로 해서 나가야 합니다."

정구영 의원은 박 대통령에게 헌법상 마지막 임기가 되는 2기 재임 기간 중 주변에서 제기할 3선 개헌론을 경고했다고 한다.

"각하께서는 이번 선거에서 무난히 당선되리라 봅니다. 당선되는데 2기 집권 1년이나 2년 후면 3선 개헌을 하라고 진언하는 사람이 생길 겁니다. 즉 '각하가 1차 임기에서 경제개발의 기초를 닦았고, 2차 임기 중에는 2차 계획을 수립해서 진행 중이고, 곧바로 3차 계획을 세워 튼튼한 개발의 궤도를 깔아야 한다. 이런 일을 수행하는 데 각하 이외의 적임자가 없다. 둘째, 김일성이 남침을 떠들어대고 있다. 국가 안보를 위해 각하가 절대로 요청된다. 경제 건설과 국가 안보를 위해서는 정치 안정이 긴요하다. 정치 안정은 각하의 영도력 없이는 안 된다. 조국을 방위하고 조국을 건설하는 일에 각하의 영도력이 필요하니 3기 대통령으로 나가야 한다' 라고 말하는 사람이 생겨날 겁니다.

현행 헌법에는 대통령 3선을 금지하는 명문이 있습니다. 대통령께서 최고회의 의장이던 시대에 국민투표로 정한 것입니다. 그러니 각하께서 이 헌법을 무시할 수 없을 것입니다. 그렇지만 각하의 그늘에서 권력을 행사한 사람들, 큰 치부를 한 사람들이 이런저런 이유를 내세워 개헌을 요청해올 것입니다. 그러니 각하께서는 2기 대통령에 출마하실 때 '어떤 경우에라도 3선 개헌을 안 하겠다', '진언하는 사람이 있어도 뿌리치겠다' 는 결의를 굳게 해야 합니다. 그러지 않으면 국가가 위태로워지고 불행해집니다."

박 대통령은 진지하게 들었다는 것이다. 정 의원은 이날 박 대통령으로부터 즉답 듣기를 거부하고 다음 기회에 답변을 듣기로 했다. 좀더 신중한 고려를 기대해서였다.

정구영과 박정희가 다시 만난 것은 1967년 2월 8일. 공화당 전당대회에서 박정희 대통령이 제6代 대통령 선거 후보로 지명되고 6일째 되던 날이었다. 명목은 국회에서 통일백서를 통과시키도록 박 대통령이 당에 지시한 것에 감사하기 위한 것이었다. 두 사람은 통일 문제에 관해 이야기를 나누었다.

세 시간쯤 지났을 때 박 대통령이 불쑥 "선생님, 작년 겨울에 저한테

하신 말씀이 있지 않습니까"라고 화제를 돌렸다.

"어떤 말씀을 하시는 건지요…."

"1971년 선거 말입니다. 후임자를 물색하라는 그 말씀이지요."

"아! 그 말입니까. 저는 깜빡 잊고 있었습니다."

정구영은 박 대통령으로부터 '3선 개헌 문제가 나온다 해도 거부할 결심을 굳히고 있습니다'란 답변을 기대했다.

그런데 박정희는 이렇게 말하더란 것이다.

"선생님 말씀대로 저는 1971년 선거에는 안 나가기로 했습니다."

정구영은 회고록을 통해 박 대통령의 이 말은 '기대 밖이었다'며 허탈했던 느낌을 기록해 두고 있다.

박정희 대통령이 이 무렵부터 3선 개헌 문제로 고민한 흔적은 보이지 않는다. 그럼에도 당 총재 상의역인 정구영은 왜 3선 개헌을 염려했을까. 당을 중심으로 구축된 권력 관계의 본질을 짚어보던 정구영은 박 대통령을 둘러싼 정치 분위기에서 이미 그 조짐을 발견했기 때문이라고 썼다.

1965년 6·3 사태에 정부가 계엄령으로 대처하면서 정당은 힘을 잃었다. 김종필이 없는 사이 反金(반김) 운동에 앞장섰던 김성곤을 포함한 비주류들이 對野(대야) 협상을 주도하면서 세력권을 넓혀갔다. 이때 이후락, 김형욱, 박종규 등 대통령의 막료들은 이들 비주류의 약진을 지원하고 있었다. 정구영은 이 막료들의 세력 팽창이 장기 집권을 예고하는 전주곡이라 판단하고 박 대통령에게 경고를 해준 셈이었지만 돌아온 대답은 그렇게 분명하지 않았던 것이었다.

정구영의 염려는 1967년 대선 유세 과정에서 행정 막료들의 김종필 견제로 확연하게 드러나기 시작한다.

朱冠中의 메모

정구영은 그의 회고록 《실패한 도전》에서 1966년 말부터 박 대통령의 '1인 지상주의'가 점점 대통령 개인과 친목 관계에까지 파급되고 있었다고 기록하고 있다.

"공화당은 무력해졌고, 복귀한 김종필은 무기력해졌습니다. 실권이 없었지요. 소위 공화당 간부라는 사람들이 이후락과 김형욱 등 대통령 측근들의 그늘에서 김종필을 견제합디다. 행정 권력이 집권 여당을 지배하는 겁니다. 민주주의라는 게 정당 정치라야 하는데 공화당이 집권의 주체도 아니고 중심도 아니었습니다.

'3선 개헌은 안 하겠습니다'라는 답변 대신 '1971년 선거에는 안 나가겠습니다'라고 한 것은 그 얼마 전부터 이런 '1인 지상주의' 풍토가 자라왔기 때문입니다."

정구영이 말하는 박정희의 '1인 지상주의'를 구체적으로 이해할 만한 근거로는 1963년부터 1969년까지 청와대 대통령 비서실 정무비서관(교문·사회 담당)으로 근무했던 朱冠中(주관중·전 경희대학교 교수)의 메모가 도움이 될 것이다.

주관중은 1953년 연세대 정외과를 졸업하고 1958년 미국 남일리노이 대학원을 거쳐 연세대학교 조교수로 있던 중 선거를 개량주의적으로 접근하는 방법을 기술한 《선거공학》을 펴내 최고회의 비서실로부터 주목을 받았다. 주 씨는 1963년 초 최고회의 비서실로부터 근무를 제의받고 들어가 1969년 청와대 비서실의 대폭 개편이 있을 때까지 근무한 뒤 민족발전연구원장(1970~1976년)을 거쳐 경희대학교 교수로 정년 퇴임했다.

주관중 씨에 따르면 박정희 대통령은 가끔씩 비서관들이 근무하는 방으로 들어와서는 흉금에 쌓여 있던 말들을 털어놓곤 했다고 한다. 이때마다 주관중 비서관은 박 대통령의 사상을 연구할 목적으로 언론과 대중 앞에서 직설적으로 할 수 없었던 대통령의 솔직한 말들을 수집했다고 한다.

최근 필자에게 보여준 메모는 간략하게 12개 항목으로 정리된 것이다. 이 메모는 박 대통령의 비망록이 공개되지 않은 지금 박 대통령의 내면을 이해하는 데 도움이 될 것이다. 주 씨의 메모는 다음과 같이 시작된다(박 대통령이 털어놓은 말 중에서 골라 담은 것이라 인용 부호를 달았다. 각 항별 해석은 주관중 씨의 설명임을 밝힌다).

〈1. "모든 정치 행동은 억압해야 한다. 정치 행동은 해결보다 혼란만 초래한다."

6·3 사태 후 계엄령을 선포한 박 대통령이 어느 날 비서실로 들어와 학생 시위에 대한 이야기를 한참 한 뒤 이런 말을 했다. 그는 또 이런 말도 했다.

2. "교수들이 가르치고 학생들이 배우는 교과서는 이 나라에 도무지 도움이 안 된다."

3. "국민의 문제는 내가 다 알고 있다. 해결책도 내가 다 알고 있다."

야당의 정책 비판이 강해지면 박 대통령은 이런 투의 말을 툭툭 내뱉듯 우리 비서관들에게 하곤 했다.

4. "언론은 나를 지도하기보다 나에게 협조해야 한다. 언론도 여론도

부분적이다. 전체적인 것은 내가 다 안다."

언론에 대한 시각을 드러낸 말이다. 박 대통령은 전체를 보지 못한 채 지엽적인 부분만을 문제 삼는 언론을 답답해했다.

5. "국회도 마찬가지다. 지역발전문제는 知事들이 제일 잘 알고 있다. 그들은 주야로 일하고 있다."

사실, 도지사들이 제일 잘 알고 있었다. 이들은 대통령의 지시를 최우선으로 알고 시행했고, 이 때문에 인접 도의 업무와 마찰을 종종 빚었다. 비서실에서 근무하며 지켜보면 이런 부작용도 없지 않았지만 대통령이 도지사들을 믿는 만큼 도지사들은 필사적으로 일하는 분위기였다. 만약 게으르다는 보고가 올라가면 그 날로 경질되어버리곤 했기 때문이었다.

6. "교수들은 나에게 방향을 가르치기보다 방법을 알려주어야 한다."

박 대통령은 지식인들을 나름대로 활용하는 기준이 있었다. 자신은 방향을 정하는 사람이고, 가고자 하는 방향으로 나아가는 방법을 제공하는 지식인들을 가까이하려 했다. 경제인들에게도 비슷한 시각으로 대했다. 鄭周永(정주영) 현대그룹 회장은 이런 측면에서 박 대통령을 충분히 만족시키는 사람이었다.

7. "근로자들은 경제 수준이 오를 때까지 참아라."

누군가가 박 대통령에게 노조 문제를 거론하자 대통령은 이렇게 말했다. 당시 이 말을 전해 들었을 때의 어감은 근로자를 무시하는 말이 아니라 '힘들겠지만 조금만 더 참으면 좋아질 것이다'라는 느낌이 강했다.

8. "경제만 발전한다면 통일 문제·부패 문제·교포 문제·근로자(노동) 문제가 모두 해결된다. 민주주의도 경제개발을 선행할 수 없다."

박 대통령이 경제개발과 관련해 다른 가치보다 선행한다는 말을 하는 순간 메모한 것으로, 정확히 언제인지 기억나지 않는다.

9. "군인들은 다시는 정치 행동을 하지 말고 국방에 힘써야 한다. 전쟁이 없을 때는 국토건설에 협조해야 한다."

1960년대 후반 국군의 날 행사를 마치고 청와대로 들어와 한담을 나누던 중에 했던 말이다.

10. "예비군은 토착 군대다. 가장 이상적이다."

예비군을 창설한 뒤, 박 대통령은 예비군에 대한 애정과 관심이 지대했다. 자신이 창군한 군대, 그래서 마치 자신의 군대라는 생각을 가진 것 같았다. 훗날 새마을운동에 대한 애정과 흡사했다.

11. "우리 문화는 별 자랑할 게 없다. 개발이 중요하다."

국가 지도자로서 공개적으로는 절대 해서 안 될 말이지만 우리 비서관들에게는 터놓고 한 말이라는 생각이 들었다. 박 대통령은 "웅장한 맛도 없고 보존도 잘 안 되는 작은 목조 건물로 세계문화유산과 비교하자니…" 하면서 이런 말을 했는데, 나는 대통령의 말을 납득할 수 있었다.

12. "법대로 하면 독재가 아니다. 개헌도, 무엇도 법대로 하면 민주주의다. 사상, 이념보다 법이 중요하다. 선거도 법에 있으니까 해보는 것이다."

1967년 선거에 즈음해서 박 대통령은 이런 말을 했다. 특히 "선거도 법에 있으니까 해보는 것이다"라는 말은 자신만이 이 나라를 이끌어갈 수 있다는 자신감이 넘쳐 나온 말로 들렸다. 3선 개헌도 이런 생각에서 자신 있게 추진했을 것이라 본다〉

新年辭

1967년 1월 1일 아침, 박정희 대통령은 붓글씨로 '民族中興(민족중흥)'이란 신년 휘호를 쓰고 신년사를 발표했다. 이날 발표된 신년사에는 향후 박정희 시대를 상징하는 '민족중흥, 새 역사의 창조, 조국의 근대화, 국토 통일' 뿐 아니라 反共 통일의 목표가 '노예생활을 강요당하고 있는 북한 동포를 구출하기 위한 것'임을 명확히 하고 있다.

민족적 자신감이 배어 있는 1967년 신년사에 담긴 문구들은 이듬해인 1968년 12월 5일 발표하는 '국민교육헌장'에도 반영되는 등 정책적인 일관성을 유지하고 있어 박정희 대통령 시대를 관통하는 그의 사상을 압축해서 보는 듯하다.

신년사는 다음과 같다.

〈나는 먼저 새해의 모든 영광과 만복이 동포 여러분의 가정에 고루 깃들기를 충심으로 기원하는 바입니다.

지난 1년은 중흥하는 민족으로서, 발전하는 국가로서 우리가 이룩하려 했던 많은 일들이 거의 뜻대로 이루어진 '성공의 해'였습니다. 우리는 혼돈과 위기가 감도는 아시아에서 우뚝 솟은 평화의 보루로서, 자유의 기수로서, 번영의 표본으로서 태평양 공동사회 건설의 선도적 사명을 지니게 되었습니다.

한편 근면, 검소, 저축을 행동 강령으로 온 국력을 총동원했던 제1차 경제개발 5개년 계획은 의존과 빈곤으로 얼룩졌던 이 나라에 자립과 번영의 터전을 마련했습니다. 이제 우리는 극복할 수 없을 것처럼 보이던 난관을 끝내 극복하고 제한된 자원으로 많은 성과를 올렸으며, 서구의 전문가들이 불가능하다고 한 그러한 환경 속에서 바로 그 서구의 선진 공업과 기술을 습득하여 그들과 겨루려 하고 있습니다.

우리 민족의 역사는 이제 새로운 출발의 시점에 서 있습니다. 수난과 빈곤의 역사는 끝나고 번영과 영광의 새로운 역사가 이미 우리 앞에 전개되었습니다.

조국의 근대화, 그것은 국토 통일이라는 민족적 지상과제를 성취하기 위해 오늘에 사는 우리 세대가 기필코 이룩해야 할 국가적 과제이며 우리의 후손에 물려줄 값진 유산입니다. 새해를 맞이할 때마다 노예생활을 강요당하고 있는 북한 동포를 구출해야겠다는 우리의 염원이 절실하면 절실할수록, 그리고 우리의 자녀에게 살기 좋은 조국을 물려주어야겠다는 결의가 새로우면 새로울수록 조국 근대화를 위한 우리의 노력은 더욱 더 크고 줄기차야 하겠습니다〉

박 대통령의 자신감은 여기서 멈추지 않았다. 4개월 뒤 大選과 총선이 연이어 예정되어 있는 선거의 해를 맞은 정부는 1월 5일 오전 9시 30분 중앙청 중앙홀에서 시무식을 갖고 1967년을 '선진의 해'라 명명했다.

이날 오후 박 대통령은 경제기획원을 초도순시하고 "금년에도 안정의 바탕 위에서 성장을 지향하고 양적 발전과 아울러 질적으로 강화해 나가야 한다"고 지시했다.

박 대통령은 4시간 이상 각국별로 경제동향 보고를 받아 장기영 부총리를 비롯한 경제기획원의 각 국장들이 시무 첫날부터 진땀을 뺐다. 재정안정계획부터 전원개발에 이르기까지 경제의 전 분야에 대해 보고를 듣는 동안 박 대통령은 특히 물가 정책에 관심을 보이면서 품목별 도매물가와 소비자 물가의 추세를 따지고는 "물가 안정과 경제 성장을 동시에 추진하도록" 강조해서 당부했다.

엽차 한 잔만을 마시고 자리에서 꼼짝 앉고 보고를 받던 박 대통령은 "경제 문제를 경제기획원에만 맡길 것이 아니라 모든 장관이 입체적으로 검토하라"고 지시하고 그 예로, "공보부 장관은 정책 실천의 잘된 점과 못된 점을 무비 카메라로 잡아 국민들에게 알릴 뿐 아니라 관계 장관 회의에서도 확인, 평가하라"고 지시했다.

1월 8일 일요일을 맞은 박 대통령은 영하 10도를 오르내리는 날씨에도 불구하고 육 여사와 아들 지만 군을 데리고 한양 컨트리 클럽을 찾았다. 길재호 사무총장, 김성곤 재정위원장 등 공화당 간부와 김형욱 정보부장 및 대구사범 동창생인 황용주 전 문화방송 사장도 가족을 동반하고 나와 박 대통령과 오후 늦게까지 9홀을 돌았다.

이날 처음 골프채를 쥐어 본 육영수 여사는 몇 차례의 스윙 끝에 날아가는 공을 쳐다보며 "맞으면 힘이 안 들고, 안 맞으면 힘만 빠지는 운동이군요"라고 해 좌중을 웃겼다.

박 대통령은 휴가가 아니면 가족과 나들이할 여유가 없었던 혁명 초기의 긴장된 분위기와 달리 다소 삶의 여유를 되찾은 신년을 보낼 수 있었다.

선거를 앞둔 대통령으로서 자신만만함이 배어 있었던 이 무렵, 야당인 신한당과 민중당은 선거 대책에 부심하고 있었다. 연초부터 야당 대통령 후보 단일화 추진위원회를 구성해 활동해온 신한당과 민중당은 1월 24일 신한당의 윤보선 총재가 俞鎭午(유진오) 민중당 대통령 후보의 서울 중구 필동 자택을 방문함으로써 후보 단일화와 야당 통합의 가능성이 열리기 시작했다.

다음날인 1월 25일 유진오 후보가 尹潽善 총재의 집을 방문, 회담 끝에 민중-신한 양당의 통합을 결의했다. 두 사람은 발표문을 통해 "박 정권의 군사 통치에 종지부를 찍고 진정한 민주주의의 구현을 위해 야당 대통령 후보 단일화가 오늘 국민 대다수의 절대적 요청이므로 우리는 정파의 異同(이동)과 피차의 득실을 초월해서 야당 단일화를 이룩하여 구국대업에 최선을 다할 것"이라고 말했다. 통합 야당은 1주일 뒤인 2월 2일 당명을 신민당으로 바꾸고 윤보선 씨를 대통령 후보로 지명했다.

이날(1월 25일) 박정희 대통령은 제1차 경제개발 5개년 사업으로 마산에서 추진되어온 한일합섬섬유공업회사의 준공식에 참석한 뒤 오후에는 부산시를 초도순시하고 금년도 시정 계획을 보고받았다. 이 자리에서 박 대통령은 "선거가 임박했다고 해서 판잣집이 늘어나는 것을 묵과하면 구청장과 경찰서장에게 그 책임을 묻겠다"고 말하고 "종합적인 주택 계획을 세워 연차적으로 현존하는 판잣집을 철거하라"고 지시했다.

이와 유사한 사건은 1963년 10월 제5대 대통령 선거 기간 중에도 있었다. 당시 선거운동에 막 돌입한 박정희 후보에게 중앙정보부 간부가 차트를 넘겨가며 보고를 하던 중 "서민들의 표를 모으기 위해 판잣집 철거를 중지하고 교통 규칙도 완화하겠습니다"라고 말하자 박 후보는 버럭 화를 내면서 이렇게 말하더란 것이다.

"뭐? 우리가 그 따위로 하려고 혁명했어? 더 철저히 철거하고, 교통 규칙도 더 철저히 지키시오."

공화당 全黨大會

1967년 2월 2일 박정희 대통령 겸 공화당 총재는 부인 육영수 여사와 함께 장충체육관에서 열린 제4차 공화당 전당대회에 참석했다.

이날 열린 공화당 전당대회는 한국 최초의 대규모 정치 축제였다. 정당의 전당대회가 장충체육관에서 열린 것도 처음이었고 참석 인원도 1만여 명이란 기록적인 숫자였다. 전당대회장의 장치물들을 위해 총 1,000만 원이 투입됐다. 벽에는 박 대통령의 대형 사진이 걸렸고 천장은 7색 광목으로 치장했으며 악단까지 등장시켜 마치 미국의 전당대회를 연상케 했다.

전당대회는 정각 10시에 김종필 당의장의 대통령 후보 지명 연설로부터 시작됐다. 김 의장은 "새 한국 역사는 제1페이지에 이어 그보다 더 자랑스러운 제2페이지를 기록해 나가기 위한 출발점에 이르렀다"고 전제하고 "1인당 130달러로 올려놓은 국민소득을 또다시 200달러 선 이상으로 배가하려는 自信(자신)의 기록, 과거 10년 동안 20~30%씩 상승하던 물가를 7.6%로 안정시켰고, 이것을 다시 7% 이하로 막아내려는 유능한 노력의 기록, 농촌을 기업화해 농산물을 국제시장에 진출시키려는 도약의 기록, 외국의 원조 없이도 나라 살림을 꾸려 나갈 수 있는 自立(자립)의 기록, 조국의 근대화를 위해서 믿음과 긍정과 참여의 자세로 온 겨레가 함께 뭉칠 수 있다는 새로운 민족성의 기록을 위해 새 한국의 지도자인 박정희 대통령을 다음 대통령 후보로 지명한다"고 제의했다.

그 순간 본부석 건너편의 제1, 제2 발언대에서는 번갈아 구호를 선창했다.

"일꾼 중의 일꾼, 박정희 동지!"

"농민의 아들 박 대통령!"

"기적을 낳은 박 대통령, 다시 모시고 전진하자!"

3,000여 개의 천연색 박 대통령 사진 피켓을 높이 든 당원들이 일어서서 외치는 구호에 장내는 떠나갈 듯했다. 이때 두 마리의 모의 황소가 장내를 맴돌았다.

오전 11시 20분, 박 대통령은 '환희의 송가'가 연주되는 가운데 김종필 당의장의 안내를 받으며 노란색 한복을 차려 입은 육 여사와 함께 입장했다. 당원들은 "야-"하는 함성과 함께 열띤 박수를 보냈다.

박정희 대통령은 진한 회색 양복에 검은색 넥타이 차림으로 묵묵히 연단에 올라서서 후보지명 수락 연설을 통해 "국민의 한 사람으로서 최선의 애국이 무엇이냐를 생각하고, 당원의 한 사람으로서 최선의 愛黨(애당)이 무엇이냐를 생각하면서 국가에 대한 충성과 당에 대한 봉사라는 사명과 책임 앞에 여러분의 결정과 당의 명령에 복종하기로 결심했다"고 밝히고, "행복한 생활과 영광스러운 조국의 내일을 향한 전진의 대열에 앞장설 것을 선언한다"고 말했다.

박정희 후보의 연설이 끝나자 1만여 당원들은 "당원 중의 당원, 박정희 총재! 우리 팀의 주장, 박 선수! 승리의 영광은 총재에게!"라는 구호를 외치며 피켓을 흔들었다.

박 대통령이 이들에게 손을 흔들어 답례를 했다. 이어서 당원들은 당가를 불렀다. 육영수 여사는 탁자 앞에 놓인 인쇄물을 펼쳐 노래 가사를 보며 따라 불렀다. 당가가 끝나자 박 대통령이 먼저 박수를 쳤다. 이날 행사장에 들어 온 뒤 열광적이고 미국적인 행사에 어떤 반응도 보이지 않던 박 대통령이 처음으로 반응을 보인 셈이었다.

순서에 따라 有功당원들에 대한 표창이 끝난 뒤 박 대통령은 당원들의 환호를 받으며 12시 정각에 퇴장했다.

대통령 후보 지명대회는 박 대통령이 퇴장한 후에도 계속돼 오후 2시, 초대 공화당 의장 鄭求瑛(정구영) 옹이 선창한 "뭉치자, 나가자, 이기자"란 구호 제창으로 막을 내렸다.

이날 오후 3시부터 장충체육관에서는 '당원의 밤'이란 쇼가 열렸다. 박 대통령은 참석 여부를 명확히 하지 않은 채 돌아갔다가 오후 3시 10분쯤 육 여사와 차녀 근영 양 그리고 지만 군을 데리고 입장했다. 박 대통령의 표정은 오전보다 훨씬 밝게 보였다.

김종필 의장이 창설한 '예그린 악단'이 '황성옛터'를 합창하자 박 대통령은 지만 군의 머리를 쓰다듬으면서 발로 박자를 맞추기도 했다.

두 야당과의 관계를 풍자한 연극도 공연되었는데, 쌀 세 가마니를 놓고 윤 씨 성을 가진 자와 유 씨 성을 가진 자가 서로 갖겠다고 싸우는 장면부터 시작됐다. 지나가는 농부, 여인들, 미국인이 서로 나누어 가지라고 충고하지만 두 사람이 싸움을 계속하자 그 틈에 황소를 몰고 온 박 씨 성을 가진 사람이 모두 싣고 가버리는 내용이었다.

외무부 장관 경질사건

1966년 12월 13일, 청와대 집무실에서 박정희 대통령은 金炯旭(김형욱) 중앙정보부장으로부터 유엔총회에서 다루어지던 '한국 문제'에 대한 보고를 받고 있었다. '한국 문제'란 매년 유엔총회에 상정돼 회원국들 간의 투표로 결정되는 것으로, 그 내용은 '유엔총회에 한국을 투표권 없이 한국 문제의 토의에 참석케 한다'는 것이었다. '한국 단독 초청안'이기도 한 이 안건이 채택된다는 것은 한국이 유엔총회에 옵서버로 참석함과 아울러 한국이 한반도의 유일 합법 정부임을 의미하기도 했다.

한국 외교는 매년 가을만 되면 '한국 문제'를 유엔의 무대로 올려놓고 투표를 거쳐야 하는 '유엔의 계절'을 맞아야 했다. 연중행사로 치러지던 '한국 문제'가 1966년에 들어서면서 북한의 외교적 압박을 받기 시작했다.

가장 큰 원인은 월남전을 오래 끌게 됨으로써 국제 사회가 전쟁보다 외교를 통한 대결로 방향을 선회하기 시작한 점이었다. 북한도 후진국과 공산권 외교에 주력했으며, 1966년 12월 2일 제21차 유엔총회에서 북한은 소련의 외무차관을 앞세워 한국 문제 토의에 대항하는 작전을 구사하고 있었다.

이날 북한은 공작을 통해 유엔 회원국이던 아프리카 기니 공화국으로 하여금 "본의제에 우선해서 남북한 동시 초청을 중간 토의하자"는 의견을 냈다. 한국에게는 날벼락 같은 제의였지만 기니의 이같은 제의는 유엔회의장에서 공산권 국가와 중립 국가들로부터 많은 지지를 얻었다. 투표 결과 38 대 37로 찬성표가 한 표 많았다.

기니의 안이 통과될 경우 대한민국은 한반도의 유일 합법 정부로서의 정통성을 상실할 위기에 처하게 됐다. 현지에 나가 있던 이동원 외무부 장관과 주무 국장들은 기니의 안을 무효로 돌리기 위해 필사적이 됐다.

당시 李 외무장관을 수행했던 朴槿(박근·주미 공사, 주스위스 대사 역임) 외무부 邦交(방교)국장은 "이 장관은 과로로 간염을 앓고 있어 식사를 제대로 못 하면서 연일 약으로 버티던 생각이 난다"고 회고했다.

기니 공화국의 안은 미국 대표가 '의제 순서 변경에 의한 제안이므로 단순 다수결이 아닌 3분의 2 다수결로 결정되어야 한다'고 이의를 제기함으로써 이 문제는 사흘 동안 논란만 지속됐다. 소련과 캄보디아 등 공산 측과 미국 등 서방 13개국의 팽팽한 토의를 거쳤으나 결론이 나지 않았다.

이동원 장관은 미국 측과 접촉하여 지금과 같은 '한국 단일 초청안'이 통과되기 어렵다면 미국의 유엔 대사였던 스티븐슨 案(안)을 조건부로 12월 13일 상정하자고 제안했다. 스티븐슨 안은 '유엔이 한국을 우선 초청하며 북한의 경우 유엔의 권위와 권능을 수락할 경우 초청한다'는 것이었다. 이른바 '두 개의 한국'이 국제 무대에 최초로 등장하게 된 계기가 되었지만 당시 이 장관의 이같은 제의는 한국 내 언론으로부터 외무부의 유엔 외교 능력을 비판받는 계기도 되었다(필자 注-이때부터 25년 뒤인 1991년 9월 18일 남북한은 비로소 유엔에 동시 가입하게 된다).

1966년 12월 8일 이동원 장관은 기자들과 한담 중에 "유엔 사회에 새로운 조류가 일고 있다. 한국의 유엔 외교에 변화가 필요하다. 지금처럼 외교관들이 돈을 싸들고 제3세계로 나가 투표권을 구걸하는 방식으로는 국력의 낭비만을 초래한다"는 요지의 발언을 했다. 이 장관의 발언은 다음날 국내 신문에 기자회견 형식으로 보도됐다.

12월 13일 오후 5시 30분, 유엔총회 산하 정치위원회는 한국 측의 제안을 받은 미국과 서방 13개국이 상정한 안건을 찬성 63표, 반대 24표, 기권 21표로 가결시켰다. 찬성표는 지난해보다 13표나 많았다. 결과적으로 한반도에서 한국만이 유엔에 단독 초청됨으로써 예년과 같은 옵서버 자격을 취득하기는 했지만 내용 면에서는 차후 한국이 유엔 외교에서 난항을 겪게 될 것임을 예고하는 사건이었다.

12월 13일 한국 문제가 통과된 직후 이동원 장관은 유엔 정치위로부터 연설을 요청받았다. 비슷한 시각에 한국의 청와대에서는 김형욱 중앙정보부장이 박정희 대통령에게 유엔 외교 결과를 보고하고 있었다. 박 대통령은 공산권의 외교 공세가 심각한 수준에 이르렀다는 보고를 받고 심기가 좋지 않았다. 훗날 이동원 전 장관이 전해들은 바에 의하면 이날 김형욱 정보부장은 박 대통령의 노기를 틈타 외무부 장관을 경질하게 되는 한마디를 더 했다고 한다.

이동원 당시 외무부 장관의 증언.

"당시 저는 중동 순방, 유엔총회, 캐나다 방문 등 46일간 예정으로 뛰어다니고 있었지요. 중동 순방을 통해 우리 건설단이 들어갈 여지를 만드는 데 성공했습니다. 이어서 유엔총회에 참석하기 위해 뉴욕에 도착할 무렵, 제가 졸업했던 오하이오 州(주) 켄트대학교로부터 명예박사학위를 받으러 오라는 초청이 있었어요. 뉴욕에서 비행기로 이동해 학위를 받고 이날 저녁까지 돌아와야 했습니다. 유엔 본부 건물 로비에서 우방국 외교관들과의 리셉션이 예정되어 있었는데 오하이오 주에서 폭설로 비행기가 뜨지 못하는 상황이 되어버린 겁니다. 급히 딘 러스크 국무장관에게 도움을 요청하여 한 재벌이 이용하는 자가용 제트기를 얻어 타고 돌아왔지만 리셉션은 이미 끝나버리고 말았지요. 나중에 이후락 실장을 통해 전해들은 이야기입니다만, 이 사건을 김형욱이 박 대통령에게 이상하게 보고를 했다고 합니다."

공산권 외교에 한국이 밀린다는 보고와 12월 8일자로 보도된 이 장관의 돌출적인 기자회견에 화가 나 있던 박 대통령에게 김형욱은 이 장관이 리셉션에 불참한 사실을 보고했다고 한다.

12월 13일 오후, 이동원 장관은 이틀 뒤에 있을 유엔 정치위에서의 연설을 준비하고 있을 때 金溶植(김용식) UN대사가 방문을 두드렸다. 문을 연 李 장관에게 김 대사는 우물쭈물하며 전보 용지를 전해주고는 돌아섰다. 암호 전문을 옮긴 전보를 펼쳐 본 이동원 장관은 들고 있던 안경을 떨어뜨릴 뻔했다고 한다.

'귀하의 모든 공식 스케줄을 취소하고 급히 귀국할 것.'

대통령 비서실장, 태국 대사를 거쳐 1964년 38세란 젊은 나이에 외무부 장관이 되어 한일회담, 월남파병, 아스팍(ASPAC) 결성, 한미행정협정 등 주요 외교 현안을 끌어온 이동원 장관의 낙마는 이렇게 시작됐다.

李東元의 회고

급작스런 해임 통보를 받은 이동원 장관은 잠시 동안 박 대통령에게 심한 배신감을 느꼈다. 李 장관은 그 1년 전 한일회담을 마무리 지은 뒤에 건강이 나빠져 사임 의사를 표명했을 때 이를 거절하며 박 대통령이 했던 말이 새삼 떠올랐다고 한다.

"같은 배를 탔는데, 사람이 의리가 있어야지. 당신, 한국이 이렇게 어려운 상황에서 나 버리고 어디 가서 편히 살아? 나도 옛 생각이 그리워 주말이면 친구들과 대폿집에 가서 원 없이 마시고 놀고 싶어. 그런데 청와대라는 이 허울 좋은 감옥에서 매일 내가 무슨 고생인가. 당신이 비서실장 할 때 내가 대통령 출마 안 한다고 하니 당신이 하라고 그랬잖아.

그래 놓고 이제 와서 당신만 편하게 빠져? 다음에 내가 출마하는데, 한일회담, 월남파병 등 굵직한 업적을 남긴 이 장관이 그만두면 내가 무슨 꼴이야."

이런 생각을 하던 李 장관은 도저히 자신의 목이 달아났다는 게 실감 나지 않았다고 한다. 그만큼 박 대통령에게 배신감도 컸다는 것이다.

李 장관은 이틀 뒤에 있을 유엔 정치위에서의 연설과 뒤이어 캐나다 공식 방문을 취소하기 위해 김용식 유엔 대사를 불렀다.

"아시다시피 난 이제부터 외무부 장관이 아닙니다. 그러니 내일 정치위 연설은 김 대사가 맡아 주시오."

"말도 안 됩니다. 모두들 이 장관의 연설을 기다리고 있는데…. 그리고 그들은 이 사실을 아직 모릅니다. 유엔에 장관을 보내놓고 인사 조처를 한다는 것도 나라 망신입니다. 하지만 어쩌겠습니까. 기분이야 어떻든 연설만큼은 강행하십시오."

이동원 장관을 수행하던 박근 방교국장도 "유엔총회에 참석하고 있을 때 이 장관이 경질되었다는 사실을 전혀 몰랐다"며 "캐나다를 거쳐 일본 동경에 도착했을 때 김동조 주일 대사가 마중 나왔는데 이 장관을 아주 냉랭하게 대하는 바람에 비로소 장관이 경질되었음을 알았다"고 말했다.

이동원 전 장관의 증언.

"12월 25일 김포에 도착하니 이후락 비서실장과 洪逸(홍일) 중동국장이 마중을 나와 있었어요. 李 실장이 미안해하면서 '각하께서 잠시 뵙잡니다'라고 해요. 하지만 도저히 그 기분으로 청와대에 갈 수 없었습니다. 저는 '너무 피곤해서 한 발자국도 움직일 수 없을 정도입니다. 李 실장이 각하께 잘 말씀드려 주십시오'라고 거절하고 집으로 돌아갔지요.

그때는 박 대통령을 야만적인 사람이라고 생각했습니다."

이 장관의 경질 사실이 국내 언론을 통해 보도된 것은 12월 26일. 그 것도 '명년에 국회의원 선거에 입후보할 6부 장관' 명단에 포함돼 출마를 위한 자진 사퇴 형식으로 발표됐다. 외무부 장관직은 丁一權(정일권) 국무총리가 겸임하는 것으로 발표됐다.

"신문에서는 제가 성동 갑구나 전국구를 원한다는 식으로 보도했어요. 그때 저는 모든 것을 정리하고 미국으로 가 학자의 길을 걷겠노라고 결심하고 있었습니다. 저에게 명예박사 학위를 준 켄트대학교를 포함해서 몇몇 대학에서 교수직을 제의받은 것도 있었거든요. 그런데 이틀 뒤에 박종규 경호실장과 정일권 총리가 집으로 찾아왔습니다. 전국구를 받으라고 하더군요. 거절했지요."

다음날 이후락 비서실장이 "각하께서 식사나 함께 하시자고 합니다"라며 전화를 걸어왔다. 이동원 전 장관은 건강이 좋지 않다며 거절했다. 그러자 그 다음날 다시 이후락 비서실장이 전화를 했다고 한다.

"각하께서 말씀하시기를 이 장관께서 승낙하든 안 하든 전국구 후보로 명단을 발표하시겠다고 합니다. 제 생각입니다만 그래도 반발하시면 아마 윗분께서는 의리 없는 사나이라고 생각하실 것 같습니다."

유엔총회에 참석 중 난데없는 해임 통보, 국무총리의 외무부 장관 겸임에 이어 계속된 전국구 후보 제의…. 이동원 장관은 시간이 갈수록 박 대통령에 대한 원한이 눈 녹듯 사라지고 김형욱 중앙정보부장에 대한 혐의가 짙어지더라고 회고했다.

"최고 권력자로부터 신임을 받기 시작하면 주변 사람들이 두려워합니다. 그 이유는 신임받는 측근의 장난에 잘못하면 큰 화를 당한다는 걸

본능적으로 알기 때문입니다. 제가 겪은 일이 바로 그것이었지요. 제가 외무부 장관으로 임명된 직후에 외무부를 둘러보니 곳곳에 정보부에서 파견 나온 직원들로 차 있었습니다. 특별한 임무가 있다면 이해하겠는데 사사건건 외무부의 업무에 관여하기에 3분의 2 정도를 정보부로 돌려보냈지요. 이때부터 김형욱과의 관계가 틀어졌고, 그는 항상 저를 노리고 있었던 겁니다. 그러다가 제가 실수하는 순간을 포착해서 박 대통령을 자극한 거지요."

박정희는 이동원 장관을 해임시킨 뒤 서거할 때까지 한 번도 李 씨에게 이와 관련한 말을 남기지 않았다고 한다. 이동원 장관은 그 후 1979년 10·26 때까지 7, 8, 10대 국회의원을 지내면서 대통령 외교안보 자문위원으로 박 대통령을 도왔다.

"모셔보니 박정희라는 분은 큰 사람입니다. 그러나 자기 자리에 도전하는 사람에게는 무서운 사람이었습니다. 당시 박 대통령이 저를 해임시킨 것에 대해 시간이 갈수록 미안해하고 있음을 알 수 있었지만, 끝내 '실수였다'든지 '김형욱의 농간 때문에'라는 식으로 변명하지 않았습니다. 과묵한 성격 그대로 침묵 속에 다 묻어 둔 겁니다."

迎賓館 開館式

1967년 2월 28일 오후 4시, 박정희 대통령 부부는 장녀 근혜 양과 장남 지만 군을 데리고 장충체육관 바로 뒷자리에 완공된 영빈관(뒤에 신라호텔에 매각)에 도착해 개관식에 참석했다. 영빈관은 1958년 이승만 대통령의 지시로 착공됐으나 정권의 변동으로 한동안 중지됐다가 1966

년 6월에 박 대통령의 지시에 의해 총무처에서 2억 6,000만 원을 들여 재착공, 9개월 만에 완성됐다.

외국 총리급 이상 국빈 행사와 국내 3부 요인 및 장관급 이상 공식 연회를 위해 건설된 영빈관은 총무부에 의해 완공돼 1967년 2월 25일자로 당시 반도호텔을 운영하던 국제관광공사(현 한국관광공사)에 수탁 운영되다가 1973년 용도폐지 결정에 따라 민간에 불하되면서 삼성그룹(현 신라호텔 측)으로 매각됐다.

장충체육관 뒷산의 박문사 옛 터전에 자리 잡은 영빈관은 화초담 길이만 256m에 청기와를 얹은 본관 건물을 중심으로 두 채의 팔각정과 일각문 등 부속 건물이 있었다. 창덕궁의 희정당을 본떠 지어진 영빈관의 본관은 25개의 대소 거실들이 귀빈용·외교용·관리용으로 나뉘어 있고 폭포수도 설치됐다.

당시 총무처 장관 이석제의 회고.

"국유지로 남아 있던 절터였는데 대지가 3만 3,200평에 달해 지금의 자유총연맹 자리까지 긴 모양의 땅이 있었습니다. 처음에 가보니 건물은 하나도 없고 돌계단만 있었지요.

가장 어려웠던 점은 동양식 건물에 서양식 내부를 조화롭게 결합시키는 일이었습니다. 한옥의 처마 곡선과 기둥의 굵기와 높이가 조화를 잃으면 난쟁이처럼 되거나 키 큰 여자가 어린애 한복 입은 모양이 되곤 했습니다."

박 대통령에게 건물 설계도를 들고 가 보고했으나 박 대통령은 별 관심을 보이지 않았다고 한다. 이석제 장관은 외국에 귀빈으로 초빙받아 본 경험이 있는 육영수 여사의 도움을 청하기로 하고 1967년 1월 26일 육영수 여사와 영빈관 건설 현장을 방문했다.

"처음에 육 여사는 '제가 나가 봐야 뭘 알겠습니까' 하며 겸손하게 거절했지만, 제가 꼭 모시고 싶은 분이어서 두어 번 간청했지요. 아마 육 여사도 가보고 싶었을 겁니다. 그분은 보통 섬세한 분이 아니라고 알고 있었는데 막상 모시고 가니 그만한 보람이 있었습니다."

현장에 도착했을 때 건물은 거의 다 지어져 있었고 실내도 완공을 한 달쯤 앞둔 상태였다. 이 장관은 육 여사에게 경내를 안내한 뒤 건물 내부의 내장과 화장실 및 각종 서비스 공간을 설명했다. 육 여사는 조심스럽게 자신의 의견을 피력해 갔다고 한다.

"화장실 손잡이의 경우, 육 여사는 서양인들의 평균 키를 생각해서 그분들의 입장에서 어깨에 힘이 들어가지 않는 높이로 조금 더 올려 달면 어떠냐고 하십디다. 우리가 미처 거기까지 생각하지 못했지요. 화장실은 남녀 구별이 되어 있었지만 푯말을 어떻게 써 붙여야 할지 몰라 제가 물어보기도 했습니다. 육 여사는 그림으로 표시하는 게 좋겠다고 하셔서 그렇게 결정했지요.

또 실내에 햇볕이 잘 들어오게 되어 있는데 정신적으로 자극을 안 받고 쉴 수 있도록 은은하게 할 수 있는 방법을 연구해 보는 것이 어떠냐고 하십디다. 하시는 말마다 다 맞는 얘기였습니다. 모두 받아 적어서 그대로 고쳤습니다."

이후 육영수 여사는 부속실 직원을 대동하고 공사 현장을 자주 방문하면서 외국 자료와 자신의 외국 방문 경험을 참고로 하여 현장 감독에게 자신의 의견을 전하곤 했다고 한다. 육 여사는 부속실에서 미국 방문 후 기념으로 가져온 백악관 소개 책자를 들여다보면서 "애고, 돈이 없으니 이렇게는 할 수 없고…" 하며 아쉬워하기도 했고, 천장이 서양식으로 높이 설계된 것에 대해 "천장을 외국처럼 높이 하면 난방비가 많이 들겠지? 하지만 이미 만들어진 걸 어째"라며 아쉬워하기도 했다.

영빈관의 첫 손님은 개관식으로부터 이틀 뒤인 3월 2일 내방할 서독의 뤼브케 대통령 부부였다. 육 여사는 부속실에 근무하던 조카 홍정자를 데리고 한창 공사 중이던 영빈관을 찾아가 커튼과 실내장식에 대한 지시를 내리면서 "커튼 감은 너무 투박하거나 두껍게 느껴지지 않는 것으로 하고…"라면서 "그 신사 할아버지(뤼브케 대통령)가 춥지 않으셔야 할 텐데"라고 했다.

당시 청와대 부속실의 일지는 영빈관과 관련하여 다음과 같이 정리하고 있다(박목월의 《육영수 女史》에서 인용).

〈1967년 1월 26일 2시 30분: 총무처장 대동하여 영빈관을 둘러보시고 몇 가지 지적, 고치게 하심.

2월 13일: 양지회 간부와 베갯잇을 만듦(영빈관용).

2월 18일 4시 45분: 선물용 천을 끊으러 나감.

2월 20일: 여사 접견실에 장식한 사진을 訪獨時(방독시)의 사진으로 바꿔 닮.

2월 23일 3시: 뤼브케 대통령 방한 시 만찬회에 쓰일 꽃꽂이를 준비, 高(고) 씨 만남.

　　　　　 3시 30분: 할머니(이경령 여사)를 동반, 영빈관을 둘러보심. 선물용 한복 준비.

2월 27일 5시: 주독 대사 부인 접견(뤼브케 대통령 방한에 대한 상의).

2월 28일 4시 30분: 영빈관 테이프 커팅 (내외분)〉

1967년 2월 28일 오후, 개관 기념 테이프를 끊은 박 대통령 내외는 구내를 돌아보며 최종점검을 했다.

박 대통령 부부에게 3월 2일 방한하는 뤼브케 서독 대통령은 특별한 경우였다. 유럽 지역에서 처음으로 한국을 방문하는 국가원수이기도 했지만, 뤼브케 대통령이 72세의 고령이라는 점을 신경 쓰지 않을 수 없었다. 또한 1964년 박 대통령 부부가 서독을 방문했을 때 각별히 후대해준 점도 잊을 수 없었을 것이다.

영빈관 내부를 둘러보던 박 대통령 부부가 2층 침실에 이르렀을 때 두 사람은 미소를 가득 지었다. 방은 황금색으로 장식되었고 침대 옆에는 왕실용 전화기가 고풍스러운 멋을 돋우어 주었다. 박 대통령은 만족스러운 듯 "서울에 명물이 하나 늘었어"라며 환하게 웃었다.

침실에서 거실로 나온 육 여사는 장롱 문을 열어보았다. 자개 장식의 옷장 문을 열자 그 속에 뤼브케 서독 대통령 부부가 사용할 가운이 두 벌 걸려 있었다. 이날 육 여사는 뤼브케 대통령이 거처할 방의 재떨이, 책상보, 침대보 등을 일일이 들춰보며 미흡한 점이 없는지 세심한 신경을 썼다.

육 여사는 청와대로 돌아온 직후 박 대통령이 집무실에 간 사이 급히 전화로 실무자를 불러냈다. 옷장에서 풍기는 나무 냄새를 없애라고 지시를 내리는 것이었다. 비서실 측근들은 육 여사가 박 대통령 앞에서 실무자들을 무안하게 하지 않으려고 애쓰는 모습에 감탄했다고 한다.

뤼브케 서독 대통령 부부 訪韓

1967년 3월 2일 오후 4시, 하인리히 뤼브케 독일 연방공화국(서독) 대통령과 영부인이 한스 비시네브스키 경제협력상 등 15명의 공식 수행원과 20명의 비공식 수행원을 대동하고 특별전용기 편으로 김포공항에 도착했다. 3월 6일까지 5일간 체류할 뤼브케 대통령 부부의 방한은 1964년 박 대통령 부부의 방독에 대한 답방 형식으로 박 대통령 부부의 초청에 의해 이루어진 것이었다.

뤼브케 서독 대통령 부부는 장기영 영접위원장, 이범석 의전실장, 페링 주한서독 대사의 환영을 받으며 트랩에서 내려 박 대통령 부부와 인사를 나누었다. 박 대통령은 3년 전 방독 당시를 회상하듯 뤼브케 대통령의 손을 다정하게 잡으며 사열대로 안내했다.

뤼브케 대통령은 꽃다발을 전하는 네 명의 어린이들에게 즉석에서 호주머니에서 5마르크 은화 한 닢씩을 꺼내 쥐어 주었다. 육 여사는 이 모습을 훗날까지 기억하며 자신이 붙인 '신사 할아버지'란 별칭을 뤼브케 대통령에게 사용하곤 했다.

뤼브케 대통령은 서독을 떠나기 전 〈조선일보〉 李基陽(이기양) 특파원과 만난 자리에서 "원조자금을 기한 내에 이자와 함께 척척 돌려주는 한국이야말로 외국 원조의 필요성을 증명해 주었다"며 기뻐했었다.

박 대통령의 처조카이자 부속실 직원이던 홍정자 씨는 존슨 미국 대통령의 방한과 뤼브케 서독 대통령의 방한에 대한 박 대통령의 심정엔 근본적인 차이가 있었다고 회고했다.

"서독을 다녀오셨을 때 아저씨(박 대통령)는 결코 기뻐하는 표정이 아니었습니다. 오히려 침통했다고 할까요. 우리의 광부와 간호원들이 고생하는 모습을 기억하며 일에 박차를 가하고 연일 기공식이다 뭐다 해서 건설 현장에 나가는 횟수가 잦았습니다. 이모님(육 여사)도 '할 것이 많아. 이제부터야' 라며 일을 많이 하셨어요. 덕분에 저는 힘들어 죽을 맛이었지만 말이지요.

월남파병이 있고 난 후 채명신 주월 한국군 사령관으로부터 보고를 들을 때는 의욕을 찾곤 했어요. 그래서 1966년 10월 존슨 대통령이 방한했을 때는 기가 펴졌었는데, 불과 몇 달 사이지만 뤼브케 대통령의 방한 때는 비장한 결심이 대통령의 얼굴에 비치곤 했습니다."

뤼브케 대통령 부부는 오후 4시 30분, 박 대통령의 전용차에 나눠 타고 김포가도와 제2한강교를 지났다. 연도에는 약 60만 명의 서울 시민과 학생들 및 1,000명의 사관생도들로부터 환영을 받았다. 뤼브케 대통령 일행이 도착하기 직전에 환영 행사에 동원돼 대기 중이던 공군사관생도 중 한 명이 브레이크 고장으로 달려드는 차량과 충돌, 사망하는 사건이 벌어졌다. 이 사건은 뤼브케 대통령에게도 보고되었고 서독 대통령은 이한할 때 특별한 조의를 표하기도 했다.

오후 5시 20분 장충동 영빈관에 도착한 뤼브케 대통령 부부는 약 한 시간 반 동안 조용한 시간을 가졌다. 뤼브케 대통령이 거실에 놓인 한국 소개 팸플릿을 펼쳐 보는 동안 영부인은 목욕을 마친 뒤 홍차에 한국산 꿀을 타줄 것을 청했다. 뤼브케 대통령이 본 팸플릿들은 '판문점', '한국사' 등 17가지 종류를 공보처에서 독일어판으로 제작한 것들이었다.

청와대를 예방하러 떠나기 10분 전에 뤼브케 대통령은 영빈관의 아름다운 경치를 보겠다며 정문을 나서 안내원들이 당황하기도 했다. 그는 동쪽에 높이 솟은 팔각정을 쳐다보더니 "내일은 저곳에 올라가 서울 경치를 보겠다"고 말했다.

뤼브케 대통령 부부 일행은 이날 오후 7시 30분, 박정희 대통령 부부가 초청하는 비공식 만찬에 참석했다. 이날 양국 원수는 선물을 교환했는데 의미 있는 선물들이 많았다.

뤼브케 대통령은 먼저 박 대통령에게 서독 정부가 한국 정부에 주는 선물이라면서 X선 촬영기 한 대를 전달했다. 독일의 물리학자 뢴트겐이 발명한 이 기계는 전남대학교 의과대학에 기증됐다. 뤼브케 대통령은 박 대통령에게 독일제 전축과 녹음기 한 대씩을 선사했고, 장녀 근혜 양에게는 소형 전축 한 대, 차녀 근영 양에게는 타자기 한 대, 지만 군에게는 장난감을 선물했다. 박 대통령은 뤼브케 대통령에게 고려대학교 아세아문제연구소가 간추린 〈구한말에 있어서의 한독관계 외교문서〉를 전달한 뒤 자개 문갑, 가야금, 거문고와 전국 사찰의 범종 소리를 녹음한 레코드 한 장을 전달했다.

박 대통령 측 통역은 金泰卿(김태경) 씨가 맡았고, 뤼브케 대통령 측 통역은 당시 서강대학교 독문과 郭福祿(곽복록) 교수가 담당했다. 곽복록 교수는 "당시 서독의 정치 체제가 내각제였고, 뤼브케 대통령의 권한이 박 대통령과 같지 않았던 만큼 큰 정치적 의제는 없었다"고 기억했다.

1967년 3월 3일 오후 한독 두 정상이 양국 간 통상조약과 문화 교류에 합의하는 등 약 한 시간가량 단독 회담을 진행하는 동안 경제기획원 회의실에서는 장기영 경제기획원 장관과 한스 비시네브스키 독일 경제협력상의 회담이 진행됐다.

영어로 이중 통역을 거쳐 진행하면서 불과 40분 만에 끝난 이 회담에서 한국 측은 1억 달러의 장기 저리 차관을 요청했고, 서독 측은 최대한 노력하겠다고 대답했다. 울산에서 3월 4일 기공될 영남화력발전소의 차관 조건을 7년 거치 후 13년 상환, 연리 3%로 결정하고 부산화력발전소의 차관은 상환 기간을 10년으로 하도록 양해를 얻어냈다.

영남화력발전소의 경우 서독 차관에 의해 건설되는 첫 번째 기간산업 시설물로서 서독 차관 2,200만 달러와 내자 18억 7,900만 원으로 1969년에 완공될 국내 최대의 발전소(20만kW)였다.

뤼브케 대통령을 수행하며 통역을 담당했던 곽복록 당시 서강대 교수는 "당시 한국 지식인 사회에서는 서독의 경제 지원은 미국과 비교되곤 했습니다. 미국은 밀가루와 설탕 등 소비재 중심의 원조만 해준 데 비해 서독은 기간산업시설을 건설하도록 지원한다는 시각이 컸습니다"라고 했다.

박정희 대통령 부부는 3월 5일 오후 8시부터 조선호텔에서 열린 뤼브케 대통령 초청 만찬에 참석했다. 박 대통령은 뤼브케 대통령의 건강을 염려하며 "한국의 날씨가 각하를 힘들게 하지 않았는지"를 물었고 뤼브케 대통령은 "날씨가 독일과 비슷해서 지내기 좋았다"고 말하면서 영빈관의 아름다움을 격찬했다.

1967년 3월 6일 오전 10시 45분 뤼브케 서독 대통령 부부 일행은 5일간의 한국 방문을 마치고 특별기 편으로 김포공항을 출발, 다음 방문지인 태국으로 떠났다.

분단의 아픔을 나누며 절친한 관계를 약속했던 한·독 양국은 그로부터 13개월 후인 1968년 4월 13일 '東伯林(동백림) 사건'으로 양국 관계에 깊은 상처를 안게 된다.

李穗根 탈출사건

1967년 3월 5일 〈워싱턴 포스트〉지는 한국 특집을 마련하고 박정희 대통령, 정일권 국무총리, 김종필 공화당 의장, 장기영 부총리, 이동원 전 외무부 장관, 윤보선 대통령 후보, 유진오 신민당 당수 등 일곱 명을 '한국의 지도자'로 선정하고 논평을 달았다.

▲박정희 대통령: 불과 49세, 높은 자리에 앉는 데는 역량보다 연령이 중시되는 아시아에서 국가원수로는 젊은 나이이다. 과묵한 사람으로 공사를 막론하고 경솔한 짓은 안 할 사람이다. '근엄'이란 말이 그에 대한 평으로 씌어지고 있는데 영도력에 대한 자신이 붙어가고 있다는 증거다.

▲정일권 총리: 매사가 분명하고 사교적이며 1971년의 박 대통령 후계자로 물망이 높다.

▲김종필 공화당 의장: 근래 공적인 활동이 눈에 띄지 않고 있으나 박 대통령 다음 가는 제2인자이다. 허세가 없고 자기의 역량에 자신만만한 듯하다. 정일권 씨와 더불어 박 대통령의 후계자 후보이다.

▲장기영 부총리: 추진력 있고 정력적인 型(형). 질문을 받으면 잠시 생각하다가 기관총처럼 대답한다.

▲이동원 전 외무부 장관: 창의적이지만 판단과 말이 빨라 말썽.

▲윤보선 씨: 명문에서 태어난 점잖은 신사이며 박 대통령의 정부를 신랄하게 비판하고 있다.

▲유진오 씨: 세련된 지식인인데 정부에 대해 비판적이기는 하나 온건한 편으로 정부가 잘한 점은 이를 인정하는 태도이다.

1967년 제6대 대통령 선거(5월 3일)와 제7대 국회의원 선거(6월 8일)

가 예정된 가운데 3월 12일 박 대통령은 전국 131개 지역구의 국회의원 후보 공천을 마쳤다. 지난해 말부터 김종필 공화당 의장에 의해 시작된 공천 작업은 수시로 박 대통령의 의향을 타진하며 진행해오다 12일 밤 청와대에서 박 대통령과 김종필 공화당 의장 및 길재호 사무총장과 함께 최종 결정됐다.

공화당 총재를 지낸 정구영의 회고록에 따르면 당시 김종필의 공천권은 제한되어 있었다는 것이다. 당에서는 길재호 사무총장, 김성곤 재정위원장, 청와대의 이후락 비서실장, 김형욱 정보부장 이 네 사람이 협의해서 청와대로 자료를 올렸고, 대통령은 이것을 토대로 공천을 결정한 것이라고 한다.

다음날 오후 2시 30분 공화당은 대통령 선거 지역당 대책위원장을 임명하는 형식으로 공천자 명단을 발표했다. 한편, 그해 2월 7일 민중당과 신한당이 합당하여 출범한 신민당(당수 유진오 의원, 총무 김영삼 의원, 대변인 김대중 의원)은 3월 18일 민중계 55명, 신한계 56명을 국회의원 후보로 공천, 발표했다.

선거 분위기가 무르익어 갈 무렵이던 3월 22일 오후 5시 23분, 판문점에서 북한의 중앙 통신사 부사장 李穗根(이수근·당시 44세)이 유엔군 군사정전위원 벤코프트 준장의 차에 올라 타고 남행을 결행, 북괴군의 권총 사격을 피해 무사히 귀순하는 데 성공했다. 이 같은 사실은 이날 저녁부터 국내외 언론을 통해 대대적으로 보도됐다.

같은 날 박 대통령은 금강대교와 전주 공업단지 기공식에 참석했다가 전주에서 묵은 뒤 23일 오전 특별기동차 편으로 상경했다. 상경 도중 이후락 비서실장은 옆 칸에 동승한 기자들을 불러 박 대통령과의 회견을 주선했다. 박 대통령은 기자들이 이수근의 귀순 사실에 대해 묻자 "신문에 난 걸 보니 이 씨가 부상당한 것 같지는 않더라"면서 "지금껏 귀순한 북괴 언론인 중에서 최고 거물이니 광범위한 정보를 얻게 되었어"라며 흐뭇해했다. 박 대통령은 또 "우리가 북괴보다 잘 살고 있다는 실정을 이 씨가 보여주었다"면서 "우리의 저력이 경제건설에 있는데 動車(동차)를 타고 다닐 때마다 밖을 내다보면 100가지 할 일이 생각나지만 재력이 모자라 다하지 못한다"고 상기된 표정을 지었다.

1965년 당시만 해도 한국의 1인당 국민소득은 105달러로 북한(162달러)에 뒤지고 있었지만 1966년에 들어서면서 격차를 좁히기 시작하여 1970년에는 남한(252달러)이 북한(230달러)을 추월하기 시작했다. 북한은 이후 1990년(1,064달러)과 1991년(1,038달러) 단 두 차례만 국민소득이 1,000달러대(이것은 우리 정부의 통계이고 실제는 이보다 낮다)를 넘어섰을 뿐 현재까지 100단위의 후진국에 머물러 있는 반면(1998년 573달러), 대한민국은 1인당 GNP가 1만 달러를 넘어섰다. 이수근 귀순 당시 박 대통령은 '경제 건설만이 공산주의를 물리칠 수 있다'는 자신의 신념을 재삼 확인했을 것이다.

세계의 이목을 집중시켰던 '북한 고위층 언론인 귀순사건'은 약 2년 뒤인 1969년 1월 30일 위조 여권으로 몰래 출국한 이수근을 중앙정보부가 월남의 사이공에서 체포함으로써 '이수근 위장귀순 간첩사건'으로 다시 한 번 세간의 주목을 받게 된다.

필자는 이 사건을 추적하다가 20년이 지난 1989년에 〈월간조선〉 3월호를 통해 '이수근은 간첩이 아니었다'는 기사를 쓰게 됐다. 귀순한 북한 노동당 간부를 통해 "이수근은 간첩이 아니었다"는 증언을 확보할 수 있었다.

유세장의 令夫人

1967년 4월 3일 박정희 대통령은 제6대 대통령 선거 입후보자로 등록했다. 후보 등록 마감일 오후 최종 등록된 후보는 모두 7명으로, 1번 정의당 李世鎭(이세진·73), 2번 한독당 錢鎭漢(전진한·65), 3번 신민당 윤보선(69), 4번 대중당 徐珉濠(서민호·62), 5번 민중당 金俊淵(김준연·72), 6번 공화당 박정희(50), 7번 통한당 吳在泳(오재영·48) 순이었다. 기호 6번의 박정희 후보와 기호 3번의 신민당 윤보선 후보 간의 격돌이 예상됐다.

선거운동은 4월 1일부터 이미 시작되고 있었다. 공화당에서는 제1유세반과 제2유세반을 편성했다. 제1유세반은 이른바 원로반으로 김종필 공화당 의장을 중심으로 백남억, 정구영, 이효상 등 당내 최고 간부들로 구성돼 전국 중소 도시를 돌며 유세 연설을 했다.

박정희 후보를 중심으로 이후락 청와대 비서실장, 김성곤 공화당 재정위원장, 박종규 경호실장 등으로 구성된 제2유세반은 4월 중순부터 전국 주요 도시를 돌며 유세를 시작했다.

1967년 제6대 대통령 선거는 박정희 후보에게 큰 부담이 되지 않았던 선거였다. 무엇보다 지난 4년간의 괄목할 만한 업적이 박정희 후보에게 든든한 선거 자산이 되고 있었다. 집권당의 선거 자산이 집권 기간 내의 치적 홍보라면 정권 교체를 목표로 한 야당의 선거 자산은 비판과 선전 선동이 될 수밖에 없다.

당시 대통령 선거전에서 한 발 물러나 업무에만 몰두하고 있었던 이석제 총무처 장관은 박·윤의 대결을 이렇게 회고했다.

"박 대통령의 선거운동 방식은 요즘처럼 유권자를 의식하고 얼굴 화장까지 한 채 연기하듯 하는 것과는 거리가 멀었습니다. 생리적으로 그런 데 맞지 않는 사람이었던 겁니다. 당시 정부나 박 대통령은 선거에서 당연히 이길 것으로 보고 있었습니다. 월남 특수와 대미 관계가 좋아지면서 대통령이 하고자 하는 일에 힘이 실리던 때였습니다. 그때는 누구나 박정희 후보가 이기는 선거라고 보았던 겁니다.

그런데 야당에서는 4년 전 윤보선 후보가 박정희 후보에게 15만 표 차이로 졌다는 것을 잘못 해석하고 있었지요. 그때는 자신이 군사정권의 행정·관권선거로 진 것이므로 정신적 대통령이며 재출마하면 이길 수 있다고 본 겁니다.

그때만 해도 윤보선씨는 여름에도 장갑 끼고 사람들과 악수하는 '귀족'이었습니다. 그분의 감각은 자유당과 민주당의 양반 시대에 머물러 있었던 것이지요. 그러나 지난 4년 동안 한국은 박정희 대통령의 서민적 스타일로 전환된 시대였습니다. 윤보선 후보만 그런 사실을 모른 채 자유당과 민주당 시절의 감각으로 선거에 임했던 겁니다. 당연히 윤 후보 측은 앞뒤 가리지 않고 정부 비판만 해댔지요."

박정희 후보의 선거 전략은 김종필을 중심으로 한 원로 유세반을 제1진으로 전선에 투입시킨 뒤 전력을 탐색한 다음 공격하는 방식을 취하고 있었다. 약 보름 동안 윤보선 후보 진영은 박정희와 상대한 것이 아니라 김종필과 상대한 셈이 됐다. 박정희의 공세적 유세는 4월 17일 대전 공설운동장에서부터 시작된다.

이 무렵 박정희는 야당의 주장을 면밀히 분석하고 하나하나 따져보는 방식을 취했다. 박정희 대통령의 연설문은 공식적인 경우, 청와대 공보실에 근무하던 심융택의 초안에 의존하는 경우가 많았다.

1967년 4월 15일 토요일, 대전 유세를 이틀 앞둔 박정희 공화당 대통령 후보는 혼자 연설문 초안을 작성한 뒤 여러 참모들의 의견을 들었다. 한 참모가 서해안 개발 등 광범위한 공약을 제시하자 박 후보는 "집권자는 막연한 공약을 하면 안 되잖소"라며 일축해버렸다.

4월 17일 월요일 오전, 박정희 대통령 후보는 첫 유세지인 대전을 향해 청와대를 나섰다. 현관까지 나와 배웅하던 육영수 여사는 평소처럼 "안녕히 다녀오셔요"란 인사가 아닌 "잘 하고 오셔요"란 인사를 했다.

육영수 여사는 이날 오전 내내 신문을 넘기거나 창밖을 멍하니 바라보곤 하더니 부속실에 근무하던 조카 홍정자와 여비서 나은실 양을 불러 차를 준비하라고 말했다. 부속실 운전기사 具仁書(구인서)는 급히 경호실에서 피아트 승용차를 몰아 현관 앞에 대기시켰다. 육 여사는 경호관도 대동하지 않은 채 서울역으로 향했다.

평소 승용차를 오래 타면 멀미를 잘 하던 육 여사는 승용차로 장거리를 갈 엄두가 나지 않자 서울역에서 기차로 갈아탄 뒤 대전 공설운동장의 유세장으로 간 것이다. 홍정자, 나은실 두 비서가 한복 차림의 육영수 여사와 함께 도착한 대전 공설운동장은 인파로 가득했다.

홍정자의 회고.

"이모님은 어디로 갈 것인지도 말씀하지 않으신 채 우리를 끌다시피 하며 가셨어요. 대전역에 내려서야 '아, 아저씨 유세장에 오셨구나' 하고 알았지요. 그런데 연단이 있는 곳으로 가지 않고 관중들이 드나드는 정문 쪽으로 가시더니 관중 속에 살포시 앉았어요. 저희도 앉아야 했지요. 그동안 제 눈엔 육영수 여사를 알아보는 사람도 있고, 긴가민가하며 힐끗힐끗 쳐다보고 지나가는 사람도 있었지만 이모님은 모른 척 군중 속에 앉아 아저씨가 막 연설을 시작하는 장면을 보고 계신 거예요."

잠시 후, 곁에 앉았던 사람들이 조금씩 술렁이기 시작했다.

"육영수 여사 아니야?"

"정말인가?"

"영부인이 여기에 왜 왔지?"

그러던 군중들의 음성이 이윽고 "와! 영부인 오셨다"로 변하면서 연단으로 향해야 할 시선이 육 여사에게 집중하게 됐다.

조금 전 연설을 시작했던 박정희 후보는 군중들이 한 곳으로 시선을 집중시키자 잠시 연설을 중단했다. 경호원들이 연단에서 뛰어 내려가 사태를 확인한 뒤 급히 영부인을 피신시키려 했다.

"사모님. 저쪽에 VIP 출구가 있으니 그리로 피하십시오."

귀빈용 출입구는 연단 맞은편에 있었다. 경호원들이 육 여사를 둘러 싸려 하자 육 여사가 자리에서 일어나더니 걸어 나가기 시작했다. 연설은 중단된 상태에서 군중들의 시선은 육 여사에게 집중되어 있었다. 육영수 여사는 곧바로 걸어 나가 연단 옆으로 올라가 단상 뒤의 빈자리에 앉았다. 군중들의 시선도 자연스럽게 박정희 후보에게 돌아왔다. 이윽고 박정희 후보는 중단했던 연설을 계속했다.

이날 저녁 청와대로 돌아온 박 대통령 부부가 저녁식사를 하기 위해 식탁에서 마주앉게 되자 비로소 박 대통령은 입가에 미소를 머금은 채 이렇게 말했다.

"당신, 선거법 위반으로 구속시켜야겠어."

육 여사는 수줍은 듯 고개를 숙이며 이렇게 말하더란 것이다.

"도움이 될까 싶어 갔다가…. 제가 잘못했으면 처분을 받아야지요, 뭐…."

大田 연설

"언론 자유가 있는 독재정권?"

1967년 4월 17일 오후 1시 30분, 대전 공설운동장에서 첫 유세 연설에 나선 박정희 공화당 대통령 후보는 유세 연설을 위해 단상에 올라섰지만 그는 국가 지도자로서 정부의 입장과 자기의 소신을 해명하는 기회로 삼았다. 이날 오후 그의 연설은 언론을 통해 요약되어 보도됨으로써 단순한 유세 연설을 한 것으로 알려져 있지만 실상은 국가 지도자로서 철학과 비전이 스며 있는 연설을 남겼다.

박정희 후보는 10만여 유권자들 앞에서 좋은 대통령 후보를 선출하는 기준을 교육하다시피 역설한 뒤 신민당의 공약들을 유권자들 앞에서 조목조목 검증해 갔다. 특히 신민당의 세금 20% 감면, 공무원 봉급 두 배 인상, 二重穀價制(이중곡가제) 도입 및 대중경제론의 실상을 소개한 박정희 후보는 신민당의 주장대로 할 경우의 문제점을 설명했다.

작은 메모 몇 장만을 들고 단상에 올라 선 박정희는 약 1시간 20분간의 연설을 통해 "대통령이란 국가의 어려운 문제가 있을 때 제일 마지막에 가장 어려운 결심을 하는 자리"라고 말하며 신민당이 "공화당은 3대 公敵(공적) 중 하나"라고 한 데 비추어 "공화당의 3大 공적은 신민당이 아니라 공산당, 빈곤, 부정부패"라고 했다.

박정희 특유의 카랑카랑한 경상도 억양을 상상하고 읽어보면 생동감이 더할 이 연설문의 原文을 옮겨 싣는다.

〈친애하는 대전 시민 여러분, 충청남도 도민 여러분! 안녕하십니까? 오늘 이렇게 많이 모여 주셔서 감사합니다.

4년 전 지난번 대통령선거에서 여러분들이 미흡한 이 사람을 대통령으로 뽑아 주셨습니다. 그래서 여러분들 기대에 보답하기 위해서 지난 임기 동안 성심성의를 다해서 밤낮을 가리지 않고 맡은 바 일을 열심히 해왔습니다. 그러나 사람이 하는 일이라 때로는 실수도 있었고, 또 어떤 때에는 잘해 보려고 했던 것이 결과적으로는 잘못된 그런 경우도 있었습니다. 그러나 지금 우리가 민족자립과 조국 근대화라는 이 거창한 역사적인 과업을 밀고 나가는 데 있어서, 때로는 일부 국민들이 싫어하거나 또는 일부 국민들이 정부 처사에 대해서 충분히 이해를 하지 못하고 오해를 하는 일에 대해서도, 이것은 국가의 장래를 위해서 기어코 해야 되겠다고 생각하는 일은 이것을 강력히 밀어오기도 했습니다.

(중략) 지금 야당에서 여러 가지 정책을 많이 들고 나왔습니다. 특히 요즘 들고 나온 이것이 정책인지 정부·여당에 대한 욕인지 분간하기 어려운 여러 가지 고약한 얘기들을 많이 들고 나오는데, 특히 우선 박 정권은 국민의 3대 공적이다, 4대 批政(비정)이 있다, 뭐 이런 소리를 합니다.

이것이 과연 근거 있는 얘기인지 없는 얘기인지, 신민당에서 지금 우리 정부에 대해서, 우리 공화당에 대해서 우리 정권을 군사독재정권이라고 그럽니다. 현 정부가 군사독재정권인지 아닌지 하는 것을 현명한 유권자 여러분의 판단에 맡기기로 하되, 단 이 자리에 내가 여러분들에게 한마디만 말씀을 하고자 합니다.

우리 정부가 지난 3년 반의 임기 동안에 우리는 우리나라의 야당과 우리나라의 언론의 가혹한 비판하에서 또 그 감시하에서 정치를 해왔다 하는 것, 이것만은 확실히 얘기해 둡니다. 우리나라의 야당이 정부가 하는 일에 대해서 정부가 무서워서 비판을 못 한 일이 있습니까?

유권자 여러분들이 잘 아시는 바와 같이, 우리 야당은 세계에서도 가장 유명한 야당입니다. 무슨 일이든 사사건건이 물고 늘어져서 그저 시비를 걸고 말썽을 부려야만 이것이 鮮明野黨(선명야당)이라고 합니다.

정부·여당하고 협조를 하는 이런 사람들은 소위 요즈음 사쿠라니 뭐니 해서, 그 야당 사람들 가운데에는 '정부가 하는 일이 이것은 옳다. 아무리 공화당 정부가 하는 일이라도 옳은 것은 옳다고 그래야 될 것이 아니야' 하는 이런 소리를 했다가는 아마 큰 벼락이 나는 것 같습니다.

이런 야당 사람들이 그동안 정부가 하는 일에 대해서 무슨 비판 못 한 일이 있습니까? 정부가 무슨 강압한 일이 있습니까? 또 우리나라 언론이 정부가 하는 일에 대해서, 정부의 강압이 무서워서 비판을 못 한 일은 거의 없다고 나는 생각합니다. 야당에 비판의 자유가 있고, 언론의 자유가 있는 독재정권, 그런 정권은 야당 사람들이 생각하는 독재정권인지 모르지만….

다음에, 신민당에서는 요즈음에 우리 정부를 '부정부패가 극도에 달한 부패정권이다' 이런 소리를 지금 전국 방방곡곡에 돌아다니면서 얘기합니다.

오늘 이 자리에서 유권자 여러분 앞에 솔직히 말씀을 드리고자 하는 것은, 물론 우리 정부 내에 부정부패가 완전히 뿌리가 뽑혔다고는 이 사람 자신부터 생각하지 않습니다.

정부는 그동안 이러한 부정부패를 근절하기 위해서 무한히 애를 써왔고, 앞으로도 이 문제에 대해서는 계속 노력을 할 것입니다.

현 정부와 지금 야당 사람들이 과연 집권을 했을 그 당시의 정권과 어느 쪽이 부정부패가 더 심했는가, 또 오늘날 야당 사람들이 다음에 정권을 잡았을 때에 현 정권보다도 더 깨끗이 잘할 것이냐 아니냐 하는 이러한 판단도 여러분들에게 맡기기로 하겠습니다.

단, 과거 5·16 전후를 통해서 우리나라 舊(구)정권의 부정부패를 누구보다도 샅샅이 자세히 아는 사람에 대해서 지금 야당의 그 사람들이 우리 정부가 너무 썩어서 나라가 망하느니 뭐니 하는 지나친 소리를 하는 데 대해서는 나는 솔직히 말씀해서 그 사람들 얼굴이 다시 쳐다보입니다.

야당에서 우리를 보고 지금 공화당 정부를 국민의 3대 공적이라고 그러는데 우리 공화당 정부도 3대 공적이 있습니다.

뭐냐 하면 이것은 우리가 야당을 공적이라고 그러는 것이 아니라 우리가 지금 생각하고 있는 공적은 첫째는 공산당이요, 둘째는 빈곤이요, 셋째는 부정부패입니다.

공산당을 우리는 적으로 생각하고 있습니다.

우리나라의 가난과 빈곤을 우리는 또한 적으로 생각하고 있습니다.

우리나라가 잘 발전하자면 부정부패를 뽑아야 되겠다는 것도 우리는 생각을 하고 있습니다.

그렇다면 야당이 생각하는 것과 우리가 생각하는 것이 다른 것은 다 다르지만 부정부패에 대한 생각은 똑같은 것 같습니다. 그렇다면 앞으로 우리나라의 부정부패를 없애기 위해서는 서로 네가 더 썩었다, 내가 더 썼다 할 것이 아니라 여야가 잘 협조를 해서 우리나라의 부정부패가 없도록 노력을 해야만 될 것입니다.

"1차 5개년 계획 기간 동안 3,400개 공장이 섰습니다"

그 다음에 또 현 정부를 특혜 정권이라고 그랬습니다. 여기에 대해서도 몇 말씀 드려야 하겠습니다. 이것은 무슨 말이냐 하면, '우리 정부가 주로 대재벌이나 대기업만 키우고 중소기업 같은 것은 전연 돌보지 않는다', '또 공업에만 치중하고 농촌을 돌보지 않는다', '이래서 특혜만 하는 이런 정권이다', 이런 얘기를 했습니다.

그동안 우리 정부가 대기업이라든지 대공장을 많이 건설한 것은 사실입니다. 이 대기업이라는 것은 대부분 앞으로 우리나라의 산업 건설을 위해서 꼭 필요한 기간산업들이 대부분입니다.

여러분들이 아시는 바와 같이 발전소라든지 시멘트 공장이라든지 정유공장이라든지 비료공장이라든지 섬유공장이라든지, 이러한 등등은 전부 우리나라의 기간산업이고, 우리나라의 산업이 앞으로 발전하기 위해서는 꼭 있어야 되는 근간이 되는 그러한 산업입니다.

그렇다고 해서 우리 정부가 중소기업을 도외시했거나 또는 못 본 체한 것은 아닙니다. 지난 제1차 5개년 계획 기간 중에 우리나라에는 큰 공장, 작은 공장 합쳐서 약 3,400개의 공장이 섰습니다.

그중에서 소위 야당 사람들이 대기업이라고 말하는 그런 큰 공장은 불과 한 100개 정도밖에 되지 않습니다. 나머지 3,300여 개는 전부 중소기업체입니다.

그리고 여러분들, 우리나라 시장이나 백화점에 가보십시오. 수년 전만 하더라도 거기에 있던 물건은 전부 외국에서 들어온 외래품의 전시장처럼 되어 있었지만, 오늘날 그것은 거의 대부분 우리 국산으로 대체가 되었습니다.

이러한 물건들을 어디에서 만들었겠느냐, 우리나라 시장에 있는 모든 상품의 80% 이상이 전부 우리나라 중소기업체에서 생산한 제품입니다.

그리고 오늘날 이 대기업과 중소기업이라는 것은 서로 끊으려야 끊을 수 없는 불가분한 그런 관계에 있는 것입니다. 대기업이 자라난 연후에는 대기업과 중소기업이 서로 계열화가 되고 또, 그 밑에서 중소기업이 자랄 수 있는 것입니다. 한 가지 좋은 예로 우리나라에 지금 제철공장이 몇 개 있는데, 철강공장 이런 것은 아마 소위 우리 야당들이 말하는 대기업에 속할지도 모르겠습니다.

대기업이라는 그 개념이 벌써 약간 외국과 다릅니다.

우리나라에서는 지금 고용인원 한 200명 이상 쓰고 있는, 이런 공장을 대기업이라고 그럽니다. 여기에서 만드는 철판이라든지, 철봉이라든지, 이런 것은 중소기업체에 내려가서 다시 이것을 절단하고 해서 여러 가지 물건을 만드는 겁니다.

그리고 대기업은 중소기업에다가 원자재라든지 원료를 공급하는 이런 공장이 되는 것이고, 또 지금 좋은 예가 자동차공장이 지금 우리나라에 하나 생겼는데, 이 공장 밑에 붙어 있는 소위 하청공장이라는 것이 수십 개가 됩니다.

"大衆經濟니, 大衆자본주의니 뭐 이런 소리…"

자동차공장이라고 해서 그 공장 안에서 모든 것을 다 만든다는 것은 아닙니다. 가령 '타이어' 는 '타이어' 공장에서 만드는 것이고 또 사람이 앉는 '시트' 는 또 다른 어떤 공장에서 만드는 것이고, 손잡이라든지 '너트' 라든지 소소한 이런 부분품은 제가끔 또 다른 하청공장에서 만드는 것입니다.

이런 것을 우리가 소위 대기업과 중소기업의 계열화라고 그러는 것입니다. 분업이라고 하는 것이 바로 이것입니다. 또 조그마한 공장들이 어떤 전문적인 부분만 만드는 것을 이걸 전문화 공장이라고 그럽니다.

이렇게 해서 대기업과 중소기업이 같이 커 나가는 것입니다.

특히 우리나라와 같이 새로이 경제 건설을 하는 나라에 있어서는, 이런 투자의 효과가 크고, 경제 성장의 속도가 빠른 이 대기업이라고 하는 것은 가장 우선적으로 이것을 키워야 되는 것입니다. 이것은 다른 나라에 있어서도 똑같은 그런 추세에 있는 것입니다.

이런 것을 볼 때에 야당 사람들이 말하는 것과 같이 '우리 현 정부가 대기업만 키우고 중소기업은 돌보지 않았다' 하는 얘기도 사실과는 거리가 먼 얘기라고 아니 할 수 없습니다.

다음에 야당에서 내놓은 이 경제정책이 하나 있습니다.

지금 야당 사람들은 자기들이 집권을 하면 당장 국민 모두가 부자가 되고, 잘 살고, 잘 입고, 잘 먹도록 해줄 수 있다, 이런 소리들을 합니다.

그래서 우리도 무슨 그런 묘한 방법이 있는가 하고 여러 가지 얘기를 들어 보았는데 결국은 이런 얘기입니다.

자기들이 집권을 하면 정부가 국민으로부터 받는 것은 될 수 있는 대로 이것을 대폭적으로 깎아주고, 또 정부가 국민들로부터 사들이는 물건은 될 수 있는 대로 비싸게 사들인다, 가령 쌀도 비싸게 사주고 보리도, 담배, 고구마, 유채 등등, 또 정부가 국민들에게 주는 것은 가령 공무원들에게 주는 봉급은 몇 배씩 올려주고, 농민들에게 주는 보조금이라든지 수당이라든지 이런 것은 전부 다 올려준다, 이러한 얘기들입니다.

이것을 지금 야당에서는 대중경제니 대중자본주의니 뭐 이런 소리를 가지고 표현을 하고 있는 것 같은데, 이것은 얼른 듣기에는 대단히 솔깃하고 구미가 당기는 얘기 같습니다.

그런데 아까도 말씀드린 바와 같이 문제는 우리나라 형편으로서 야당 사람들이 말하는 이런 정책이 과연 실천 가능한 문제냐 아니냐 하는 문제를 우리는 잘 검토해 봐야 되겠습니다.

지금 야당 사람들이 말하기를 세금을 자기들이 집권하면 20%를 낮춘다고 그럽니다. 쌀값을 정부 매상 가격보다도 한 1,000원 올린다고 그럽니다. 비료는 한 30% 싸게 해준다고 그럽니다. 또 공무원들의 봉급은 당장 배로 올려준다, 또 이중곡가제를 실시해서 농민과 소비자를 다 같이 보호하겠다….

이것 아마 일부 국민들은 듣고 상당히 흥미를 느끼는 그런 국민들이 있으리라고 생각합니다마는 우리 정부에서는 야당이 내놓은 이 정책이 과연 실천 가능한 것인지 아닌지 하는 것을 그동안 쭉 검토해 보았습니다.

"세금을 더 거두거나 돈을 더 찍어내는 수밖에"

결과는 이렇게 됩니다. 가령 지금 세금을 우리가 20%를 깎는다 할 것 같으면 1년 동안 정부의 세수가 얼마나 줄어드느냐 하면 약 287억 원이 줄어듭니다. 여러분들이 아시는 바와 같이 우리나라 금년도 예산규모가

1,648억 원입니다. 거기에서 287억 원이 줄어드는 겁니다. 공무원들의 봉급을 2배로 올릴 것 같으면 현재 456억 원이니까 공무원들의 봉급만 해서 912억 원입니다.

이중곡가제를 해서 이것은 여러분들이 잘 아시는 분은 다 잘 아실 줄 압니다마는 쌀을 농민들한테는 비싸게 사서 소비자들에게는 싸게 판다, 그러면 거기에 차가 생기는데 손해는 누가 보느냐? 정부가 본다, 그러면 정부가 얼마 정도 손해를 보게 되느냐 하면 약 940억 원이라는 적자가 생깁니다.

공무원의 봉급을 올리는 것도 좋고 세금을 깎는 것도 좋지만 우리는 국방도 해야 되고 의무교육도 해야 되는 것입니다. 여러분들 자녀들의 교육도 해야 되고, 또 투융자도 해서 건설해야 됩니다. 중앙 정부가 지방 도나 시·군에 대한 지방교부세도 줘야 됩니다.

도나 시·군의 예산이 적어서 중앙에서 보조하지 않으면 이것이 유지되어 나가지 않습니다. 이런 것을 전부 하자면…, 그러면 이 적자 940 몇 억이라는 돈을 다시 보충해야 되겠는데 보충하는 방법이 뭐냐, 내 생각에는 두 가지가 있다고 생각합니다.

하나는 여러분들한테서 세금을 다시 거두는 겁니다. 언제는 20% 세금을 깎아 주었다가 몇 배나 더 비싼 세금을 또 받아야 됩니다. 아마 야당도 그것은 못 할 겁니다.

그렇다면 다른 방법은 뭐냐, 이 대전에 있는 조폐공사의 기계를 많이 돌려서 돈을 한 1,000억 원가량 더 찍어 가지고 통화를 더 증발하는 길밖에 없습니다. 그렇게 되면 어떻게 되지요?

물가가 아마 몇 배나 뛰어올라갈 것입니다. '인플레'가 될 것입니다.

야당 사람들이 쌀값을 1,000원 올려준다고 그랬는데, 만약 이런 식으로 하면 쌀값 1,000원 올릴 필요가 없을 겁니다.

왜냐? 가만히 있어도 쌀값이 뭐 1,000원이 아니라 5,000원, 만 원 정도까지 뛰어올라갈 테니까….

그러면 결국 누가 손해를 보고 누가 피해를 보는 것입니까? 아마 쌀장사하는 몇 사람만 부자가 될 것입니다.

어떤 물건을 혼자 독점하고 있는 사람이 이렇게 꼭 움켜쥐고 앉아 있으면 물가가 그냥 뛰니까 몇 사람만 부자가 되고 나머지 전부 다 피해를 볼 것입니다. 농민도 피해를 볼 것입니다.

이거야말로 부자 되는 사람 되고, 없는 사람은 망하고, 야당 사람들이 요즈음 말하는 부익부 빈익빈이라는 것은 아마 이런 얘기를 말할 겁니다.

불가능한 얘깁니다. 결과적으로 또 여기에 하나 우리가 도무지 이해할 수 없는 문제가 있습니다.

"나라의 살림살이가 그렇게 간단히 되는 게 아닙니다"

야당 사람들이 이중곡가제를 하면 쌀을 1년에 2,000만 석을 정부가 매상을 한다고 그럽니다.

여러분들 쌀 한 가마 얼마나 합니까?

지금 한 7,000원 정도로 보면 2×7이 14, 금년 가을에 가서 정부가 2,000만 석을 사기 위해서 당장 매상자금 1,400억 원이라는 돈이 마련되어야 됩니다. 이 돈은 어디에서 만들어 냅니까?

금년 가을에 추수할 무렵쯤 가면, 정부 예산도 그때는 3분의 1 정도 남아 있을 겁니다. 예산 탈탈 긁어서 딴 사업은 아무것도 안 하고 쌀만 매상하더라도 절반이나 모자랍니다. 이러한 무모한 정책은 없습니다.

이런 식으로 하면 정부의 재정이라는 것은 완전히 파탄 상태에 들어가서 정부는 아주 문을 닫아야 될 것입니다.

국가의 살림살이라는 것은 그렇게 간단한 문제가 아닙니다.

야당 사람들이 지금 일반 국민들에게 듣기 좋게 무책임하게 우리가 집권을 하면 무엇을 올리고 무엇을 깎아주고…, 나라의 살림살이라는 것은 그렇게 간단히 되는 것이 아닙니다.

보다 더 계획적이고 보다 더 짜임새 있게 아껴서 알뜰하게 해도 우리나라의 살림살이가 어려운데 하물며 아무 계획도 없이 주먹구구식으로 일반 국민들이 듣기 좋게 인기 정책으로 그저 무슨 봉급은 배로 올려준다, 현 정부는 인색해서 공무원들 봉급을 올리지 않습니까? 지금 올려주고 싶어도 우리의 재정 형편이 당장 배로 올릴 수는 없다, 이것입니다.

그래서 지금 우리 정부는 공무원들 생활 보장을 하기 위해서 매년 한 30% 전후의 선을 가지고 완전히 최저 생활 보장이 될 때까지 매년 매년 올리자, 앞으로 한 4, 5년 동안만 올리면 그동안 물가가 상승한 것을 빼더라도 현재 봉급의 배보다 훨씬 올라가서 최저 생활 보장이 될 것이다, 이렇게 우리는 지금 보고 있는 것입니다.

이걸 갖다가 지금 당장 2배로 올린다, 이것은 조폐공사에서 돈을 찍어내기 전에는 아마 방법이 없을 겁니다.

"국방을 핑계로 派兵 반대한 사람들이 병력을 어떻게 40만으로 줄이자고 합니까"

그 다음에도 야당에서 아주 무책임한 얘기를 요즘 하고 있습니다. 이것은 내 생각에는 아주 큰일 날 얘깁니다.

뭐냐 하면 '군대에서 복무하고 있는 군인들의 복무연한을 자기들이 집권하면 2년으로 단축한다', 이것은 야당 사람들이 지난번 선거 때에도 우려먹었습니다. 군인들한테 호감을 사기 위해서 이런 소리를 했습니다. 그래 요전에 야당의 어떤 그 지도자가 이런 소리를 했지요.

'병역법에는 복무연한이 2년으로 되어 있는데 지금 2년 반으로 하고 있다. 이것은 법을 어기는 위법적인 처사이고 兵事行政(병사행정)이 난맥을 이루고 있다.'

지금 병역법에 복무연한이 2년으로 되어 있는 것은 사실입니다.

그러나 자유당 시절에 閣슈(각령)으로서 전시·사변 또는 이에 준할 때에는… 준하는 경우에는 대통령으로서 1년 이내에 더 연장할 수 있다, 하는 그런 법이 생겼습니다.

슈(령)도 생겼습니다. 그래서 자유당 시절 때에 이 대통령령이 선포가 되어 가지고 그대로 지금까지 계속 시행을 해오고 있습니다. 민주당 사람들이 집권을 했을 때에도 이것을 고치지 않고 그대로 시행을 했습니다. 왜 못 고치느냐?

우리나라의 지금 국방을 유지하기 위해서는 최소한 현재 수준의 병력을 우리가 보유하고 있어야 됩니다. 최소한 현재 60만의 이 국군은 우리가 공산주의를 막기 위해서, 다른 여러 가지 어려운 문제가 있지마는 이것은 우리가 유지를 해야 되겠습니다.

그래서 자유당 때에도 이것을 고치지 못했고, 민주당 때에도 못 고쳤고, 오늘날도 이것을 그대로 우리가 실시하고 있는 것입니다.

그런데, 야당 사람들 얘기대로 2년으로 지금 줄이면 어떤 결과가 생기느냐? 큰 문제가 생깁니다.

하나는 우리 국군을 한 40만 정도로 병력을 줄이는 방법이 있습니다. 그러나 지금 우리 형편으로 줄일 수 없지요?

야당 사람들이 재작년에 우리가 파병을 할 때에 '우리 국방이 위태로우니까 병력을 보내서는 안 된다' 하고 극한적으로 반대를 했습니다. 그 사람들이 어떻게 40만으로 줄이는 것을 동의하겠습니까? 만약에 그 방법을 안 쓰면 나이 한 50세 먹은 사람까지 전부 재소집을 해야 됩니다.

과거에 군대에 한 번 갔다 온 사람도 다시 한 번 군대에 더 가야 됩니다. 선거 때는 야당뿐 아니라 여당 할 것 없이 가끔 가다가 일반 국민들이 듣기 좋은 얘기, 또는 구미가 당기는 그러한 얘기들을 흔히 하기가 일쑤지만 적어도 외교라든지 국방이라든지 이런 국가의 안전 보장에 중대한 영향을 미치는 이러한 문제에 대해서는 적어도 일국의 정치인이라든지, 특히 정치 지도자들은 무책임한 소리를 해서는 안 됩니다.

"이 순간에도 한일회담은 잘 되었다고 생각합니다"

다음에는 지난 대통령 임기 기간 중에 일어난 몇 가지 중대한 문제에 대해서 간단히 말씀 드리겠습니다.

한일회담과 월남파병 문제, 여기에 대해서 야당에서는 극한적으로 반대를 하고, 지난 3년 반 동안 전국 방방곡곡을 돌아다니면서 정부를 비난하고 공격을 했습니다. 끝까지 이 문제에 대해서는 야당이 부정적인 자세를 취하고 오늘 현재도 비판적입니다.

그러나 정부의 책임자로 있는 이 사람으로서는 그동안 유권자 여러분 앞에 직접 나와서 정부의 입장이라든지 또는 나의 소신이라든지 여기에 대한 해명을 할 기회가 없었기 때문에 오늘 이 자리에서 간단히 말씀을 드리고자 합니다.

한일회담을 야당에서는 나라를 팔아먹은 매국 외교로까지 극언을 했습니다마는 나는 아직 이 순간에도 한일회담이라는 것은 결과적으로 잘 되었다, 이렇게 생각합니다.

옛날처럼 우리가 쇄국주의를 하고 고립주의를 하고, 우물 안 개구리처럼 집안에 들어앉아서 이웃과는 담을 쌓고 동방의 고요한 아침의 나라가 어떠니 동방예의지국이 어떠니 하고 우리가 서로 모두 다 자기 도취해서 우물 안의 개구리처럼 그렇게 살아 나간다면 모르되, 적어도 우리가 우리 한국 민족이 오늘날 동남아시아로, 전 세계로 뻗어나가고 약진하는 새로운 한국을 건설하기 위해서는 우리는 과거의 일본 사람들하고 여러 가지 원한도 많고, 물론 그 원한이 오늘 당장 一朝一夕(일조일석)에 해소될 수는 없는 문제지마는 우리는 이 이웃 사람들하고는 우선 손을 잡아야 되겠습니다.

이것은 우리가 전 세계로 뻗어나가는 하나의 디딤돌이 되고 발판이 된다, 이것입니다. 야당 사람들은 나라를 팔아먹었다고 그러지만 솔직히 말씀해서 우리가 나라를 팔아먹은 것은 하나도 없습니다.

한일 국교정상화 이후에 있어서 우리나라의 국제적인 지위는 과거보다는 오히려 나날이 더 상승하고 있다고 나는 자부를 합니다.

야당 사람들이 걱정하는 것처럼 나라를 팔아먹었다거나 우리가 또 남에 예속이 되었다거나 하는 그런 일은 전연 없습니다.

특히 일부에서 '한일 국교정상화를 해가지고 일본에서 상업차관을 많이 받아 왔다, 그래서 장차는 우리가 일본에게 경제적으로 예속을 당할 것이다', 이런 걱정을 하는 사람이 있는 것 같습니다.

그동안 우리가 상업차관을 받은 것은 사실입니다.

우리들 개인도 자기자본이 없는 사람이 사업을 할 때에 자기자본이 없으면 어떻게 합니까? 남의 자본을 꾸어서 사업을 해가지고 사업을 잘해서 본전과 이자를 갚고 나면 그것은 자기 사업체가 되는 것입니다. 국가도 마찬가집니다.

우리가 지금 경제 건설을 빨리 해야 되겠는데 우리의 자본이 부족합니다. 그럴 때에는 남의 자본을 꾸어다가 건설을 하고, 점차 그 사업을 잘 운영을 해서 갚아 가면 되는 겁니다.

우리나라에 세워 놓은 공장은 이것은 전부 우리의 공장입니다. 절대 외국 사람들이 그 공장을 앞으로 뜯어 가지고 메고 갈 리는 만무합니다. 아까 이효상 선생님도 말씀이 있었지만 외국 사람들이 우리한테 차관을 해줄 때에는 덮어놓고 우리가 차관을 해달라고 한다 해서 차관을 해주는 것은 아닙니다. 그 사람들이 미리 자기들의 본전을 받을 수 있는가 없는가 하는 것을 수판을 따져봐서 충분히 원리금을 상환받을 수 있다, 하는 그런 판정이 났을 때에 차관을 해주는 법입니다.

또 우리 정부도 마찬가집니다. 이러한 공장을 세워 가지고 우리가 운영을 해서 충분히 갚아 나갈 수 있느냐 없느냐, 또 그 사업체가 우리나라 경제 건설에 도움이 될 수 있는 그런 사업체냐 아니냐, 하는 것을 충분히 따져서 하고 있기 때문에 야당 사람들이 그렇게 걱정하지 않아도 괜찮을 겁니다.

"派兵 後 한국군은 더 강해졌습니다"

다음에는 월남파병 문제. 이것도 한때는 무슨 청부 전쟁이다 뭐다 어떻다 하는 얘기가 있었습니다마는 최근에 와서는 월남파병 그 자체는 이것을 기정사실로 인정을 한다, 이런 소리를 하니까 굳이 여기서 반박을 하지는 않겠습니다마는 오늘 이 기회에 파병 문제를 결정할 그 당시에 있어서의 나의 심정을 간단히 말씀을 드리겠습니다.

대통령은, 국가의 어려운 문제가 있을 때 제일 마지막에 가장 어려운 결심을 해야 되는 것이 바로 대통령입니다. 특히 국가 장래에 큰 영향을 미칠 문제라든지 국가 백년대계를 위해서 어려운 문제를 결정할 때, 이것은 물론 밑에 있는 참모라든지 여러 사람의 의견도 듣기는 하지만 최종적으로 결심을 하는 것은 대통령 자신이 해야 됩니다.

이 월남파병 문제를 결심할 때도 나는 여러 날을 두고 혼자 고민을 했습니다. 내가 대통령으로 재임 중에 여러 가지 어려운 결심을 하는 가운데 있어서 가장 내가 고민을 하고, 또 어려운 결심이었다고 생각하는 것이 바로 월남파병 문제였습니다. 왜 월남파병을 해야 되느냐, 이 얘기는 길기 때문에 굳이 말씀을 드리지 않겠습니다.

또 정부가 그동안 우리가 과거 남의 신세를 진 나라니까 신세를 갚아야 된다든지, 또 동남아시아가 赤化(적화)가 되면 당장 우리에게도 영향이 있다든지 등등, 여러 가지 그러한 얘기는 우선 생략을 하고 더 솔직한 얘기를 여러분들에게 하나 말씀드리겠습니다.

월남파병 문제를 우리가 왜 해야 하느냐, 지금 우리나라 국방을 우리 60만 국군과 한국에 와서 주둔하고 있는 미군 2개 사단이 같이 우리의 국방을 담당하고 있습니다.

만약에 월남에 우리 한국군을 우리가 파견하지 못할 것 같으면 그 당시의 내 추측으로는 한국에 와 있는 미군 2개 사단이 월남으로 갔을 겁니다.

왜 그러냐 하면 미군은 지금 월남전쟁 수행을 위해서 평시에 가지고 있는 현역 사단은 거의 전부 다 월남에 출동을 하고 있습니다.

본토 경비를 위해서 필요한 최소한 병력을 제외하고는 오키나와에 있는 사단, 하와이에 있는 사단 전부 다 출동을 했습니다.

한국에 있는 2개 사단과 구라파(유럽)의 NATO 휘하에 있는 병력을 제외하고는 전부 월남에 가 있습니다.

지금 월남에서는 병력의 부족을 느끼고 있습니다.

만약 그 당시에 월남 정부나 미국 정부가 우리 한국군을 보내 달라고 그랬을 때에 물론 우리가 보내기 싫으면 안 보낼 수도 있습니다. 우리 한국군을 보내지 않았을 때에는 여기에 있는 미군 2개 사단이 갔을 겁니다.

갈 때에 우리 병력은 보내지 않으면서 미군을 붙잡을 수 있습니까? 붙잡을 수 없을 것입니다. 2개 사단이 빠졌다, 결과가 어떻게 되느냐?

한국 휴전선에 있어서 힘의 공백이 생깁니다. 이북에 있는 공산주의자들이 다시 침략할 수 있는 그런 찬스를 만들게 됩니다. 당장 정치적으로 불안을 가져올 것입니다. 당장 심리적인 불안을 가져올 것입니다. 아마 외국 사람들이 한국에 투자라든지 차관이라든지 여기에 와서 사업을 하는 것도 꺼릴 겁니다.

또 만약에 공산군이 침략을 해 왔다고 합시다. 그때에는 우리는 누구한테 가서 부탁을 해야 합니까? 미군에 또 부탁을 해야 되겠지요? 미군의 병력은 전부 월남에 가 있습니다. 그런데 우리에게 병력을 좀 보내

달라고 그럴 때에는 하나도 내지 않고, 그래서 여기에 있는 미군 사단을 월남으로 가지고 갔는데 우리가 바쁘니까 또 미군보고 도와달라고 그런다, 월남에 있는 미군 사단을 한국으로 돌려줄 것 같습니까?

여러분들! 아마 불가능할 것입니다.

나부터라도 여기에 보내주지 않겠습니다. 한국 병력 좀 내달라고 그랬는데 하나도 안 내놓고, 자기들이 바쁠 때는 또 와서 도와달라고 그런다, 그러면 우리나라의 국방을 위해서도 한국군이 월남에 가지 않을 도리가 없지 않습니까?

아무리 우방이요 뭐요 하더라도 가는 정이 있어야 오는 정이 있을 것 아닙니까?

이러한 문제를 오늘날 야당 사람들이 모를 리가 없습니다. 그 사람들 뻔히 다 압니다. 알면서도 공연히 생떼를 써서, 정부의 입장을 곤란하게 만들기 위해서 무슨 청부전쟁을 했다, 무슨 청부를 합니까?

젊은 청년들의 무슨 피를 팔아서 어떠니 하는 이런 악담까지 했는데, 월남파병 문제라는 것은 우리의 국방상, 국가안전보장상 불가피했다, 하는 것을 다시 한 번 말씀드립니다.

그리고 월남에 우리 2개 사단과 해병 1개 사단이 가고 난 뒤에, 우리 국방력이 약해졌느냐, 결코 약해지지 않았습니다.

지금 현재 상태는 월남에 파병하기 전보다 우리 국방력은 훨씬 더 강화되고 있습니다.

현역 1개 사단을 우리는 더 새로 증편을 했습니다. 예비 3개 사단을 현역 사단과 똑같은 장비로 지금 보충을 했습니다. 해병 1개 사단을 새로 편성을 했습니다. 육군의 모든 장비를 현대화했습니다. 전차·비행기·

해군의 군함 등 현재 수준은 월남파병 전보다 우리 국방력은 훨씬 더 강화되어 있고, 그리고 월남에 가 있는 우리 국군 장병들은 용감히 싸워서, 우리의 국위를 세계만방에 떨치고 있습니다. 또 우리와 우방의 이런 유대관계는 더 강화되었고, 앞으로 우리의 국방이라든지 안전보장 문제에 대해서는 훨씬 더 튼튼한 그런 소재를 마련해 놓았습니다.

"春窮期란 말이 없어진 것도 사실 아닙니까?"

얘기가 길어집니다마는 여러분한테 오늘 얘기할 것을 여러 가지 준비해 가지고 왔는데 요것 한 가지만 말씀을 드리고 줄일까 합니다.

1차 5개년 계획이 무엇이고, 2차 5개년 계획은 무엇을 하자는 것이냐? 1차 5개년 계획이 어떻게 되었고, 앞으로 지금 정부가 하자는 2차 5개년 계획이라는 것이 끝나면 한국 경제가 어떻게 되는 것인가? 이것만은 간단히 말씀을 드리고 얘기를 줄이고자 합니다.

1차 5개년 계획이라는 것은 우리나라의 전근대적인 경제구조 또는 산업구조, 이런 것을 앞으로 근대 공업국으로 발전시키기 위한 하나의 정비 작업이었다…, 이렇게 조금 얘기가 어려워질지는 모르겠습니다마는 우리나라는 앞으로 잘살자면 공업 국가를 만들어놔야 됩니다.

우리나라는 땅도 좁고 지하자원도 부족한데다가 인구는 많고, 그러면 우리는 어떻게 해야 우리가 잘살 수 있느냐? 앞으로 우리나라의 공업을 일으켜서 우리나라에 많은 노동력과 기술을 발전시켜 가지고 외국에서 원료를 사들여서 우리나라에서 만들어 가지고 외국에 수출한다, 그래서 외자를 많이 번다, 그렇게 해야만 우리가 잘살 수 있다, 이런 얘깁니다.

그래서 1차 5개년 계획에서 우리는 다섯 가지 목표를 세웠습니다.

첫째는 우리나라의 가장 뒤떨어진 농촌을 빨리 발전을 시켜야되겠다, 이것이 정부가 말하는 중농정책입니다.

두 번째는 앞으로 우리나라의 공업과 모든 산업을 발전시키기 위해서는 기간산업을 빨리 육성을 해야 되겠다, 그래서 전기다, 시멘트다, 정유다, 비료다 등등, 이러한 공장을 우리 정부가 서둘러서 무리를 해서 건설을 했던 것입니다.

그 다음에는 앞으로 우리가 공업국가가 되기 위해서는 기술을 많이 발전을 시켜야 되겠다, 또 우리가 당장 손쉽게 할 수 있는 경공업분야, 이런 것을 빨리 발전을 시키고 중소기업 같은 것을 빨리 육성해야 되겠다, 그래서 수출을 많이 해야 되겠다, 이러한 부문에 힘을 들여 가지고 1차 5개년 계획을 추진해 왔습니다.

그 결과는 어떻게 되었느냐? 중농정책에 대해서도 여러 가지 시비가 많습니다마는, 솔직히 말씀을 드려서 우리 정부로서는 모든 것이 계획대로 추진이 되었다고 지금 생각을 합니다.

1차 5개년 계획에 있어서 정부는 목표의 약 95%를 달성했습니다. 물론 우리나라 농촌에 지금 여러 가지 어려운 문제가 많이 있다는 것은 이 사람 자신부터 잘 알고 있습니다.

그러나 우리가 1차 5개년 계획에서 세워놓은 그 목표만은 달성을 했다, 이것입니다. 뭐냐? 우리는 식량을 2배로 증산했습니다.

여러 가지 특용작물이라든지 경제작물을 우리는 많이 장려를 했고, 우리나라의 경지를 확장하기 위해서 약 26만 정보의 경지가 늘어났습니다.

그러나 이러한 것이 아직까지 우리의 농촌이 옛날부터 너무나 가난하게 살아왔기 때문에, 이것이 일조일석에 그 효과가 우리 눈에 뜨이지 않습니다.

이런 것을 보고 중농정책이 실패를 했지 않느냐, 이런 소리를 하는 사람이 있기는 합니다마는 우리 농촌이 지금 확실히 발전되어 가고 있는 것만은 사실입니다. 오늘 이 자리에도 농촌에서 오신 분들이 많이 계신 줄 압니다마는 우리 농촌이 무엇인가 지금 되어가고 있는 것만은 사실 아닙니까?

과거보다도 지금 하나 둘 발전되어 가고 있는 것만은 사실 아닙니까?

식량이 증산되었기 때문에 근래에 와서는 우리나라에 춘궁기라는 말이 없어진 것만도 사실이 아닙니까? 또 絕糧農家(절량농가)가 과거보다 훨씬 더 줄었다는 것, 이것도 아무도 부정할 수 없을 겁니다.

무엇을 가지고 아느냐? 도에서나 시에서나 군에서 가지고 있는 貸與糧穀(대여양곡)이 어느 정도 나갔느냐 하는 것을 보면 절량농가가 그전보다 줄었느냐 안 줄었느냐 하는 것을 우리가 짐작할 수 있는 것입니다.

물론 이렇다고 해서 우리 농촌이 다 잘 살게 되었다는 얘기는 결코 아니고, 우리가 앞으로 여러 가지 문제가 있고, 2차 5개년 계획에 있어서 계속 노력을 해야 되겠다, 그러면 2차 5개년 계획에 있어서 우리가 무엇을 하겠느냐?

"農工竝進 정책으로 식량을 자급자족하는 것이 목표"

2차 5개년 계획에는 농업과 공업을 같이 병행해서 강력히 밀고 나가자, 거의 농공병진해서 나가자, 이것이 우리가 말하는 농공병진정책입니다.

2차 5개년 계획이 끝나면 또는 끝날 무렵에 가면 우리는 식량을 자급자족해야 되겠습니다.

(중략) 지금 우리나라는 역사의 하나의 전환점에 있습니다.

뭐 어떻게 전환점에 서 있느냐? 우리나라는 지금 공업화해 가고 있습니다. 우리나라가 근세에 일본에 한 번 졌습니다. 일본의 식민지가 되었습니다. 왜 되었느냐? 일본은 빨리 공업화가 되고 우리 한국은 뒤떨어졌기 때문에 일본에 우리가 졌습니다. 지금 우리는 우리나라를 공업화시키기 위해서 근대화하기 위해서 그 과정을 지금 걷고 있고, 한 고비를 지금 넘고 있는 것입니다.

다행히도 우리 모든 국민들이 여기에 대해서 적극적으로 호응을 하고 협조를 하고 지난 5년 동안 우리 농민들, 우리 기업들, 우리 상공인들, 모든 국민들의 노력으로써 우리나라의 경제는 나날이 발전되어 가고 있는 것입니다.

오늘 우리 한국 사회에는 국민들의 활기찬 그러한 모습을 도처에서 볼 수 있고, 젊음과 의욕과 자신과 국민의 생기가 약동을 하고 있는 것입니다.

이러한 과업을 이러한 거창한 역사적인 과업을 이번 선거에 있어서 여러분이 또다시 우리 공화당을 지지해 주시면 이 과업을 중단하지 않고 그대로 우리가 추진해 나가야 되겠다, 적어도 우리가 착수한 2차 5개년 계획만은 꼭 우리 손으로 매듭을 지어야 하겠다, 이것이 우리가 이번 선거에 있어서 국민 여러분에게 또다시 지지를 호소하는 유일한 이유가 되겠습니다.

여러 가지 두서없는 이야기를 장시간 해서 대단히 죄송합니다. 오랫동안 경청을 해주셔서 대단히 감사합니다〉

8 철부지 학생과 反動政客

317

朴正熙 8 – 철부지 학생과 反動政客

지은이 | 趙甲濟
펴낸이 | 趙甲濟
펴낸곳 | 조갑제닷컴

초판 1쇄 | 2007년 4월 16일
개정판 2쇄 | 2018년 5월 23일
개정판 3쇄 | 2022년 1월 22일

주소 | 서울 종로구 새문안로3길 36
전화 | 02-722-9411~3
팩스 | 02-722-9414
이메일 | webmaster@chogabje.com
홈페이지 | chogabje.com

등록번호 | 2005년 12월 2일(제300-2005-202호)

ISBN 979-11-85701-20-2

값 12,000원

*파손된 책은 교환해 드립니다.